한국의 전통의례

한국의 전통의례

이희재

총체적인 생활방식도 문화지만, 그러나 그것은 선택이 아니라 이미 주어진 오랜 습관으로 교양이나 예술등과 같은 영역에 비해 의미가 덜 한 것이다. 한국인이 쌀밥에 김치를 먹는 것이 문화인건 사실이지만, 그것은 문화적 삶과는 무관한 것이다. 쌀밥에 김치와 온돌방 그리고 한글은 문화적 행위라기 보다는 습관적 행위인 것이다. 그러기에 문화가 아니라 문화적 삶을 묻는다면 문제는 그리 단순하지 않다.

한국학술정보㈜

머리말

  문화라는 것은 영원히 고정된 불변의 것이 아니다. 우리나라는 의식
주에 있어서는 이미 서구화되어 오히려 전통문화를 청산해야할 과거로
여기기도 한다. 예컨대 "공자가 죽어야 나라가 산다" 등의 오랜 유교전
통에 대한 비판에서 볼 수 있듯 오늘날은 다양한 문화현상들이 공존하
고 있기 때문에 우리문화를 고정된 전통의 틀로 보기 어려울 정도에
이르렀다.

  문화인과 야만인의 구분이 무엇일까? 그것은 도덕성에 있을 것이다.
그 도덕은 무엇인가?
  인간은 마땅히 존엄하고 이성적이라는 것은 동서고금을 막론한 도덕
의 원천이면서 동시에 한국의 문화적 전통일 것이다. 도덕적 양심은 닦
으면 빛나는 것이어서 우리는 이것을 수신(修身)이나 수련 혹은 수행
(修行)이라고 했고 늘 일상에서 강조했다. 인간의 품위와 존엄성이란
무엇일까? 인간의 본성과 욕망은 과연 선량한가? 우리는 이런 물음에
대해 답하는데 일말의 혼란을 느낀다. 그만큼 현대 한국인의 심성이 품
위와 존엄성을 말하기에는 부끄러운 일들이 많고 우리가 살아가는 환
경이 과다한 욕망과 과다한 경쟁으로 내몰리고 있다.
  더구나 다원주의와 탈권위주의 시대를 맞이하면서 도덕적 혼돈은 가
중되고 있는 실정이다.

  우리사회를 법치주의라고 하지만 법을 지키는 차원이 아닌 내면의
양심에 따라 예를 지킬 수 있다면 그것은 살기 좋은 세상일 것이다.
그 예란 에티켓일 수 있고 매너일 수 있는데, 이는 대체적으로는 타인

에 대한 배려이고, 외적인 형식과 내면의 조화가 일치될 때 의미가 있는 것이다.

그런데 예는 인간관계의 예와 의례의 예가 종합된 개념이다. 의례의 예는 사실 인간관계를 상징적으로 표현하고 함축하고 있다. 예컨대 조상제사는 조상과 나의 인간관계의 표현인 것이다. 그 예의 핵심정신은 자신만을 생각하지 않고 남을 배려하고 생각하는 태도라고 할 수 있다.

'개인과 가정'간에 '개인과 국가'간에, 개인의 입장만을 생각하지 않고 가정과 조직 혹은 국가적 공동체에서 개인을 뛰어넘어 조화하려는 정신, 그로 인해 좋은 가정을 이루고 더 좋은 사회를 이룩하려고 하는 것이 한국의 전통의례 속에 들어 있는 예의 깊은 의미라고 할 것이다.

이 책은 관혼상제등의 한국의 전통의례 속에 깃든 정신적 의미를 재조명하고, 이러한 전통의례가 오늘의 사회에 다가온 여러 위기에 대해 어떤 아이디어를 줄 수 있는지를 알아보려는 노력으로 집필했다.

2007년
저자 이 희 재

Contents

동아시아 문화의 특성과 문화적 삶

Ⅰ. 문화란 무엇인가?

문화는 영어의 'culture'를 번역한 낱말이며, 라틴어 'cultura'에서 유래하였는데, 이 단어는 원래 '농사' 또는 '육체와 정신을 돌봄'이라는 두 가지 뜻을 가졌다. 이렇게 출발한 문화의 개념은 점차 한 민족이나 사회의 정신적 및 예술적 표현의 총체라는 의미로 쓰이게 되었다. 오늘날 문화라 하면 대체적으로 두 가지 의미로 사용된다. 첫째는 교양 있고 세련되었으며 예술적인 것을 가리키는 것이며, 둘째는 인간에 의하여 이룩된 모든 것이 문화라는 범주에 포함된다.

이러한 두 가지 의미를 포함한 문화는 우선 집단구성원에 의해 공유되어지는 것이 특징이다. 이미 자리 잡고 있는 관습이며 사람들은 사회화를 통해 문화를 배운다. 이처럼 오랜 시간 축적된 문화들은 다양한 문화 사이에 유기적 체계가 있으며, 동시에 문화와 문화 사이의 쉼 없는 변화생성 과정 속에 있다. 이런 입장에서라면 생활방식이 다른 모든 지역을 우리는 문화의 이름으로 붙일 수 있을 것이다. 예컨대 서양문화가 있다면 동양문화가 있을 것이며 중국문화가 있다면 한국문화가 있을 것이요, 영남문화가 있다면 호남문화가 존재할 것이다.

총체적인 생활방식도 문화지만, 그러나 그것은 선택이 아니라 이미 주어진 오랜 습관으로 교양이나 예술 등과 같은 영역에 비해 의미가 덜한 것이다. 한국인이 쌀밥에 김치를 먹는 것이 문화인 건 사실이지만, 그것은 문화적 삶과는 무관한 것이다. 쌀밥에 김치와 온돌방 그리고 한글은 문화적 행위라기보다는 습관적 행위인 것이다. 그러기에 문화가 아니라 문화적 삶을 묻는다면 문제는 그리 단순하지 않다.

그리고 문화라는 것이 고정불변의 것일 수도 없다. 한국은 의식주에 있어서는 서구화되어 어느 정도 선택의 폭이 넓어진 것도 부정할 수 없다. 옷도 주거도 종교도 서양문화가 침투해서 오히려 전통문화를 청산해야 할 과거로 여기기도 한다. "공자가 죽어야 나라가 산다" 등의 유교전통에 대한 비판에서부터 다양한 문화현상들이 공존하는 현상을 볼 때 우리 문화마저도 고정된 전통의 틀로 보기 어렵다.

문제는 우리들이 거론하는 오늘날 산업화 서구화 혹은 민주화와 더불어 불어온 문화 풍토는 대중문화를 표방하고 있는데, 그 문화의 질은 점점 상업화 대중화되고 그 품격이 낮아지고 있다는 사실이다. 상업화와 연결된 비속화 퇴폐화의 경향은 문화라기보다는 오히려 반문화의 경향 외에 다른 것이 아니다.[1] 현대가 아무리 IT, BT 등을 거론하며 첨단공학의 기술을 자랑하는 문명시대라고 하더라도, 그 문화에 선의와 아름다움이 없다면 이는 오히려 높은 질의 문화를 위기로 떨어뜨릴 수도 있는 것이다.

이런 복잡다단한 문화개념이 공존하는 이 시점에 동양의 문화, 특히 동아시아의 전통문화에서 말하는 문화의 개념과 특성을 재조명의 필요를 느낀다. 그리고 그들이 추구한 소위 '문화적 삶'이 무엇이었는가를 살피는 것은 '反문화적 문화'를 극복할 수 있는 대안으로 또한 성찰의 자료로 도움이 될 수 있을 것으로 본다.

---

1) 윤사순, 한국문화의 탐구, 『민족문화연구』, 고려대학교 민족문화연구소, 1997, p.18. 참조, 필자 역시 오늘날의 대중문화의 상업화와 비속화를 反문화라고 보는 윤 교수의 입장에 공감.

II. 동아시아 문화의 특성

1) 문치(文治): 문치교화(文治敎化)로서의 문화

동아시아의 문화전통에서 유교의 입장은 하나의 토대가 된다. 다시 말해서 한자문화는 유교문화를 그 축으로 하고 있다. 그 바탕 위에 불교문화가 혹은 도교문화나 민속이 융화되어 있는 것이다. 그런데 그 유교문화는 성선설에 입각한 도덕정치를 이상으로 삼았다. 그것은 인간의 본성이 아름답고 착하다는 이상주의적 문화를 소중히 한 휴머니즘적 전통이라고 할 수 있다. 근대의 부국강병의 시대에 일본[2]을 제외하고는 중국이나 한국은 소위 서구의 부국강병의 힘에 의해 식민지 혹은 半식민지적 고난을 겪었으며, 그런 서구열강의 힘에 대해 유교적 문약(文弱)은 지탄의 대상이 되기도 했다.

서양과 일본이 세계를 향해서 진취적으로 나아가고 지배력을 강화할 때 '인의'의 정신에 젖은 예컨대 '문약(文弱)한' 중국인이나 한국인들이 싸우는 일을 피해 결국 생존경쟁에서 약자가 됐다는 것은, 결국 공자나 맹자의 정통적 유교의 문화(곧 文治敎化)에 대한 폄하로 이어졌던 것이다. 그들은 미래를 향하는 것이 아니라 과거의 문화적 우월성에 애착하면서 세계의 변화를 감지하지 못했다는 비판이다.

---

2) 박영재, 「일본근대화와 토쿠가와 관료주의의 유산」, 『19세기 일본의 근대화』, 서울대학교 출판사, 1997, pp.66-67. 여기서 필자는 '역사적으로 일본은 한국, 중국과 함께 유교문화권에 속한 국가다. 그러나 근대 일본은 유교적 규범주의를 벗어나 권력주의적 문화가 우세했다. 규범이 권력의 시녀역할을 한 것으로 권력주의적인 문화전통이 강했다고 진단한다.' 또 필자는 일본의 근대화를 이룬 요소에는 1) 사실 지향적 지적 전통에 입학한 권력주의 2) 대외적 위기 안에서 발생한 존왕양이이론의 규범주의 3) 권력주의와 밀착된 해외팽창주의를 들고 있다. 이런 점이 한국, 중국의 화이관을 벗어난 요인이라는 것이다.

"한국은 문(文)을 숭상하고 무(武)를 소홀히 한 지 벌써 수백 년이 되었다. 백성은 나라가 태평함에 기뻐하고 선비들은 사장(詞章)에 빠져 군사력을 갖추는 일을 냉시하였다.……근세에 이르러 20세기 제국주의라는 거대한 악마가 육대주를 횡행하는데도 깨닫지 못하였다. 양반들은 진부하기 짝이 없는 낡은 책을 보듬고, 조정은 실속 없는 문장과 번거로운 예식을 논의하다가 오늘날의 비참한 지경에 이르렀다."(대한매일신보 영인본, 6권, 6283)[3]

이런 식의 비판은 동아시아의 문화적 전통을 열등시함과 동시에 윤리도덕을 중시하는 것마저도 묵살하여왔던 것이다. 이것은 소위 인간의 성선설에 기초한 왕도(王道)가 아닌 성악설에 바탕을 둔 서구열강의 폐도(覇道)를 부러워 한 것이다. 왕도는 인의도덕을 중시하지만, 패도는 공리강권(功利强權)을 강구한다. 인의도덕은 정의와 공리(公理)로 사람을 감화하는 것이지만, 공리(功利)와 강권(强權)은 군사력을 사용하여 사람을 압박하는 것이다.

오늘의 문화적 위기는 절제되지 않은 욕망이 횡횡하고 인간의 아름다움에 대한 신뢰가 무너져가고 있다. 서방문명에 대한 지향은 단지 물질문명을 우선과제로 삼고 최첨단 과학기술이라고 하는 것은 일종의 무력적 문화로 작용하고 있다. 오직 사람을 무력으로 압박하는 문화이며, 동아시적 전통에서 보자면 패도를 행하는 것이다.

동아시아 문화의 중심이 우승열패(優勝劣敗)의 패도가 아니라 인간의 선량함에 호소하는 문치(文治)이며 인정(仁政)에 근거하며 그것이 진정한 문화의 개념임을 잘 표현해주는 대목이다.

그리고 진정한 문화는 인간의 타고난 양심에 바탕을 둔 '선(善)'이며, 동시에 미(美)'[4]여야 하는 것이지 그렇지 않으면 그것은 문화가 아닌

---

3) 박노자,『우승열패의 신화』한겨레, p.379. 재인용함.
4)『禮記正義』,「樂記」권39. 北京大學校出版社 '禮減而進 以進爲文 樂盈而反 以反爲

하나의 생활양식을 일컫는 것에 불과한 것이다.

2) 화이(華夷): 문화와 야만의 틀

화이(華夷)라고 하면 중국우월주의 혹은 중화사상이라고만 생각한다. 같은 동아시아의 문화지만 중국은 중국주변국을 야만시했다. 인도의 불교를 수용했으면서도 늘 이적(夷狄)의 문화로 경원했으며 중국적 문화의 틀에 어긋나면 야만시해서 주변국을 인정하려 하지 않았다. 말하자면 다원주의나 문화상대주의가 아닌 개념이다. 그러면서도 중화사상은 고급의 주변문화를 항상 수용해온 것이 사실이다. 겉으로는 야만시하지만 속으로는 외부의 장점을 줄곧 수용하여 그들의 문화를 살찌운 것이다.

한국의 문화는 이런 식의 화이(華夷)개념을 수용하여 역시 중국의 문화를 애써 존중하고 받아들였으며 그러한 틀이 오늘날까지도 문화와 야만을 가르는 틀로 작용하고 있다.

우선 문화의 중심을 중(中)이라고 하는 차원에서 중국문화의 바탕이 되는 사상이라고 할 수 있다. 지리적으로도 중국이 세계의 중심이며 중국의 주변국은 야만이라는 생각도 중국 중심적 문화개념이다. 하늘은 위에 있고 땅은 아래에 있는데 그 중앙에 있는 것이 중국이고, 구석에 있는 것이 사방의 야만으로 외국이고 중국은 내(內)라는 점에서 중(中)이란 지리적 문화적 중심을 뜻하고 있는 것이다.

이것이 지리적 인종적 개념이 아닌 문화적 개념으로 적용되어 유교문화권의 우월성의 논리를 제공하기도 한다. 성리학에서의 문화로서의 중화(中華)와 야만으로서의 이적(夷狄)의 기준으로 도덕성을 꼽는다. 중화(中華)도 도덕성을 잃으면 야만이 될 수 있으며, 이적(夷狄)도 도

文' 進,謂自勉强也 反, 謂自抑止也 文猶美也 善也. 文이란 아름다움이며 착함이다.

덕성을 갖추면 문화가 될 수 있다는 것이다

그러므로 문화개념으로 '화(華)'는 비단 중국만이 아니라 동아시아문화권을 의미한다고 해야 할 것이며, 이에 대한 타자는 서구문명 혹은 미국문화권으로 소위 반문화인 '양이(洋夷)'의 범주로 조선의 선비들의 위정척사(衛正斥邪)적 문화개념이기도 했다.

근대를 맞이하여 서세동점(西勢東漸)의 현상에 대해 일본은 서양을 적극적으로 수용했지만, 중국과 조선이 탄력적으로 대응하지 못하고 종래의 화이관(華夷觀)에서 정체되고 있었는데, 당시 조선의 지식인들 "결국 서쪽 오랑캐들도 만주족처럼 중화의 문물에 감동 받아 우리 세계의 일부분이 될 것"이라는 낙관적인 '이적관(夷狄觀)'을 가지고 있었던 것이다.5)

그러나 중국의 몰락은 이러한 문화개념을 일거에 일본 중심이나 미국 중심으로 바꾸게 한 것이 사실이다. 새로운 문명으로서 서구를 화(華)로 그리고 후진국인 아시아를 오히려 이(夷)로 보아왔던 것이 한국의 한 풍토라는 것은 긴 설명이 필요치 않다.

'아시아적 가치'는 일본을 비롯한 동아시아 제국의 공통적 특성이 유교문화권이라는 데서 제기된 것이었는데, 이것은 아시아의 권위주의적 정치체제가 야만이 아닌 문명으로서의 가치를 가지고 있다는 새로운 화이관(華夷觀)의 패러다임이라고 할 수 있다. 이제까지는 서구적 자유민주주의가 문명이고 그에 반하는 동아시아의 유교적 권위주의는 '야만'으로 인식했지만, 경제적 성장을 이룬 아시아에서는 더 이상 이런 서구 중심의 문화개념에 동의할 수 없음을 말하는 것이다.

오늘날 동아시아에서 유행하는 '한류' 소위 한국의 대중문화가 미국을 비롯한 서구문화를 화(華)로 보고, 아시아적 문화를 이(夷)로서 무시하면서 성장했던 것이지만, 한류가 유행하는 중화문화권에서는 이러한

---

5) 박노자, 『당신들의 대한민국』, 한겨레, p.274.

한류를 화(華)로 수용하고 미국을 비롯한 서구문화를 '양이(洋夷)'로 견제하고 있는 셈이다.6)

이 입장에서는 선(善)과 악(惡), 미(美)와 추(醜), 정(正)과 사(邪)와 같은 이분법적 가치관을 적용해서, 바른 쪽은 화(華)이고 잘못된 쪽은 이(夷)라는 문화적 도덕적 우월의식의 틀이다. 이러한 문화개념은 자국문화를 열등한 것으로 간주하는 서구 중심으로의 쏠림에 대한 반발로 나온 '아시아적 가치'가 이 문화개념의 연장선상에 자리 잡고 있다.

3) 회통(會通)과 상생(相生)

문화를 넓게는 '자연', '야만'의 대립어로 인간의 인위적 활동의 산물을 의미한다. 좁게는 인간 활동 중 경제적, 정치적 활동과 구분되는 교양 예술 등의 뜻을 가지게 되었다. 여기에서 'culture'는 정신적인 면에 'civilization'은 물질적인 면에 중점을 둔다.

자연 상태 그대로를 두면 문화란 성립하지 않는다. 그것은 일종의 야만(野蠻)이다. 그러나 자연 상태를 바탕으로 하지 않는 소박함을 저버린 문화란 바람직하지 않는 것이다. 그래서 문화는 자연을 벗어나 버리는 것이 아니라 그 안에서 변화하는 것이다.

동아시아의 문화는 사상과 사상 사이에 배타성이 상대적으로 약하고, 공존하려는 경향이 강하다. 그것은 오래된 샤머니즘의 자연신앙에서부터 대승불교의 화엄사상 유교의 중용, 혹은 노장철학의 제물론에 이르기까지 일관된 회통과 상생의 문화적 특색이다. 동아시아의 이러한 전통은 외래문화를 포용하여 자기 것으로 만드는 특성의 하나일 것이다.

---

6) 이희재, 「화이관에서 본 한류」, 『철학연구』 87집, 2003, p.347-368.참조.

"공자 말하기를 질박함이 문화를 앞서면 야하고, 문화가 질박함을 앞서면 사(史)하다. 두 가지가 조화되어야 군자다."7)

여기에서 문(文)은 형식이며 제도이고 문화인 데 비해 질(質)은 실질이며 자연 상태라고 볼 수 있다. 흔히 문화를 자연 상태에 대한 인위적 노력의 소산으로 본다. 그러나 지나치게 인위적인 제도가 문화가 형식화될 때 문제가 생긴다고 본다. 마치 음양을 이분화시켜 양을 존귀하고 음을 비천한 것으로 보아버리면 음양의 의미와 달라지는 것처럼, 문화와 자연을 이분화시켜 문화를 존귀한 것으로 보고 자연을 비천한 것으로 보는 것은 문제가 있다. 음양과 존비가 절대적이 아니라 항상 상대적이듯 문질의 경우도 그 조화와 균형이 필요하다는 것이다. 그러나 항상 양극의 극단이 조화를 이룬 것은 아니다. 서구열강과 일제의 침략 앞에 한반도가 무기력했을 때 많은 지식인들은 우리나라의 문약을 질타했다.

"한국인은 너무나 오랫동안 붓의 노예로 살아왔다. 그들은 붓이 철과 탄약을 대신할 수 있으리라고 생각한다. 칼과 목욕탕이 일본 문명의 원천인 데 반하여, 한국의 정신과 희망의 무덤은 바로 붓과 중국 고전들이다."8)

우리나라의 병폐를 유교의 문약(文弱)에서 찾았던 지식인들은 상무정신과 현실감의 부족을 병폐로 지적하고 빨리 이를 벗어나 서구화해야 한다는 논리를 펼친다. 알고 보면 문약(文弱)이란 질(質), 다시 말해서 실질과 현실을 무시하는 쏠림이라고 할 것이다.

문화와 자연을 이원화시키는 방식에서 벗어나, 동아시아의 문화적 특

---

7) 『논어』, 「雍也」 '子曰質勝文則野 文勝質則史 文質彬彬然後君子'
8) 윤치호 일기, 4권, p.57.

색은 문질빈빈(文質彬彬)이며 천인합일(天人合一)의 입장이다. 이는 이 문화권이 전통적인 농업사회였기 때문에 자연의 질서에 순응하지 않을 수 없었고, 하늘과 자연의 질서는 엄정(嚴正)하기 때문에 거기에서 불변의 도덕성을 유추해낼 수 있다. 자연은 야만이 아니라 거기에 있는 질서는 인간보다도 오히려 신뢰할 수 있는 어떤 천명(天命)과 같은 영원성을 가진 것으로 취급되었기에 문화가 자연의 소박함을 벗어나는 것이 아니다. 오히려 삶에 대한 원리는 하늘이나 자연의 원리로부터 도출해내는 조화적 관계였던 것이다.

과거에는 문약(文弱)으로 현실을 도외시했다면 오늘날의 문화는 오히려 반대로 야해서 文의 면을 도외시하고 있다고 볼 수 있다. 생태계의 파괴를 예로 들자면 산과 들, 물과 바다, 그리고 논밭을 가리지 않고 가능한 곳이면 어디든지 도시로 택지로 개발하려고 한다. 이런 과정은 자연의 파괴이지만, 주거공간으로서의 적합성을 세심하게 판단할 겨를이 없이 자연을 불완전한 것으로 보고 문명과 문화의 이름으로 개발하는 것은 질(質)이라는 소박성을 무시하고 오직 인위적 개발만을 문화로 보는 착각 등을 지적할 수 있을 것이다.

동아시아 문화의 특성은 조화의 문화라고 할 수 있다. 조화란 어느 한편에 쏠림이 없이 여러 다른 개체와 가치가 서로 어우러지는 것이다. 그것은 정지한 것이 아니라 음양의 생성원리로 살아 움직이며, 한쪽으로 치우침이 없는 균형감각을 존중하는 문화이다.

서양의 이원론적 논리와는 달리 음양원리는 '둘이면서 하나이고 하나면서 둘'(二而一 一而二)인 상보적 관계라는 것이다. 그 음양의 차별은 절대적으로 고착화된 차별이 아닌 것이다. 음양의 개념자체가 고착되고 결정적인 차이가 아니라 언제나 상대적이라는 점을 잊어서는 안 된다. 다시 말해서 어머니는 아버지에 대해서 음이지만, 아들에 대해서는 양인 것이며, 나는 부모나 선배에 대해서는 음이지만 자식이나 후배들에게는 양으로 변화하는 가변적인 개념인 것이다. 이것은 대승불교의

'불이(不二)'의 중도사상이나 노장철학의 '모든 것은 평등하다'는 제물론에서도 일치하고 있다.

오늘의 자본주의 사회는 서구화와 상업화에 의해 인간의 욕망과 소비를 부추기고 있으며 극심한 경쟁으로 양극화로 치닫고 있다. 그런데 이런 한쪽으로 지나친 편중은 진정한 문화가 아니어서 바람직하지 않다는 것이다. 문질빈빈적(文質彬彬的) 조화는 착취의 대상으로서의 자연과 환경이 아니라 인간과 자연의 상생(相生)과 조화의 문화이다.

III. 동아시아 문화에서의 문화적 삶

1) 문화적 삶과 예술

신문을 볼 때 정치면, 경제면, 사회면, 그리고 문화면이 있다. 정치행위나 경제행위 혹은 일반 사회적 사건과 다른 삶의 격조와 관련된 것이 문화면의 기사일 것이다. 그것은 사람들이 선호하는 권력이나 돈과 반드시 관계있는 것이 아니다. 그의 삶이 선(善)하고 그리고 아름다움을 사랑할 수 있다면 그의 삶은 문화적 삶으로 변화할 것이다.

이 문화적 삶은 예술과 불가분의 관계에 있다. 일찍이 공자는 음악에 대해서 많은 관심을 가졌을 뿐만 아니라 음악을 그의 삶 속에서 즐겼다. 예술이란 직업이라기보다는 삶 속에서 즐기는 그 무엇이라고 할 수 있다.

'아는 것은 좋아하는 것만 못하고, 좋아하고 있는 것은 즐기는 것만 못하다'[9]

음악의 경우에 공자가 얼마나 즐겼던가를 짐작하게 하는 대목이 있다.

공자가 제나라에 머물러 있는 동안 순임금의 악곡이라 전해오는 쇼(韶)를 듣게 되었다. 어찌나 감명 깊게 들었는지 석 달 동안이나 맛있는 고기를 먹으면서도 그 고기 맛을 모를 지경이었다. 그러고 나서 공자는 "정말 미처 생각조차 못했던 일이다. 이토록 훌륭한 음악이 있을 줄은……."이라고 말했다.10)

공자의 삶 속에는 음악을 감상하는 것뿐만 아니라 직접 노래를 즐겨 부른 면도 찾아볼 수 있다. 여러 사람과 함께 노래할 때, 한 사람이 좋은 노래를 잘 부르게 되면 반드시 그것을 다시 한번 부르게 하고 그런 다음 자신도 따라 함께 불렀다.11)

공자에게 있어서 도덕적 선과 예술적 미는 서로 다른 영역이 아니었다. '공자가 순임금의 음악 쇼(韶)를 평하여 더없이 아름답고 더없이 선하다.'라고 하는데12), 여기서 미와 선은 음악예술에 있어서 가장 중요한 가치라고 할 수 있다. 여기서 우리는 유교적 삶이 예술적 삶과 무관하지 않음을 알 수 있다. 다시 말해서 미와 선은 서로 합치하는 것이다.

음악뿐만 아니라 시서화 역시 유교의 예술정신을 잘 보여준다. 시, 서, 화 이 세 가지를 모두 잘하는 것을 일컬어 삼절(三絶)이라고 말하는데, 역사적으로 서화로 이름을 날린 작가들은 기본적으로 선비이며 학자이자 문장가였다. 흔히 일반적으로 이들을 문인화가(文人畵家)라 부르기도 한다.13) 역대의 문인화가는 유가적 중화미와 합치되는 아(雅), 간(簡), 담(淡) 이 세 가지를 겸유하거나 그중의 하나를 중시하곤 하였

---

9) 『논어』, 「옹야」. '知之者 不如好之者 好知者不如樂之者'
10) 『논어』, 「술이」. '子在齊聞韶 三月不知肉味 曰 不圖爲樂之至於斯也'
11) 『논어』, 「술이」. '子與人歌而善 必使反之而後和之'
12) 『논어』, 「팔일」. '子謂韶 盡美矣 又盡善也'
13) 조민환, 「선비들의 예술세계에 관한 연구」, 『유교사상연구』2005, p.393.

다. 이처럼 문인화는 우아한 것, 간략한 것과 담박한 것을 숭상하는데, 이러한 심미적 이상과 예술표현은 서예에도 그대로 적용되었다.[14]

물론 유가에서 예술이 우선하는 것이 아니다. 먼저 사람됨이 중요하고 그 사람됨이 나타난 것이 예술이기 때문에 예술은 우선적인 가치는 아니었다.

"도에 뜻을 두며, 덕과 인에 의존하고, 예에 노닌다"[15]

여기에서도 유교적 이상이 꼭 도덕적 삶을 우선시하되 그것이 결코 예술적 삶과 무관하지 않음을 알 수 있다.

우리는 문화적 삶을 산 인물로 추사 김정희(1786-1856)를 사표로 삶을 수 있다. 그는 추사체의 서체로 유명하지만 단지 그림이나 글씨만을 그린 서화가는 아니다. 그에게는 인문학적 교양과 더불어 아름다움을 추구하고 즐기는 취향이 있었다. 이것이야말로 문화적 삶의 한 전형인 것이다.

"어떤 책을 보며 어떤 법서(法書)를 임모하며 누구와 만나며 어떤 차를 마시며 어떤 향을 피우며 어떤 그림을 평하며 또 무엇을 마시고 먹고 하는가. ……어떤 말을 주고받으며 어떤 꿈을 꾸다 깨며 어떤 생각을 하고 있는가."[16]

(김석준에게 준 편지)

예술가로서의 추사가 얼마나 독서를 중요시했는지 알 수 있다. 고아하고 심원한 철학적 목적이든 아니면 당장 필요한 실용적인 목적이든 상관없이 책을 읽는다는 그것은 문화적 삶의 기본이며 그의 서예의 바탕일 것이다.

서예에서 우선 필요한 것은 기능보다는 문학적 자질과 학문적 기반, 그

14) 조민환, 앞의 논문, p.406.
15) 『논어』, 「술이」. '子曰志於道 據於德 依於仁 游於藝'
16) 유홍준, 『완당평전2』, 학고재, p.691.

리고 정신적 교양에 바탕을 둔 서예를 중시했다. 이러한 것을 '서권기(書
卷氣)'를 갖춘다고 하는데, 다름 아닌 독서를 통한 지적인 분위기라고 할
것이다.

> 退筆如山未是貴   망가진 붓산 같아도 귀할 바 아니요
> 讀書萬卷乃通神   만권의 책을 읽어야 마침내 신묘한 경지에 이른다.[17]

　조선 후기 다산 정약용이나 추사 김정희와 같은 인물들이 유배라고
하는 그들의 삶에 있어서 가장 고난 어린 시간에 그들은 비록 정치적
권력과 경제적 능력을 상실했지만 이 같은 예술적 삶을 향유할 수 있
었다고 한다면 그의 문화적 삶의 질은 결코 누추한 것이 아니었으리라.
　사람과의 교제도, 마시는 차도, 분위기를 그윽하게 하기 위해 피우는
향도, 마시는 음료수와 먹는 음식의 취향도 그리고 대화와 꿈, 생각에
서 느껴지는 것에선, 그것이 경쟁적이거나 전투적으로 혹은 상업적으로
지내는 삶이 아니라 무언가 품격 있게 그리고 아름다움을 애써 추구하
고 즐기는 면모가 보인다. 동아시아의 선비들이 추구하는 문화적 삶은
그들이 즐기는 예술의 세계에서도 언제나 독서를 통한 인격수양과 청
빈하고 깨끗한 마음가짐을 중시했다.
　동아시아적 문화에서 보는 문화란 그것이 유교이든 불교이든 혹은
노장철학이든 공통적으로 정치적 권력이나 경제적 자본에 근원하기보
다는 착함과 아름다움에 바탕을 두고 그들에게 주어진 최소한의 여건
속에서도 시(詩), 서화(書畵)와 음악과 같은 예술을 즐길 수 있는 삶을
높이 평가했다.

---

17) 소동파

2) 문화적 삶과 예절

동아시아 사회 특히 우리의 전통사회는 대체적으로 인(仁)에 바탕을 둔 예의와 염치가 있었다. 그들은 이익을 앞세워 어떤 일을 추진하지 못하고, 먼저 인(仁)을 앞세운 명분과 체면을 중시하고 생각했다. 그러던 전통사회가 경제발전을 국가목표로 삼으면서 체면보다는 이익을 앞세우기 시작하였다. 이는 권모술수를 마다하지 않고 돈과 권력을 챙기는 사회로 변하면서 전통사회의 예의와 염치는 점차 퇴색하게 되었다. 전통적 가치인 인의와 같은 미덕을 앞세운 삶은 서서히 구식으로 몰려 퇴조하기 시작한 것이다.[18]

문화인과 오랑캐의 구분이 지리적 차이가 아닌 도덕성에 있었다면 그 도덕은 무엇인가?

그것은 동아시아 전통사상에 깃들어 있는 도덕적 가치관일 것이다. 그리고 그러한 가치관에 입각해서 사람 사이의 관계에 예절이 필요했을 것이다. 인간은 마땅히 존엄하고 이성적이라는 정의는 동아시아 문화의 전통일 것이다. 닦으면 빛나는 것으로 수신(修身)이나 수련 혹은 수행(修行)을 늘 강조하는 문화다. 인간의 품위와 존엄성이란 무엇일까? 인간의 본성과 욕망은 과연 선량한가? 우리는 이런 물음에 대해 답하는 데 일말의 혼란을 느낀다. 그만큼 현대인의 심성이 품위와 존엄성을 말하기에는 부끄러운 과다한 욕망으로 내몰고 있기 때문일 것이다. 더구나 다원주의와 탈권위주의 시대를 맞이하면서 도덕적 혼돈은 가중되고 있는 실정이다.

"그 사리를 발견할 수 없으면 예(禮)에서 구하여 보고, 그 예(禮)를 알 수 없으면 율(律)에서 구하여 보면 가부가 거기에서 결정되는 것이다 ……율(律)

---

18) 윤용남, 「유교의 미래는 있는가?」, 『현대사회에서 유교의 역할에 관한 제언 및 방향』, 한국유교학회, 2005, p.163.

은 예(禮)보다 거칠고 예는 이(理)보다 거친 것이요, 이(理)는 가장 정미한 것
이다."[19]

법을 지키는 차원이 아닌 한 단계 격을 높여서 예를 지킬 수 있다면
그것은 바로 문화적 삶의 자격을 가진 셈이다. 그 예란 에티켓일 수
있고 매너일 수 있는데, 이는 대체적으로는 타인에 대한 배려이고 외적
인 형식과 내면의 조화가 일치될 때 의미가 있다.

그 문화가 야만과 다른 축의 가치라면, 그것은 도덕성과 예절의 뜻
을 담은 것이며 문화인의 삶은 도덕적이고 예절바르다는 것과 일치한
다. 물론 도덕성과 예절이 같은 개념은 아니다. 내심은 양심적이고 도
덕적이면서도 외적으로 적절한 형식을 갖추지 않을 때는 무례한 사람
이 될 수 있는 것이다. 반대로, 내심으로는 부도덕한 심성을 가지고 있
지만 외적인 태도가 예절바르기 때문에 도덕적인 사람으로 착각할 수
도 있다. 문화적 삶은 내적인 심성과 외적인 표현들이 조화를 이룰 때
비로소 이루어질 것이다.

문화라고 하는 것을 거창하고 현실과 무관하게 생각하면 곤란한 것
이다. '아시아적 가치'에서 가장 소중히 하는 것은 예절이다. 소위 유교
적 수신(修身), 불교적 수행(修行)이건 혹은 도교적 수련(修練)이건 인
간과 인간의 관계에서 도덕과 예절을 매우 소중히 여긴다. 그리고 그
예절의 핵심은 상식이고 친절이며 이성에 바탕을 둔 것이라는 사실이
다. 문화적 삶은 준법정신 공중도덕은 물론 인간관계에서 예절을 지킨
다는 것과 관련이 있다. 만약 그가 도를 즐기는 사람이라고 하더라도
감사할 줄 모르는 무례한 사람이라면 그는 결코 문화인의 부류에 들어
가지 못할 것이기 때문이다.

---

19) 『雅言』권8, 「伊尹」, 제22. '未見其理 求之於禮 未知其禮 求之於律 則可否斯決
    矣……律麤於禮 禮麤於理 理最精微'

3) 문화적 삶과 조화의식

오늘날 우리사회는 문화에 있어서도 전통문화나 가치가 아닌 세계화의 시대로 접어들었다. 자유무역협정 등으로 알 수 있듯 경제현상도 점차 세계화의 추세로 진행되고 있으며 모든 영역에서 세계화가 필연적 추세이다.

오늘날 인류적 문화현상은 공동성의 기초 위에 갖추어지며 사회제도와 의식형태의 분기를 초월하고, 민족을 극복하고 국가와 집단의 제한을 극복하며 세계의 각도로부터 사회생활과 역사현상을 고찰하고 인식하여 간다. 이것이 하나의 세계의식을 형성하는 것이다. 세계의식은 광의적으로 생태환경 의식과 구동존이(求同存異) 의식을 포괄한다. 가치관 등을 함께 누리고, 세계일체 문화 사이에 있어서 진행되는 쌍변과 다변의 문화적 대화, 융통, 소통으로 나아가고 있다.

특별히 미국문화는 세계에 신속이 만연되었다. 세계화는 한국의 문화를 한류로 다른 나라에 심어주기도 한다. 근래 한국문화, 일본문화는 중국인 가까이에서 선풍을 일으키고 있다. 중국의 식당과 식품점, 양장점, 한국의 비디오는 중국소비자들을 매혹시킨다.

한국의 경우도 우리의 전통문화가 지배하기보다는 오히려 서구의 물질문화가 크게 자리 잡고 있으며 그 바탕에는 과학성과 합리성이 보편가치로서 수용되고 있기 때문에 이 서구의 가치를 배척하지 않고 조화시키지 않으면 안 된다. 우리가 화이적(華夷的) 문화관에 너무 집착함으로써 서구문화를 양이(洋夷)로 취급하고 서양을 인정하려 하지 않았던 것은 그런 사상으로 비록 한걸음 뒤져 있던 일본이 오히려 적극적으로 문호를 열었던 것과 비교된다.

그들은 서구문화를 수용하면서 전통문화를 포기한 것이 아니라 양재화혼(洋才和魂), 동도서기(東道西器), 혹은 중체서용(中體西用) 등의 조화의식을 통해 서양의 앞선 물질문명을 수용함으로써 근대화의 틀을 모색했으며 후일 우리도 또한 그러한 조화의식으로 동서 문화를 융합하고 있다. 이러한 가운데서도 또한 그 갈등도 적지 않게 빚어지고 있다.

우리들의 삶은 세계화의 추세 속에서 서구적인 것과 전통적인 것 사이에 묘한 갈등과 조화를 이루면서 살고 있다. 좋게 말하자면 문화다원주의 시대에 봉착해 있는 것이다. 여기서 자칫하면 자신의 가치관에 충실한 나머지 다른 가치관이나 문화를 인정하지 않는 부조화가 생길 수 있다. 이런 점에서 문질빈빈(文質彬彬)의 조화의식과 관용의 정신이 필요하다.

이런 중용이나 중화의 조화의식은 인간과 인간의 유대 혹은 인간과 자연의 조화는 세계 평화에 대한 가르침이며 지구 윤리적 의의를 갖는 것이다. 개인 속에 전체가 들어있고 전체 속에 하나가 있으며(一卽多, 多卽一), 혹은 하나이면서 둘이고 둘이면서 하나(一而二 二而一)의 조화정신은 문화적 다양성을 인정하는 관용의 태도이기 때문에 문화적 삶에서 중요한 미덕이 될 것이다.

과거 동아시아적 전통은 가정과 국가의 비중을 존중한 나머지 개인의 존엄성 등에 대해 숙고하지 못한 점이 있었다. 언제나 '나'의 존재는 '우리'를 위해 희생되곤 했다. 오늘날은 서구적 개인주의가 싹트면서 '내'가 너무 강조된 나머지 '우리'라고 하는 공동체를 우선하는 경우가 많아졌다. 그런데 이런 '나'와 '우리'의 입장에서 생각해야 할 점은 어느 한쪽으로 쏠리지 않는 조화의식이다.

Ⅳ. 문화적 삶의 실천

동아시아 사회에 있어서 문화의 의미는 유교의 문치(文治)의 전통으로부터 찾아볼 수 있다. '문'이란 인간을 존중하고 신뢰하는 성선설에 바탕을 둔 것이며, 인간성을 부인하고 법과 폭력으로 인간을 억압하는 무력을 반대한다. 그러므로 동아시아 사회에서 특히 유교문화에서 중시하는 것은 도덕성으로서의 인의를 실천하는 것이다.

그리고 문화와 야만의 기준으로 화이관을 들 수 있다. 이때 문화인과 오랑캐의 기준은 지리적인 것이 아니라, 도덕성이 우선하는 것이다. 한국인들은 지리적으로는 중국이 아니었으면서도 도덕과 예의를 중시한다는 점에서 스스로를 문화인으로 보고, 패도와 군사력으로 통치하려는 서구나 일본의 문화에 대해서 양이(洋夷)로 간주했다.

동아시아 문화의 특성은 침략과 지배가 아닌 상생과 조화의 문화다. 이것은 국가와 국가뿐만 아니라 개인과 개인 그리고 인간과 자연에까지 적용되는 개념이다.

이러한 문화적 특성은 동아시아인들의 삶 속에도 깊은 영향을 주었다. 문화현상 가운데 예술은 예술 그 자체로서 의의가 있다기보다는 인격도야에 더 뜻이 있었다. 사람됨이 중요했고 그다음이 예술이었다. 이러한 예술정신은 도덕과 통했으므로 예술적 삶과 도덕적 삶이 둘이 아니었다. 음악이나 시서화는 동아시아 지식인들의 삶에 항상 중요한 교양 과목이자 삶의 격을 높였다.

또한 동아시아인들은 단지 이론적 도덕에 그친 것이 아니라 그들의 삶 속에서 예의를 실천했다. 물질이나 권력이 우선하는 것이 아니라 예의와 염치는 언제나 존중되었고, 가정과 사회에서 실천해야 하는 문화인의 기본자질이었다.

오늘날 세계화의 추세는 서구화로 나아가는 경향이 있지만, 이러한 쏠림은 결코 바람직한 것이 아니다. 문화다원주의 시대에서 문화와 문화 사이의 모순현상들이 나타나지만, 이를 잘 조화시키는 것이야말로 오늘을 사는 문화인의 삶에 필요한 자세라고 생각한다.

동아시아 사회에 있어서 예의 의미

Ⅰ. 예와 사회

예란 사회적 동물이라고 하는 인간이 공동체를 이룸에 있어서 필수적인 것이어서, 동서고금을 막론하고 예가 없는 사회를 상정하기란 쉽지 않을 것이다. 한자문화권의 동아시아 사회에서도 그 질서의 틀을 유지한 예가 존재했으며 그것은 과거형이 아니라 현재진행형의 예라고 할 수 있을 것이다. 그러나 막상 예를 생각하면 중세적 봉건질서와 권위주의를 연상하기 쉬우며, 또한 예에 대한 오해라고 할 수 있을 것이다.

여기서 다루고자 하는 예를 다루기 전에 먼저 동아시아 사회에 있어서 '예란 무엇인가?'를 먼저 묻고 있는 것은 한쪽으로 치우친 예의 개념을 균형 있게 파악하고자 하는 의도에서다. 사실 예의 개념은 인간관계의 예와 의례의 예가 혼용되어서 무엇이 진정한 예의 의미인지 불분명한 경우가 있다.

관혼상제를 위시한 전통적인 의례는 변화했으며 지금도 변화하고 있지만, 예의 의미를 잘 해석할 수 있는 주요한 자료로 의미를 가진다. 의례의 예는 사실 의례로 끝나는 것이 아니라 공동체 속에서의 인간관계를 상징적으로 표현하고 함축하고 있는 상징체계이기도 하다. 예컨대 제례는 단지 의례인 것이 아니라 조상과 나의 인간관계의 표현이 아니겠는가 하는 것이 나의 가정이다. 그러니까 그 의례 속에서는 동아시아인들이 추구했던 모종의 예의 핵심정신이 들어있을 수 있다는 것이다.

동아시아는 서세동점(西勢東漸)의 세계질서 속에서 역동적으로 변화하고 있으며, 경제적 성취와 위신의 회복으로, 소위 '아시아적 가치'로서 재조명되고 있다.

문화와 철학은 언뜻 보면 단절되는 것 같지만, 여전히 공동체 속에서 숨쉬고 있는 것이며, 또한 이질적인 문화와 자연히 교류한다. 한자문화권 또는 유교문화권으로서의 동아시아인들의 사고방식 속에는 유교적 예라고 하는 보이지 않는 질서가 남아 있다. 그것은 바람직스럽게 작용하기도 하고 때로는 부작용을 주기도 한다.

그렇다면 그 예가 동아시아인들의 '개인과 가정' 간에 '개인과 국가' 간에 어떻게 작용하고 있는가? 서구적 개인주의 속에서 과연 개인의 입장만을 생각하지 않고 가정과 조직 혹은 국가적 공동체에서 개인을 뛰어넘어 조화하고 있는가? 또한 그로 인해 좋은 가정을 이루고 더 좋은 사회를 이룩하려고 하는 것이 과연 동아시아 사회에 있어서 예의 의미라고 할 것인가? 이에 대해 연구하고 하는 것이 본 논문의 목적이다.

II. 예란 무엇인가?

예란 인간관계에 있어서의 예절이다. 나 혼자만 산다면 예란 무의미할 것이기 때문에 대체적으로 자기를 극복하여 남을 배려하는 인간관계를(克己復禮)[20] 예라고 할 수 있다.

---

20) (『論語』「顔淵」子曰, 克己復禮, 爲仁. 一日克己復禮, 天下歸仁焉. 爲仁由己, 而由人乎哉……. 子曰, 非禮勿視, 非禮勿聽, 非禮勿言, 非禮勿動.) 공자의 경우는 예(禮)의 정신을 예절로 본다. 거기에는 내면적인 마음과 외면적인 형식의 조화를 추구한다. 논어에 나오는 예(禮)에 관한 내용을 살펴보자. (『論語』「學而」'子貢曰, 貧而無諂, 富而無驕, 何如. 子曰, 可也. 未若貧而樂, 富而好禮者也) 또한 공자는 강제적인 법률과 예(禮)의 차이는 다음과 같이 설명한다.『論語』「爲政」'子曰, 道之以政, 齊之以刑, 民免而無恥. 道之以德, 齊之以禮, 有恥且格' 이처럼 공자의 예(禮)는 외적이거

또한 예는 법은 아니지만 사회적 규범이다. 순자(荀子)는 인간의 본
성을 악으로 보고 적극적인 노력을 통해 선으로 향할 수 있다고 보는
데, 그런 인간의 본성을 극복하고 사회적 규범을 지향하는 방식을 규정
한 바 있는데, 그것을 예치(禮治)[21]라고 했다.

이 예치란 맹자의 성선설(性善說)에 근거한 것이 '덕치'(德治)와 비
교해 볼 때 대립적인 용어이며, 오히려 '법치'(法治)의 개념과 가깝다.
곧 예를 법과 같은 사회규범으로 보고 있는 것이다. 예를 통해 사회적 질
서를 확립할 수 있다는 것이니 일종의 사회적 규범이 예라고 하겠으나, 순

나 강제적이거나 형식적 절차에 그치는 것이 아니라 내면화하는 데 그 초점이 있다.
그의 정치적 지향점은 법이나 형벌이 아니라 덕과 예임을 알 수 있는 대목이다.『論
語』「八佾」 '子曰, 居上不寬, 爲禮不敬, 臨喪不哀, 吾何以觀之哉' 그러므로 공자의
예(禮)는 나라를 다스리고 자신을 닦는 요체라고 할 수 있다.『論語』「里仁」 '子曰,
能以禮讓爲國乎, 何有, 不能以禮讓爲國, 如禮何',『論語』「雍也」 '子曰, 君子博學於
文, 約之以禮, 亦可以弗畔矣夫'『論語』「子罕」博我以文, 約我以禮『論語』「泰伯」子
曰, 恭而無禮則勞. 愼而無禮則葸(사). 勇而無禮則亂. 直而無禮則絞. 등이 공자의 예
의 정신을 잘 드러내고 있다. 이같이 공자의 정신이 흔히 인(仁)이라고 한다면, 그
것의 구체적인 실천이 예(禮)를 회복하는 일로 요약할 수 있을 것이다.

21) 순자는 공자의 극기복례(克己復禮)에 기반하여 예(禮)의 외적인 규범을 강조한다.
"예(禮)의 기원은 어디에 있는가? 사람은 나면서부터 욕망을 가지고 있다. 욕망을
채우지 못할 때, 이것을 추구하게 되고, 이에 제한과 절도가 없으면 서로 다투게 된
다. 옛날의 성왕(聖王)이 사회의 혼란을 미워한 까닭에 예의, 즉 사회의 규범을 세워
서 분별이 있도록 하며, 사람의 욕망을 기르며 또 만족시키면서, 물욕에 빠지지 않
고 물욕에 굴하지도 아니하여 둘이 서로 견제하면서 균형 있게 발전시키려고 한 것
이 예(禮)의 발단이다."(『荀子』「禮論」 '禮起於何也 曰 人生而有欲, 欲而不得則不
能無求, 求而無度量分界, 則不能不爭, 爭則亂, 亂則窮, 先王 惡其亂也, 故制禮義以
分之 以養人之欲 給人之求 使欲必不窮乎物, 物必不屈於欲, 兩者 相待對而長是禮
之所起也')
순자는 인간과 금수(禽獸)의 차이는 바로 예(禮)에 있으며, 그 요체는 분별과 명분이
라고 했다. "금수(禽獸)는 부자(父子)는 있어도 부자(父子)의 친함은 없으며, 암수는
있되 남녀의 구별은 없다. 그러므로 사람의 도리는 분별이 있음에 있고, 분별은 명
분보다 큰 것이 없으며, 명분은 예(禮)보다 큰 것이 없고 예(禮)는 성왕(聖王)의 법
도보다 큰 것이 없다."[1]라고 한다.
또한 예(禮)에 있어서 세 가지 근본은 천지자연과 조상 그리고 임금과 스승이므로,
단순한 개인적 수양의 차원이 아니라 사회기강을 위한 것이며[1] 이에 근거한 통치가
그의 예치(禮治)라고 할 수 있다.

자는 공자의 극기복례적(克己復禮的) 예를 계승했음에도 불구하고, 공자의 내면적 예를 간과(看過)했다고 볼 수 있다.

한편 맹자22)의 예정신은 순자와 같은 사회적 규범은 아니라고 하더라도, 내면의 양심에 호소하고 있음으로써 유가의 도통(道統)은 맹자로 계승된다고 할 것이다. 종합적으로 보자면 유가에 있어서의 예는 내적인 양심과 외적인 절차의 조화를 통해 구현되는 것이지 어느 한쪽만으로 치우쳐 설명할 수 없음을 알 수 있다.

송대(宋代)의 주자는 주로 가례(家禮)를 예의 중심주제로 삼았다. 가례로 대표되는 중세의 예학은 송대 사대부 계층의 신유학이 남긴 유산이라고 할 수 있다. 물론 이것은 사대부만의 예에 한정된 것이 아니라 신분을 초월한 보편성을 가지고 있었다. 『주자가례』가 비록 주희의 저술이 아니라는 여러 의문이 제기되었으면서도 주희의 권위와 더불어 권위를 갖게 되었던 것이 동아시아의 사회에 있어서 역사적 사실이다.23)

그런데 흔히 예를 거론할 때, 절차에 치우친 가례만을 문제 삼아 예학 혹은 예송 등을 말함으로써 본래 공자나 맹자가 강조했던 내면적 양심을 중시했던 개념과는 다른 의례적 성격이 짙다.

물론, 가례를 중심으로 한 의례는 단순한 형식과 절차의 예라고 규정할 수는 없다. 가정을 중심으로 이루어지는 관혼상제의 예는 오늘날에도 여전히 중요시되는 인간의 통과의례이며, 그 속에는 그 사회적 가

---

22) 물론, 맹자의 경우 역시 공자의 정신을 계승한 까닭으로 근본정신은 변화가 없으나, 예를 인의예지(仁義禮智)라는 좀 더 구체적인 덕목들 가운데 하나로서 설명하고 있다. 여기에서 순자와 다른 내면의 예가 강조된다.
　　『孟子』「공손추」 '惻隱之心 仁之端. 羞惡之心 義之端. 辭讓之心 禮之端. 是非之心 智之端' 이는 바로 그런 내적 양심의 차원이라 할 것이고, 『孟子』「공손추」 '不仁 不智. 無禮無義, 人役也.' 『孟子』「이루」 '禮人不答, 反其敬. 行有不得者 皆反求諸 己. 其身正而天下歸之' 『孟子』「만장」 '夫義路也, 禮門也. 惟君子能由是路'
　　맹자는 예(禮)는 인간의 내면에서 찾는 것이지, 어떤 외적인 형식이나 규범이 아니며, 개인의 반성을 통해 양심에서 찾아야 하는 성질이라고 하겠다.
23) 『주자가례』 주희 저, 임민혁 역, 예문서원, pp.11-24의 해제를 참고할 것.

치관이 함유되어 있다. 이렇게 예는 단순한 것이 아니라 에티켓, 사회적 규범, 혹은 의례를 모두 포함한 개념이다.

공자를 '성스러운 세속인'이라고 말한 핀가레트(Herbert Fingarette)는 유교의 예는 문화 속에 내재된 규범·질서·관습·전통 등을 총괄한 개념으로 파악했다.24) 이것은 유교의 예가 공동체 속의 인간관계를 통해 추구되는 것임을 알게 하는 말이다.

예의 이치는 논리적 직선구조에 의해 만들어진 자연법보다도 포괄적 형태를 수용하는 것이며, 사회적 질서의 구조의 중심적 메커니즘으로서 예는 (의식의) 수행 혹은 전통적으로 음악과 무용 등을 수반한 (의식의) 수행이기도 한다.25) 이러한 예를 통해서 하나의 합리적인 사회적 행동의 프로그램보다는 사회적 삶을 창조하는 것을 도울 것이고, 그것에 의해 정서적인 만족과 심미적으로 매력이 있으나, 예는 또한 사회의 합리적 질서의 발전에 있어서는 심각한 장애라고 주장한 사람도 있는 것이 사실이다.26)

여기에서 다루고자 하는 예는 한자문화권, 다시 말해서 유교문화권인 동아시아의 포괄적인 예이다. 유교문화권에는 유교의 문화만이 있는 것은 아니다. 거기에는 도교의 문화와 불교의 문화 혹은 무속의 문화, 혹은 기독교의 문화 등도 포함되어 있으나, 동아시아 사회를 유지해온 중심축이 유교의 문화였기 때문에 필자가 다루는 예의 의미 또한 주로 유교적인 뜻을 가진 것이다.

동아시아에 있어서 예는 내면적인 면과 외면적인 절차의 예를 종합한 의미이지만, 본 논문에서는 주로 동아시아 사회에서 거행되는 전통

---

24) Herbert Fingarette, 『Confucius; the Secular as Sacred』Harper & Row, 1972, pp.1-17.
25) Wm. Theodore de Bary, 「Coufucian Education in Premodern East Asia」, Tu Wei-ming ed., 『Confucian Traditions in East Asian Modernity』, Cambridge, Mass.: Harvard University Press, 1966, pp.33-34.
26) Kim Uchang, 「Asian Value and Modernity: From Morality to Law」, p.18. International Conference on Universal Ethics and Asian Values, 4-6 October, 1999.

적인 의례 속에서 그 내적 의미를 찾아보고자 하는 것이다.

Ⅲ. 가정의 가치를 중시하는 예

1) 부부중심이 아닌 부자중심의 예

동아시아인들의 인간관계는 가족에서부터 시작한다. 그 가족은 결혼이라고 하는 혼례를 통해 출발한다. 그런데 이 결혼은 자녀를 둠으로써 그 목적을 수행했다고 생각한다. 이것은 혼례가 부부 중심이 아니고 부자 중심인 것에 특색이 있다. 부부간의 바람직한 예를 표현하는 것은 '별'(別)이다. 별(別)이란 뜻은 부부간의 거리감을 느낄 수 있다. 그런데 부자간의 예는 친(親)이라고 표현한다. 오늘날 동아시아 사회의 많은 가정에서는 부부 자신들의 즐거움과 쾌락을 위해서 살기보다는 대체적으로 자녀들을 위해 희생적으로 사는 경우가 많다. 그것이 바로 가족 간의 인간관계에서 부모-자식 간의 친애를 중시하는 증거라고 할 것이다.

서양사회로 이민 간 동아시아의 부모들은 힘든 이민생활에도 불구하고 열심히 일하고 그리고 미래를 기대하는 것은 그들의 자녀들이 좋은 교육을 통해 성장하는 데서 그 희생의 대가를 보상받는다고 생각한다. 자식을 위해 부부가 희생하는 것이 하나의 동아시아적 가족의 전형일 것이다.

그러면 동아시아인들은 자신들이 세상을 떠나도 자녀들을 통해 자신의 생명이 영속한다고 믿는다. 이것은 부모-자식 간의 '친애'(親愛)는 바로 자신의 생명이 비록 무상하지만 자녀들을 통해 영속한다는 믿음을 배경으로 한다.

2) 의례 속에 보이는 조상과의 연대의식

부모와 조상에 대한 효(孝) 역시 같은 논리다. 비록 지상의 삶을 다했다고 하더라도 자신의 몸과 생명의 근원인 부모와 조상은 대단히 중요한 존재이고, 보은(報恩)의 대상인 것이다. 동아시아인들은 전통적으로 성묘나 제례를 통해 조상을 숭배해 왔다.

중국의 경우, 이러한 전통적 풍습은 약화되었지만 여전히 조상숭배나 성묘의 의례가 행해진다고 한다. 중국정부에서 강력히 화장을 권장하지만 토장(土葬)에 대한 미련을 떨쳐내지는 못하며 최근에는 수장(樹葬)의 의례도 있다고 한다. 일본의 경우도, 현재는 90% 이상 화장(火葬)[27]을 하지만 사실은 1900년대 초만 해도 화장비율은 30% 정도였으며 또한 뼈를 버리는 것이 아니라 납골(納骨)을 하여 성묘하는 것을 본질적으로 유지하고 있다.

한국의 경우는 중국이나 일본에 비해 매장의 풍습이 강하게 남아 있고 동시에 성묘에 대해서도 '민족의 대이동'이라고 할 정도로 중시되고 있다. 거기다가 풍수지리설 등의 속설도 강한 영향력을 여전히 가지고 있다.

이것은 성묘 등의 의례는 조상에 대한 보은의 예절이며, 그러한 의례를 통해 가족의 구심점을 찾고 가정의 안정을 도모하는 것이다. 살아

---

27) 上田博明, 「일본인의 장례풍속」, 『제16차 학술논문발표 국제대회(논집)』, 동양예학회, 2002, p.111. 일본전체에서 현재 화장률은 98%라고 한다. 1900년경은 30% 정도, 그 후 1950년에는 4%, 1960년대에는 63.1%, 1970년에는 70.2%, 1980년에는 91.1%로 급격하게 상승해 1994년에는 98.3%가 된다.

있는 부모형제에 대한 인간관계에서 효도가 중시됨은 물론이려니와 돌아가신 조상에 이르기까지 제례를 통해 효를 표현하는 것이다.

이와 같이 한편으로는 후손이 자녀들을 위해 헌신하고 한편으로는 선대에 대해 보은의 예를 갖추는 것은 일종의 가정을 신성시 여기는 의례인 것이다.

가정에 있어서 예에 있어서 중시되는 것은 부부관계가 아니라 이처럼 조상-자신-후손으로 이어지는 부모-자식[28] 중심의 인간관계를 중요시한다는 것이 동아시아 사회의 한 경향이다.

3) 조상숭배의 예

같은 아시아라고 하더라도 불교적 문화는 조상숭배사상이 약하다고 볼 수 있다. 예컨대 '출가'라는 말은 가정을 벗어남으로써 세속적 애착으로부터 자유롭고, 해탈을 할 수 있다는 가르침이다. 그러나 조상숭배적 부모-자식 중심의 인간관계의 예를 중시하는 유교문화로 수용될 때는 『부모은중경』과 같은 부모의 은혜를 소중히 하는 효가 강조된 경전이 나오는 것이다.

또한 불교는 윤회설을 바탕으로 하기 때문에 몸에 대해 집착하지 않는다. 그가 윤회하는 것은 몸이 아니라 그의 업(業)이기 때문이다. 비록 조상이었지만 새로운 몸을 받아 또 다른 인간관계로 맺어질 수 있기 때문에 몸이란 하나의 옷과 다름없는 것이며 집착할 이유가 없다.

유교적 예는 살아있는 신체이건 죽은 신체이건 신체를 소중히 한

---

28) 부모 가운데서도 아버지와 아들 중심이라는 이야기는 가부장(家父長)적 가족이라는 의미다. 전통적인 상례(喪禮) 특히 상복제도의 경우 철저한 부계가족 위주로 5단계의 복식을 나누고 있다. 여기에서 외조부모는 방계재종의 상복, 그리고 처부모는 방계삼종의 복식에 준함을 볼 때, 부계 중심적 가족주의 의례를 반영하는 것이다.

다.29) 이것이 동아시아인들의 다른 점이며, 전통적으로 화장을 꺼려해 왔던 상례의 풍속이다. 왜 이와 같이 같은 아시아적 가치지만 서로 차이가 있을까? 그것은 다름 아닌 유교적 인간관계는 한번 맺어진 부모 -자식의 관계는 영원토록 부모-자식이며 결코 다른 관계로 변하지 않는다는 사고에서 시작한다. 이런 점에서 인간의 죽음이란 슬픔으로 표현해야 하며 그러한 것이 상례 속에 잘 표현되어 있다. 인생이란 오직 한 번뿐이며, '죽음'이란 인생의 끝이기 때문에 조문은 그 슬픔을 표현하는 의례인 것이다.

사람이 비록 생물학적으로는 사망했다 하더라도 혼백30)은 그 자손과 감통(感通)할 수 있다고 본다. 그래서 동아시아 사람들은 바로 부모를 비롯한 조상들을 조상령(祖上靈)으로 받들면서 가정의 구심점으로 삼는다. 중국의 공산혁명은 대체적으로 유교적 예에 대해 부정적이었지만, 이러한 전통적인 조상제례나 성묘문화를 벗어나지 못하고 있으며, 오히려 최근에는 가정적 가치가 중시되면서 전통적 사고가 복원되어가고 있는 추세다.

일본의 경우는 한국이나 대만처럼 머나먼 조상까지도 제사를 지내지는 않지만, 제사의례 그 자체는 존속하고 있으며, 무엇보다도 집안에 불단 등을 설치하고 거기에 조상령을 모시고 조석으로 공양하는 것이 일종의 가정종교의례라고 할 수 있을 것이다. 동아시아 사회는 어떤 방

---

29) 유교적인 전통은 천당·지옥설을 부정하면서도 귀신과 그의 자손 간에는 기(氣)가 교류한다고 보았다. 귀신은 자신의 혈통에게 감응하지 다른 이와는 무관하기 때문에 유교에서는 조상과 그 자손을 자신의 생명 연장으로 본다는 것이다. 이것이 바로 '동기감응(同氣感應)'의 이론이며, 매장의 이론적 배경이 된다고 할 수 있다. 말하자면 '할아버지와 아버지와 아들과 손자는 기운이 같으니, 저쪽이 편안하면 이쪽도 편안하고 저쪽이 위태로우면 이쪽도 위태로운 것'이다. 조상에 대한 공경과 정성의 마음으로 영원히 죽은 자와의 유대를 기원하는 것이 이 매장제도에 표현되고 있다.
30) 『朱子語類』, 鬼神 "사람이 태어난 까닭은 정기가 모이는 것이다. 사람에게는 허다한 氣가 있어도 반드시 다하는 때가 있다. 다하면 魂氣는 天으로 돌아가고 形魄은 땅으로 돌아가는 것이다."

식이 되었건 조상이 사망했지만 그의 혼백이 있으며, 그 혼백과 후손이 감통하는 예에서 마음의 안식을 찾는 것이다.

IV. 공동체의 예

1) 가부장적 지도자

① 중국과 한국

동아시아에서는 국가를 큰 가정으로 본다. '국가'라는 의미가 바로 그것이며, 부자간의 인간관계가 그대로 군신(君臣) 간이나 장유(長幼) 간으로 확대되어 사회질서를 유지하는 예로 발전한다. 오늘날에도 동아시아에는 가정의 가부장과 마찬가지로 국가의 가부장이 공동체의 중심에 있다.

군신 간의 예는 부자 사이의 예를 확대하여 '군(君)은 민(民)의 부모'라는 체계로 적용되어 정치사회의 질서화를 세우고, 사회 전체의 인간관계로 나아가는 것이다.

예컨대 중국의 경우에는, 북경의 천안문 광장에 모택동의 사진이 가부장으로서의 중심축에 있음을 느끼게 한다. 대만의 대북(臺北)에는 장개석이 중정기념관에 살아있을 때와 다름없이 부동자세의 위병들의 의례를 받는다.

유교를 봉건적이라는 구호 아래 척결대상으로 삼았던 중국의 모택동 시대에 여전히 유교문화적 전통은 내재하고 있다. 이것은 공산혁명의 과정에서도 농민을 중시했던 점에서나 현대에서의 가족윤리의 존속과 원로정치와 같은 인치(人治)의 특성이 존재하고 있다는 점에서 유교문화의 전통이 지속되고 있음을 알 수 있다.[31]

한국사회도 민주주의가 수입된 지 오래지만, 각 정당들은 여전히 가부장적 지도자들이 중심이 되어 이합집산(離合集散)한다. 민주주의와 인권을 내세운 김대중 정부도 그 구호와는 달리 권위주의적 문화를 탈피하지 못했다고 본다.[32] 재벌기업을 위시해서 많은 조직들이 기본적으로 종법적 위계질서가 있으며 그것이 사회를 안정시키는 요소로서 과거의 가정에서의 효가 그대로 사회조직에 있어서도 충(忠)과 연결된다. 1960년대 이래 한국의 군사정권이 급속한 산업화의 수십 년 동안에 그들의 권위주의적 통치를 옹호하기 위해 충효의 유교사상을 사용해왔으며, 오늘날까지 이러한 사상은 공식적으로 더 이상 강제되지는 않을지라도 사회의 보수적 힘으로 기여하고 있는 것이 사실이고,[33] 60년대의 박정희식 독재 또한 개인보다는 집단을 우선시한 가부장적 요소를 안고 있었다.

북한에는 김일성이 여전히 가부장으로 경배의 대상이 되고 있다. 한국의 역대 대통령도 대체적으로는 그와 유사한 가부장적 권위를 가지려고 노력하며, 국민들은 그런 존중할 만한 지도자가 나타나기를 내심

---

31) 전병곤, 「중국의 '동아시아 발전경험' 수용에 관한 연구」, 한국외국어대학 대학원 박사논문, 1997, p.37. 참조. 이 논문에서는 중국이 유교문화권에 속한 동아시아 국가의 발전경험을 수용할 수 있는 요인으로 보고 있다.
32) Kim, Dae-jung, 「Is Culture Destiny? The Myth of Asia's Anti-Democratic Values」, 『Foreign Affairs』 참조. 김대중은 전싱가포르의 수상 이광요의 '아시아적 가치'에 대해 아시아에 있어서 민주주의가 정립되는 데 주요한 장애는 문화적 유산이 아니라 권위주의적 통치자와 그들의 옹호자들의 저항이라고 했으며, 이런 정황에도 불구하고 권위주의적 지도자들은 민주주의의 '서구적 개념'과 인권을 동아시아에 적용할 수 없다는 등의 문화적 차이를 주장하는 것을 견지했다고 비판했다.
문제는 과연 김대중 대통령은 그가 비판한 '권위주의'와 무관했을까? 필자는 그렇게 보지 않는다.
33) Kim Uchang, 「Asian Values and Modernity: From Morality to Law」,Ibid. p.4.

기원한다.

② 일 본

일본에는 천황이 상징적인 나라의 가부장으로 그 역할을 수행하며, 일본이라고 하는 큰 가정을 안정시키는 데 공헌하고 있다. 일본의 가정은 크게 천황가(天皇家)와 일반백성의 가라는 두 가지 종류로 구성되어 있지만, 천황가와 백성가(百姓家)의 조상은 동일한 것으로 간주된다.[34] 정치적 통합의 근거로 조상숭배적 사고방식을 이어서 가정을 천황가(天皇家)의 분가차원으로 존속시키며 사회를 통합하는 것임을 알 수 있다.

> "황실을 종가(宗家)로 섬기고 천황을 중심으로 받드는 군민일체(君民一體)의 대가족이다. 그러므로 국가의 번영에 힘쓰는 것은 천황의 영광에 봉사하는 것이고, 천황께 충을 다하여 봉사하는 것은 나라를 사랑하고 그 융성을 도모하는 것이다."[35]

천황제 이전에 도쿠가와 시대의 인간관계 역시 유교적 '충'의 원리가 중시되었다. 일본적 '무사도(武士道)'의 예가 그 정수일 것이고, 여기에서 강조되었던 지조와 용기, 충성 등을 말하지 않고는 일본사회를 말하기 쉽지 않을 것이다.[36] 모리시마는 도쿠가와 시대의 유교는 이런 충을 중시하는 일본의 전통이 근대, 다시 말해 명치유신(明治維新) 이후에 국가적 이데올로기로 확대되면서 근대적 관료제와 결합되었으며, 그

---

34) 松本三之介, 「國家主義とイデイオロギー」, 『講座家族 8. 家族觀の系譜』, 弘文堂, p.72.

35) 浜田 陽太郎, 『國體の 本意』, 1937. 『講座家族 8. 家族觀の系譜』, 弘文堂, p.104. 재인용 이런 종류의 사고방식을 통해, 일본제국주의의 황민화 작업이 우리나라에까지 미쳐서 신사참배를 강요했던 역사적 사실을 상기할 수 있다.

36) Michio Morishima, 『Why has Japan succeeded?: Western technology and the Japanese ethos』, Cambrige University Press, 1982. New York.

결과 민족적·가부장적·집단주의적 자본주의가 탄생했다고 말한다.[37]

현대 일본의 시대 소설이나 시대극 등에는 집단이나 가문을 위해 할복한다든가 목숨을 버린다든가 하는 장면이 많고, 그 명분이 이른바 큰집 곧 대명가(大名家)를 위한 것이 배경이 된다.[38]

이처럼 동아시아에 있어서 가정에서의 효를 강조하여 가정을 안정시키는 그 방식대로 국가에서는 국민들의 충으로 공동체의 안정을 꾀하는 것이다. 공동체의 구성원으로서 바람직한 자세는 한 가정의 효에만 머무는 것이 아니라 이웃과 국가에 있어서 인간관계로 확대된다.

2) 효와 충의 연계

가정에서의 효도와 공동체에서의 충이 분리된 것이 아니라, 연계되는 것은 관례에서 보이는 의례를 통해 살펴보자.

관례를 통해서 성인의 책임을 일깨우는 가장 중요한 것은 취업이나 진학이 아니라 도덕적 품성이 성인의 중요한 기준이 되었다. 그것이 다름 아닌 효(孝)·제(悌)·충(忠)·순(順)[39]이다.

"성인(成人)이라 한다면 그는 장차 성인의 예를 권고 받게 된다. 성인례(成人禮)를 권하는 것은 사람의 자식으로, 사람의 아우로서, 사람의 신하로서, 사람의 젊은이로 만드는 예를 행하기를 권하는 것이며, 장차 이네 가지를 사람에게 행하기를 권하는 것이니, 그 예가 중요하지 않을 수

---

37) Morishima, Ibid, p.18.
38) 김양기, 『가면속의 일본인』, 한나라, 1994, p.52.
39) 孝悌忠順이란 첫째는 孝, 사람의 자식 된 道理를 제대로 하는 것이다.
    둘째는 悌, 아우로서의 道理를 제대로 하는 것이다.
    셋째는 忠, 임금에 대한 忠誠을 제대로 하는 道理다.
    넷째는 順, 나이든 분에 대한 待接을 제대로 하는 道理다.

가 있으랴. 그러므로 효·제·충·순의 행실이 성립된 후에라야 가히 사람
이 되는 것이요, 가히 사람이 된 후에라야 가히 사람을 다스릴 수 있는
것이다. 그러므로 성왕들은 예를 중요시하였다. 그러므로 관(冠)이란 예의
시작이며 경사의 중요한 부분이라고 말한다."40)

성인의 기준을 효·제·충·순으로 보는 것은 『소학』「가언」에도 다음
과 같이 말한다.

"이른바 성인이란 것은 살과 가죽이 어렸을 때와 다름을 이르는 것이
아니요, 장차 효·제·충·순의 행실을 책임 지우려 하는 것이니, 어찌 중히
하지 않을 수 있겠는가."41)

이러한 효·제·충·순의 구조는 조직이나 기업에 있어서도 유사한 부모-
자식 간의 인간관계에 대응하는 공동체의 유지를 위한 질서라고 할 것
이다.

3) 종법적 위계질서의 예

가정에서는 조상령에 대해 의례를 통해 안정된 가정을 기구하듯, 한
국가의 가부장에게도 또한 그 상위의 의례의 대상이 있다. 전통적으로
중국의 황제는 하늘에 제사를 지냈고, 한국의 왕실은 종묘사직에 제사
를 지냈으며, 서민들은 조상에게 제사를 지냈고, 그 제사의 의례는 종
자(宗子)가 수행하여, 일종의 사회의 기강을 확립했다.

---

40) 『주자가례』, p.335. '成人之者 將責成人禮焉也 責成人禮焉者 將責爲人子 爲人弟 爲
人臣 爲人少者之禮行焉 將責四者之行於人 其禮可不重與 故孝弟忠順之行立 而后
可以爲人 可以爲人 而后可以治人也 故聖王重禮 故曰冠者 禮之始也 嘉事之重者也'
41) 所謂成人者 非謂膚革 異於童稚也 將責以孝悌忠順之行也 豈不重乎哉

공자는 대체적으로 문묘(文廟)에 있어서 제례의 대상이 되었고, 한국의 성균관과 향교에는 공자뿐만 아니라 한국의 존경받을 만한 선비들이 의례의 대상이 되었다.

중국공산당은 이러한 종법적 질서를 봉건주의의 잔재로 보고 소위 문화대혁명을 통해 그들의 전통적 의례를 철저히 파괴했으나, 최근에는 파괴된 전통문화재들이 복원되고 있으며 그러한 문화대혁명을 동란으로 규정하고 파괴에 대해 반성하고 있다. 중국은 여전히 강력한 지도자의 리더십에 의해 부국강병을 모색하며 권위주의적 지도자들이 이끄는 과거의 종법적 질서를 통해 사회를 안정시키는 방법의 연장선상에 있다.

일본의 경우는 말할 나위도 없이 집단주의적 예를 중시한다. 일본인들의 묘지는 단순한 가정의 묘가 아니라 회사의 묘가 있다. 가정보다도 오히려 회사가 삶의 구심점이 되는 면도 볼 수 있으며, 대대로 내려오는 가업을 소중히 함으로써 자본주의적 상인정신과 부합하기도 한다. 일본 제국주의로 상징되는 국가주의는 동아시아 사회를 불행하게 한 역사의 한 장면으로 이어진 것도 개인과 가정보다는 더 큰 가정인 국가를 우선하는 예를 바탕으로 한 것은 유감이었다.

유교의 인정(仁政)을 행하는 자세는 사실 백성을 자식처럼 사랑하는 곧, '애민여자(愛民如子)'로 동아시아의 권위주의의 정치는 바로 이러한 위계질서의 예에 기반을 두고 있다.[42]

이처럼 국가를 큰 가정으로 보고, 개인보다도 우선시하는 전통에는 가부장적 가정의 예와 그 맥을 함께 하는 것이다.

---

42) 張踐, 「論儒家經濟倫理」, 『孔子硏究』,1989, 第2期, p.47. 이 논문에서 그는 유교적 가족윤리의 질서가 중소형 가족기업 형성과 人治的 요소, 온정주의, 勞使和合 등의 특징을 지적하고 있다.

Ⅴ. 동아시아 사회에 있어서 예의 현대적 의미

우리는 동아시아 사회의 예를 다룸에 있어서 무엇보다도 인간관계 가운데 가족을 소중히 하는 점을 살펴보았다. 서구에서는 부부 중심이며 또한 혼인도 애정을 바탕으로 하는 데 비해 동아시아의 경우는 부모-자식 중심이며 반드시 애정을 바탕으로 가정을 유지하지 않으며, 가정 그 자체의 가치를 신성시한다.

오늘날 남녀들이 서로 사랑으로 만나 가정을 이루다가 그 사랑이 식으면, 서슴없이 이혼하는 풍토 속에서도 이러한 동아시아적 '가정중시'의 인간관계는 일종의 가정보호의 역할을 일정하게 하는 것이다.

상례나 제례의 의례에서 보듯, 동아시아인들은 조상을 숭배의 대상으로 하며, 그 유체(遺體)를 소중히 한다. 생명의 존엄을 유체에까지도 적용하며, 그 혼백관에 기원하며 생명에 대한 중시의 표현이라고 본다.

그러나 동아시아 사회는 이러한 가정을 중시하는 것과 같은 맥락에서 개인과 사회를 연결했으며, 그러한 것은 국가에 대한 개인의 헌신 등을 요구했다. 여기에는 가부장적 종법적 위계질서가 있었다. 오늘날 동아시아 사회의 여러 구조들도 대체적으로는 이러한 종법적 위계질서를 배경으로 하고 있음을 발견할 수 있다.

한국 축구를 월드컵 4강으로 올린 히딩크 감독은 이러한 한국적(혹은 동아시아적) 위계질서를 인정하지 않고 실력주의로 선수를 등용하여 성공했다. 선수 상호 간의 위계질서는 어느 한편에서는 강력한 질서의 요인이며 바람직한 예이지만, 어느 한편에서는 실력 있는 후배를 억누르는 바람직하지 못한 인간관계의 예로 작용하는 것이다.

마찬가지로 동아시아 사회에서 볼 수 있는 가족중심의 예나 공동체의 예는 지도자나 연장자를 존중하고, 가족과 자녀를 소중히 하고, 가까운 인간관계에 대해 충실할 수 있지만, 역으로 지도자와 연장자의 권위주의로 인해, 가족에 대한 집착으로 인해, 또한 가까운 인간관계에 얽매임으로 인해 공정성을 잃을 수 있음은 물론이다.

사실 동아시아적 예란 상대적인 개념일 뿐이다. 서양 사회나 다른 아시아 사회에 비해 더 가족 중심이고 더 가부장적 집단 중심일 뿐이지, 절대적으로 가족 중심이고 절대적으로 집단 중심은 아닌 것이다.

필자는 이상에서 예를 인간관계의 예와 의례의 예의 종합으로 파악한다. 의례의 예는 사실 인간관계를 상징적으로 표현하고 함축하고 있다. 예컨대 조상제사는 조상과 나의 인간관계의 표현인 것이다. 그 예의 핵심정신은 자신만을 생각하지 않고 남을 생각하는 태도다.

'개인과 가정' 간에 '개인과 국가' 간에, 개인의 입장만을 생각하지 않고 가정과 조직 혹은 국가적 공동체에서 개인을 뛰어넘어 조화하려는 정신, 그로 인해 좋은 가정을 이루고 더 좋은 사회를 이룩하려고 하는 것이 동아시아 사회에 있어서 예의 깊은 의미라고 할 것이다.

초례(醮禮)의

종교적 의미

Ⅰ. 초례의 대상과 종교적 뜻

한국의 관혼상제(冠婚喪祭)의 의례를 조사하는 과정에서 보면 관례
(冠禮)와 혼례(婚禮) 시에 초례(醮禮)를 하는 과정이 있다. 그런데 이
러한 초례는 조선시대의 유교적인 의례와는 무관하게 오히려 도교적[1]
인 의례인 것인데, 어떻게 해서 이러한 도교적인 의례가 조선조의 의례
에서 유지되었는지 궁금했다. 말하자면 대단히 종교적인 의미를 가지고
있다는 것이다.

이러한 초례의 종교적 의미를 밝히기 위해 다음 사항을 연구하고자
한다.

먼저, 한국의 관혼상제에서의 초례는 어떤 형식을 가지고 있으며 그
형식에 깃든 의미는 무엇인가. 다음은 초례의 신앙대상은 무엇이며, 상
호 간의 관계가 무엇이며 종교적인 뜻이 무엇인지를 밝히고자 한다. 또
한 이러한 초례가 일반 가정의례에만 있었던 것이 아니라 조선시대의
국가적 의례로도 거행되었는데, 유교를 국교로 한 사회에서 왜 초례가
줄곧 거행되었는지를 알아보려고 한다.

이러한 연구를 통해서 초례라고 하는 종교적 의미를 가진 의례가 비
교적 기복적 종교적 성격이 약한 유교와 어떻게 조화하며 또한 대립하
는지를 알 수 있고 여기에서부터 종교적 화해와 대립의 한 과정을 살
필 수 있다고 생각한다.

---

1) 道敎는 기존의 민간신앙을 흡수했기 때문에 불교나 유교 쪽이 아닌 道敎에 가깝다
  는 의미이지 道敎라는 말은 아니다.

II. 한국의 관혼상제(冠婚喪祭)에서 초례의 의미

초례(冠禮)의 절차 가운데 삼가(三加)가 끝난 후 초례가 있다. 이때 초례란 술을 내려 천지신명에게 어른으로서의 서약을 하게 하고 술 마시는 예절을 가르치는 의례이다. 여자의 관례라고 할 수 있는 계례(筓禮)의 경우도 남자와 마찬가지로 초례가 있다.

관례에서 초(醮)란 올리는 술을 말한다. 이를 내초(乃醮) 의식이라고 하는데 그 의식은 관례자가 주례(賓)와 집사자(贊)에게 절을 하고 술을 마시게 되는데, 먼저 주례가 관례자에게 읍(揖)하고 북향하여 축문을 읽는다. 이것이 초사(醮辭)이다.

초사(醮辭)의 내용은 다음과 같다.

> "맛있는 술이 이미 맑아졌으니 좋은 안주와 향기로운 술을 절하고 받아 제
> 사 지내어 너의 상서로움을 안정시키고 하늘의 경사를 이어 오래 살며 잊지
> 말라."[2]

『의례(儀禮)』에서 보는 관례에서 세 번 옷을 갈아입는 의례가 있는데, 이는 성인(成人)으로서의 세 번의 의례 그 자체를 초(醮)라고 한다. 일가(一加)는 옷을 입는 면에서 일초(一醮)는 술을 올리는 의식인데 두 번째의 의례는 재초(再醮) 그리고 마지막의 의례는 삼초(三醮)라고 하고 있음을 볼 수 있다.[3]

---

2) 『朱子家禮』, p.134. '醮禮旨酒既清 嘉薦令芳 拜受祭之 以定爾詳 承天之休 壽考不忘'
3) 『儀禮』卷1, 「士冠禮」, p.48. 學民文化社 影印本始加란 一加라고도 하고 一醮라고도
   한다. ([注]始加者 言一加一醮也) 加冠於東序醮之 於戶西同耳 始醮亦薦脯醢 賓降
   者 爵在庭 酒在堂 將自酌也 辭降如初 如將冠時 降盥辭降也 凡薦出自東房 p.49.
   皮弁(사슴가죽으로 만든 갓)을 쓰고 처음 의례와 같이 再醮한다(加皮弁如初儀再醮).
   爵弁(면류관 비슷한 모자)을 쓰고 처음 의례와 같이 三醮한다(加爵弁如初儀三醮

이러한 내용으로 보아 성년례(成年禮)인 관례 자체가 모두 초례로 이루어짐을 볼 수 있다. 세 번 옷을 갈아입을 때마다 술과 안주를 달리하여 축사를 하는데, 이는 경건한 제사의 모습을 연상케 한다. 혼례에 있어서 초례는 전통혼례의 결혼식이 신부 집에서 행했던 친영(親迎)을 초례(醮禮) 혹은 대례(大禮)라고 했다. 초례청(醮禮廳)이나 초례상(醮禮床)이라고 하는 용어를 보면 결혼식 자체가 하나의 초례행사임을 알 수 있게 한다. 술을 주고받는 의미도 알고 보면 천지신명에게 그들의 행복을 비는 종교적 성격을 함축하고 있는 것이다.

관례와 마찬가지로 혼례도 초례가 중요한 의례임을 확인할 수 있다. 인생의 새 출발을 경건한 의례인 초례상 앞에서 술을 사용하는 것은 서로가 술을 교환하는 의미보다는 천지신명에게 인생의 첫출발을 축원하는 종교적 의례인 것이다.

그렇다면 도대체 초례상에서 올리는 초(醮)는 어떤 종교적 대상에 대해서 축원을 하는지 애매하게 천지신명(天地神明)이라고 얼버무린 채 명확하게 드러나 있지 않다. 전통관례와 혼례의 축사에 있어서도 그 신앙의 대상이 불분명하게 되어 있다.

왜 이런 불분명한 상태에서 종교적 의미를 가진 초례가 거행되었는지의 연구는 우선 본래의 초례의 의미를 아는 것이 중요하다고 본다.

……有乾肉折俎嚌之其他如初北面取脯見于母) p.50. 始醮는 처음과 같다(始醮如初……[注]亦薦脯醢 徹薦爵筵尊不徹矣). 再醮에는 두 그릇에는 해바라기 김치와 고둥과 육장 두 그릇에는 밤과 포를 놓는다(再醮兩豆葵菹蠃醢兩邊栗脯). 三醮에는 攝酒함은 재초같이 하며 그릇 위에 설치한다(三醮攝酒如再醮加俎嚌之 皆如初嚌肺 p.54). 초사에 말하기를 아름다운 술이 이미 맑으니 좋은 안주를 올린다(醮辭曰旨酒旣淸嘉薦亶時). ……再醮에 말하기를 아름다운 술이 이미 잘 걸러져서 좋은 포를 올린다(再醮曰旨酒旣湑嘉薦伊脯). ……三醮에 말하기를 아름다운 술이 아름다운 그릇들에 늘어놓았다(三醮曰旨酒令芳邊豆有楚).

Ⅲ. 초례의 대상

"도교의 경전에는 여러 가지 재앙을 없애고 액을 없애는 법이 있다. 음
양오행의 술수에 의거하는데, 사람의 나이로 운명을 추리하는 것을 기록
하니 장표(章表)와 하는 것과 같다. 의식과 함께 지폐(贊幣[폐물])를 갖추
고, 향을 사르고, 위의 하늘에 아뢰어, 재액을 없애기 위해 청한다. 이를
상장(上章)이라고 한다. 별하늘(星辰)의 아래에서 밤중에, 술과 포(脯)를
진설하고, 공물을 올려 천황(天皇)과 태일(太一)과 오성(五星)과 열수(列
宿)에 차례로 제사하여, 상장(上章)의 의(儀)와 같이 글을 서서 아뢰는 것
을 이름하여 초(醮)라 한다."[4]

여기에서 설명한 바와 같이 초례는 음식을 차리고 하늘에 기원하는
종교적 의미를 가지고 있다. 그리고 그 숭배와 경외의 대상은 천황(天
皇)만이 인격적인 성격을 가지고 있고 나머지는 모두 별이다. 그러니까
초례는 별이 뜬 시각에 별하늘을 향하여 무언가를 기원하는 의식에서
출발했음을 알 수 있다. 그렇다면 주로 초례의 대상이 되는 별들과 그
의미를 살펴보기로 하자.

1) 오성(五星)과 열수(列宿)에 대한 제사

초례 혹은 초제(醮祭)란 밤하늘의 오성과 열수(列宿)를 향해 재앙을
물리치고 복을 기원하는 뜻이다. 원시사회 가운데 있어서 천체에 대한

---

4) 『隋書』, 「經籍志」. 道經又有諸消災度厄之法, 依陰陽五行數術, 推人年命書之, 如章
表之儀, 并具贊幣, 燒香陳讀云, 奏上天曹, 請爲災厄, 謂之上章, 夜中於星辰之下, 陳
設酒脯, 耕餌幣物, 歷祀天皇太一, 祀五星列宿, 爲書如上章之儀, 以奏之, 名之爲醮.

숭배는 동양뿐만 아니라 서양에서도 보편적으로 행해졌는데, 천체의 변화는 인간들의 생활에 대해서 큰 영향이 있었기 때문에 우선 눈에 드러나는 해와 달과 별들은 천체와 하늘 공간 가운데서 중요한 숭배의 대상이 되었을 것이다. 하늘에서 발생하는 구름, 안개, 번개, 바람, 비, 눈 등 자연현상은 인간들에게 따뜻함과 빛을 가져다주는 동시에 어두움과 차가움, 혹한과 공포를 가져다주기도 했다.

일식과 월식, 구름의 변화를 해석할 수 없었던 당시에는 당연히 이러한 기상의 이변에 대해 민감하고 하늘로부터 인간에게 내려진 모종의 경고라고 인식했다. 따라서 경외의 심리가 나오고, 숭배하고 제사하며 보우(保佑)를 기원했던 것이다.[5]

초례는 기본적으로 원시사회의 이러한 하늘과 천체에 대한 경외심에서 출발했는데, 이러한 천체에 대한 숭배 가운데 가장 두드러진 것이 별들인데 오성과 열수(列宿)란 무엇을 의미하는 것일까? 상식적으로 하늘의 현상으로 가시적인 존재이기 때문이리라고 본다. 형이상학적인 존재보다는 눈에 보이는 경이로운 존재야말로 숭배와 경외의 감정을 불러일으키는 일차적인 대상이 될 수 있기 때문이다.

그리고 이러한 별을 오성으로 나눈 것은 오행사상과 관련이 있다. 『회남자(淮南子). 천문훈(天文訓)』에는 다음과 같이 정리한다.

> 첫 째, 화성(火星)인 영혹(螢惑)으로 동방의 신인 태호(太昊)이며 상징하는 동물은 주작(朱雀)이다.
>
> 둘 째, 토성(土星)인 진성(鎭星)이며 중앙의 황제(黃帝)이며 상징하는 동물은 황룡이다.
>
> 셋 째, 금성인 태백성(太白星)으로 서방의 소호(少昊)가 주재하고 상징하는 동물은 백호다.
>
> 넷 째, 수성인 진성(辰星)으로 북방의 전욱(顓頊)이 주재하고 상징하는

---

5) 劉 鋒, 『道敎的起源與形成』, 臺灣, 文津出版社. 1991. p.7. 참조

동물은 현무이다.6)

다섯째, 목성인 세성(歲星)인데 위에서는 누락되었다. 오행 가운데 목은
동방을 상징하는 것이고, 화는 남방인데 화를 동방으로 했다. 목
성이 상징하는 동물은 황룡대신 상징하는 동물은 청룡이 된다.

다음은 오성과 28수(宿)와의 관계는 아래와 같이 정리할 수 있다.

동방의 청룡(혹은 창용) 칠수(七宿): 각(角), 항(亢), 저(氐), 방(房),
심(心), 미(尾), 기(箕)

북방의 현무 칠수(七宿): 두(斗), 우(牛), 여(女), 허(虛), 위(危), 실
(室), 벽(壁)

서방의 백호 칠수(七宿): 규(奎), 루(婁), 위(胃), 묘(昴), 필(畢), 자
(觜), 삼(參)

남방의 주작 칠수(七宿): 정(井), 귀(鬼), 류(柳), 성(星), 장(張), 익
(翼), 진(軫)

그러니까 사방에 모두 칠수(七宿)가 있는 것이며 하나의 형태를 이
룬다. 동방은 용(靑龍)의 형태를 이루고, 서방은 호랑이(白虎)의 형태를
이루고, 모두 남쪽에 머리가 있고 북쪽에 꼬리가 있다. 남쪽은 새(朱雀)
의 형태를 이루고 북쪽은 거북이(玄武)의 형태를 이룬다. 모두 서쪽에
머리가 있고 동쪽에 꼬리가 있다.7)

이러한 별자리의 배치를 볼 때 풍수지리설에서 흔히 좌청룡, 우백호,

---

6) 劉 鋒, 『道敎的起源與形成』, 文津出版社. 1991, p.33. 『淮南子. 天文訓』, 在沿用 『
呂氏春秋』, 十二紀中的五方神的同時, 就增加了五方星宿. 竝各有其動物代表, 謂東
方之神是太昊: '其神營惑(火星), 其獸朱鳥'. 中央黃帝主之, '其神爲鎭星(土星), 其
獸黃龍. 西方少昊主之, '其神太白(金星), 其獸白虎'. 北方顓頊主之, '其神爲辰星
(水星), 其獸玄武'. 這靑龍, 白虎, 朱鳥(朱雀) 玄武就成爲漢代的四神.

7) 『書. 傳』 "四方皆有七宿, 可成一形. 東方成龍形, 西方成虎形, 皆南首而北尾: 南方
成鳥形, 北方成龜形, 皆西首而東尾"

남주작, 북현무라는 사상적 배경이 별자리에서 유래했음을 인식할 수 있다.

성체(星體)의 존재와 운행을 대하면서 극대의 신비감에서 근원함으로써 초례(醮禮)의 대상이 되기도 했지만 실제적으로 인간사회에서는 성신(星辰)의 움직임에 근거하여 방위와 계절의 측정을 확정했다.

이러한 성신(星辰)에 대한 신앙은 민간신앙으로 후일에 도교적 의례에 흡수되었다. 노자나 장자가 스스로 신앙의 대상이 되기를 원치 않았으면서도 도교신앙의 대상이 되었듯 오성열수(五星列宿)에 대한 신앙도 의인화되고 신격화된 것이다.

물론 보이지는 않는 존재라고 할지라도 상제의 개념은 오성열수(五星列宿)의 의미 속에 있다. 왜냐하면 하늘에 거주하는 존재는 당연히 하늘의 별에서 산다는 상상력을 발휘할 수 있기 때문이다. 그 상제의 거처는 다름 아닌 하늘의 별 안에 존재하는 것인데, 이러한 장소를 자미궁(紫微宮)이라고 했다. 오늘날 북경의 고궁이름이 자금성(紫禁城)이라는 명칭은 지상에 있어서의 상제인 임금의 거처를 뜻하는 것도 이와 관련된 것이다.[8]

비교적 유명한 초례의 대상이 되는 성수(星宿)는 태을(太乙, 太一)과 노인성(老人星, 壽星)이다. 이러한 별들은 인성(仁星)으로 태평을 이룰 수 있는 별이라고 간주되었다. 우리나라의 역대왕조에서도 이런 태을(太乙)에 빈번히 초례했다. 이에 대해 조선 초기에 초례를 권유한 기록을 인용해 보면 다음과 같다.

　　"태을(太乙, 太一)은 하늘의 귀한 신이시니 중국 한(漢)나라 때로부터 내려오며 역대로 받들어 그 돌보심에 따라 상서로운 일이 있었습니다. 그래서 전조(前朝)에서는 복원궁(福源宮) 소격전(昭格殿)과 정사색(淨事色)

---

8) 馬書田『中國道敎諸神』, 團結出版社. 1995……. 據『後漢書』卷48. 記載: "天有紫微宮, 是上帝之所居也". 後人多以紫微垣比喩帝居, 故称禁中爲 "紫禁", 至今人們還称明淸北京皇宮爲 "紫禁城".

을 두고, 따로 대청관(大淸館)을 건립하였으며 또 곤방(坤方 – 부평), 건방
(乾方 – 귀주)에 차례대로 궁을 두고 궁관(宮觀)을 세워 초례를 행하여 매
양 액운을 당하거나 재변을 만나면 기도를 드리고 따로 대청관에서 초제
를 지냈습니다. 만약에 군이 행군을 할 양이면 장수가 대청관에 나아가
재계를 하고 묵으며 초례를 지낸 후에 행군을 하였으니, 대개 이는 태을
이 어진 별로서 그 별이 비치는 곳에는 싸움과 질병이 일어나지 않고 나
라가 태평하기 때문입니다.”[9]

　여기에서 초례의 대상으로 태을이 중요함을 볼 수 있고, 다음으로 민간
에서는 장수를 축원하는 의미로 노인성이 숭배의 대상이었다. 노인성을
보면 수(壽)가 길어진다 하여 노인성을 또한 수성(壽星)이라 부른다. 이
노인성은 남극성(南極星)인데, 한국에서는 과거에는 남의 부모를 위하여
환갑을 축하하는 시에 매양 노인성을 많이 인용하여 축수(祝壽)의 말로
사용하였었다.

2) 북두숭배(北斗崇拜)

　북두숭배(北斗崇拜)는 옛사람들의 성신(星辰) 숭배 가운데 특별한
지위를 차지한다. 그것은 사람의 생산생활과 밀접한 관계가 있다. 북두
칠성은 북쪽하늘에 배열하여 국자(혹은 杓)형의 일곱 개의 밝은 별의
합칭이다. 일곱 개의 별을 천추, 천선, 천기, 천권, 옥형, 개양, 요광이
라고 부른다. 고대에서는 이 모양을 술을 따르는 자루형(斗形) 혹은 국
자형(勺形)으로 상상하여 민간에서는 ‘작성(勺星)’이라고도 했다.[10]

　북두칠성은 오늘날의 별자리로는 ‘큰곰자리’다. 천선(天璇)과 천추(天

9) 『조선왕조실록』, 태종 4년 갑신 2월, 신묘일, 김첨의 글.
10) 馬書田, 『中國道敎諸神』, 團結出版社. 1995, p.82. “北斗崇拜在古人星辰崇拜中占有
突出地位, 因它與人們的生産生活關係十分密切, 北斗七星是在北天排列成斗(或杓)形
的七顆亮星的合称. 這七顆星叫天樞, 天璇, 天璣, 天權, 玉衡, 開陽, 搖光. 古人把這
七顆星聯系起來, 想象成古代酌酒的斗形或勺形, 所以北斗在民間又俗稱“勺星”.

樞) 두 별이 연결되어 직선을 이루며, 다섯 배의 연장거리에 북극성이 있다. 이 두 별을 '지극성(指極星)'이라고 하며 북방의 표지다. 북두가 이미 방향을 확정하는 것으로 이용된 까닭이다. 또한 계절을 확정할 수 있고, 그 운행규율로 역법을 제정하는 등이 많이 유용한 깃이다.[11]

옛사람들은 초저녁에 북두의 자루의 방향으로 계절을 확정했다. 자루가 동쪽에 있으면 세상은 봄이고, 자루가 남쪽에 있으면 세상은 여름이며, 자루가 서쪽에 있으면 세상은 가을이며, 자루가 북쪽에 있으면 세상은 겨울이다. 북두칠성은 지평선 아래로 사라지지 않으며 단지 북극성을 회전할 뿐이다. 옛사람들이 천신 가운데 가장 존귀한 천제의 거소로 인식했다. 28수는 북두로써 중심을 삼는다. 그것은 사방에 감싼 것과 같아서 뭇별의 왕이 되는 것이다.

이러한 북두칠성에 대한 숭배는 신화(神化)하여 북두진군(北斗眞君), 혹은 북두성군(北斗星君)이라고 불리게 되고 혹은 칠성님으로 신격화 되기도 했다. 북두칠성은 산사람과 죽은 사람의 공(功)과 과(過), 그리고 선과 악을 조사하는 존재라고 생각했다. 북두는 중앙에 거주하여 사방을 순유(巡游)하고 세상의 생사와 축복(祝福)을 관장한다. 그래서 사람들은 백 가지 사악한 것을 없애고 흉한 기운을 없애는 염원으로 북두에 기원하고 예배했다. 그리고 그로부터 팔난을 극복하고 장생불노하기 위해 초례했던 것이다.

한국의 상례의 절차에는 초례가 없지만, 사람이 죽으면 송판에 일곱 구멍을 뚫어서 북두형상과 같이 만들고 혹은 종이에 북두형상을 그려서 시체를 놓는데, 이것을 칠성판(七星板)이라 한다. 유교적 의례가 주간된 조선조의 상례에서 왜 북두칠성에 대한 신앙의 형식이 유지되었던 것일까?

---

11) 위의 책, p.83-84. 北斗七星卽大熊座. 把天璇, 天樞兩星連成直線, 延長五培距離, 卽可以找到北極星, 故此二星又稱 "指極星", 它是北方的標志. 所以北斗旣可用來確定方向, 又可確定季節, 其運行規律對制定曆法也很有用處.

그것은 유교의 의례는 저 세상에 대한 신앙이 결여되어 있다. 유교적 인생관은 윤회도 부활도 없다. 그러기 때문에 조선조가 유교적 이데올로기로 철저히 훈련된 사회라고 하지만 인간의 한계상황에서 그들이 기원하는 대상은 공자나 맹자가 아니라 밤하늘의 북두칠성과 같은 하늘의 존재였던 것이다.

3) 삼청(三淸)과 상제(上帝)

오성(五星)과 열수(列宿)는 어김없이 눈에 보이는 존재여서 민간에서도 쉽게 받아들여졌지만 이러한 신앙이 좀 더 의인화되고 좀 더 형이상학적 존재로 변화한 것이 삼청(三淸)이나 상제의 개념이다. 이제 삼청은 도교적인 것이 아니라 바로 도교의 신앙이며, 인격적 존재로 뭇 별들에 비해 보다 형이상학적인 신앙의 대상이 되었다.

삼청은 곧 옥청(玉淸), 원시천존(元始天尊), 상청(上淸) 영보천존(靈寶天尊), 태청(太淸) 도덕천존(道德天尊)이다. 태청(太淸) 도덕천존은 노자가 신격화된 존재다. 그리고 이런 종교적 숭배의 대상은 삼청전이나 삼청각 혹은 삼청궁에 봉안하여 종교적 의례의 대상으로 받들었다.

고려시대는 물론이려니와 조선시대에도 초례를 지냈던 관서가 소격전(昭格殿)과 삼청전이었다. 서울의 북쪽 삼청동에 삼청전이 있었고 그 안에는 또한 성제정(星祭井)과 소격서(昭格署)가 있었다.

『동문선(東文選)』에는 초례의 기원문이라고 할 수 있는 청사(青詞)의 내용이 실려 있는데, 아래와 같은 형식의 기원을 담고 있다.

"빛나도다 삼청이여, 능히 사람이 생존할 때나 죽음 후에라도 건져주십니다. 정성스러운 생각이 마땅히 하늘과 유통하와 문득 낮은 정성을 바쳐 감히 깊은 상제의 들으심을 구하나이다. ……지존(至尊)께옵서는 가엾이 여기심을 드리우시고, 모든 성신(聖神)께서는 사랑을 일으키시어 나의 쌓은 정성을 양찰하시고…… 항상 높은 宮에 계시게 하고, 선세(先世)의 잠긴 혼도 고루 고명하신 도움에 힘입어 모두 쾌락한 동산으로 올라가게 하고……."12)

오성열수와 삼청 그리고 상제의 관계는 좀 복잡하지만, 봉건사회의 위계질서상 민간인이 바로 상제에게 기원하는 것은 자연스럽지 못했다. 우선 왕실이나 국가적 행사에서는 삼청이나 상제라는 용어를 사용하지만 민간에서는 그렇지 않았다.

『동문선(東文選)』에서 등장하는 소위 국가에서나 왕실에서의 거행했던 초례에서의 청사에서는 임금이 고했던 제사의 대상으로의 상제가 5회, 제(帝)가 4회13) 도합 9회 등장하고 있는데, 그 이유는 성수(星宿)

---

12) 『東文選』, 卷115. 靑詞, 三淸靑詞, 皇矣三淸 能度人於存歿 誠哉一念…… 伏願至尊 垂憫 諸聖與慈 諒余積忱 ……常居紫府 先世況魂 均被高明之佑 悉登快樂之鄕
　　그 밖에도 "삼청이 위에 계셔 묵묵히 생성을 운행하시고 북두가 가운데 있으니, 실로 喉舌을 맡으셨나이까(卷115. 靑詞, 北斗靑詞, 三淸在上 嘿斡生成 北斗居中 實司喉舌). "삼청의 도는 신비하고 아득하므로 알기 어렵습니다"(卷115. 靑詞, 昭格殿 行祈雨兼星變祈讓……". 三淸秘 冥杳難知").

13) 『東文選』靑詞 가운데 上帝라는 말은 다음과 같다.
　1. 선대의 임금들의 규칙을 따라서 善을 하고, 상서를 내리게 하는 上帝의 큰 명을 받들고자 秘殿을 맑게 하고 엄숙하게 참(眞)의 법식을 살피옵니다(卷115. 「乾德殿 醮禮靑詞」 崔惟淸, "亦允蹈先王之規 作善降祥 尙丕承上帝之命 式淸秘殿 恭按眞科").
　2. 상제의 보호하고 도와주심을 맞이하는 것이 옳겠으므로, 엄숙히 법을 살펴 깨끗한 제사를 지내옵니다. 아득한 곳에서 들으시고, 나에게 은혜주시는 사사로움을 더하시어 자복(덩굴 같은 은복)이 금방 오도록 옹호하시되 오래도록 많이 누리게 하시고, 蘿圖를 오래도록 보호하시어 크게 성취하게 하여 주시기 우러러 비나이다(卷115. 「上元靑詞」, 李奎報 "上帝之保持 恭按眞科 式嚴淨醮 仰?冥然之聽 優加惠我之私 擁茨福之方將 永于多享 保蘿圖於可久 展也大成").
　3. 上帝께서 거듭 명을 내리시고 아름다움을 주시기 바라옵니다(卷115. 「福源宮行誕日醮禮文」, 鄭誧. "伏願上帝垂仁 列眞委睨 有秩斯祐 奚獨享於一時").
　4. 上帝에게 정성을 바치는 예식을 거행하온데(卷115. 「小王本命醮靑詞」, 上帝享誠之擧).
　5. 그러나 또한 과연 上帝의 마음에 맞는지 알지 못하겠습니다…… 상제(이 표현은 없음)의 높은 데서 들으심을 더럽히옵나이다(卷115, 「祈雨昭格殿 行醮禮靑詞」), "然亦未知果合於上帝之心歟……以瀆盖高之聽"帝라는 말은 다음과 같다.

에 비해 상제나 신명(神明), 상천(上天), 원청(圓淸) 등과 같은 용어는 추상적이고 서민들이 바로 부르기에게는 친근하지 않았기 때문이 아닐까 추측한다.

이처럼 초례의 대상이 되었던 오성열수(五星列宿)와 특히 북쪽의 북두나 남쪽의 노인성 등은 하늘에 있는 별들에 대한 신앙이고, 삼청은 도(道)와 노자를 신격화해 놓은 초월적 존재이며, 상제 역시 하늘의 초월적 존재라고 할 수 있다. 결국 초례는 인간세계가 아닌 인간세계를 초월한 거룩한 존재에 대한 신앙행위임을 알 수 있다.

---

① 엎드려 생각하건데 帝의 마음의 간택하심을 받자와, 오랫동안 어려운 왕업을 유지하여 왔사온데(卷115. 「冬至太一靑詞」, 金克己, "伏念臣叨受帝心之簡 久持王業之難")

② 하늘은 사사로움이 없어 덕 있는 사람을 도와주시는데, 항상 총명하게 굽어 살피시고 사람에 과실이 있어 요사는 이로 말미암아 일어나는 것이니……선택하심은 帝의 마음에 있사오니, 사람과 道殿으로 달려 보내 엄숙하게 기도의 의식을 펴오니, 진실한 정성이 밝고 밝은 살피심을 이르러 오게 하며, 요사스러운 분위기를 그 자리에서 풀고 단이슬이 두루 적시고(卷115. 「祈雨太一醮禮靑詞」, 權近, "天無私而德是輔 常聽明而降監…… 簡在帝心 宜爲民請 伻趨道殿 恭展醮儀 儻款款之誠 格明明之鑑 致令妖氣頓釋 甘露普霑")

③ 帝의 마음에 어긋남을 얻을까 두려워하고, 복을 부르고 재앙이 쉽게 함은 항상 그윽한 도우심에 바람이 있사옵니다. 이에 상쾌한 행차를 맞이하여 바로 새로운 제단을 모시오니, 하찮은 정성이 하늘에 올라가 들리시어 하찮은 이바지에 하강하여 보심을 바라옵니다.(卷115. 「福源宮太一移排別醮禮靑詞」 "恐獲戾于帝心 招福弛災 常有望於陰騭 寔邀冷馭 迺安新壇 儻升聞於查冥 庶降監於菲薄")

④ 진실로 상제의 마음에서 선택받는 데 달렸을 뿐이옵니다……우러러 성근 별을 바라보오니 모두 붙들어 도와주시는 은혜를 드리우소서. 음양이 화하고 풍우가 제 때에 오도록 하시고 우악하게 하시여 인민이 양육되고 전쟁이 쉽게 하여 앞으로 즐겁고 앞으로 편안하게 되어, 모든 복이 모두 이르러서 사방에 뉘우침이 없게 하여 주시기 바라나이다.(卷115. 「昭格殿 行祈雨兼星變祈讓 醮禮三獻靑」 "實惟帝心之所簡 ……瞻仰烈宿 咸垂扶佑之私 致令陰陽和而風雨時 旣渥 人民育而弓矢弢 將樂將安 諸福畢來 四方無侮)

IV. 초례의 종교적 의미

1) 양재초복(讓災招福)의 기원

초(醮)란 소재도액(消災度厄)의 법으로 인간이 하늘로부터 받은 수명을 다할 수 있기 위하여 모든 앙화와 액을 제거해 주도록 지고신인 천(天)에게 탄원하는 내용이 그 핵심을 이룬다.

민간의 관례나 혼례 때의 초례의 기원은 수(壽), 복(福)의 기원이 대종을 이룬다. 그래서 그러한 기원문을 검토할 필요도 없이 개인적 기복이 그 의례 가운데 깔려있음을 볼 수 있다.

현존하는 자료를 통해 초례에서 무엇을 기원하였는가를 살펴보면 크게 국가적 기원과 개인적 기원으로 분리할 수 있다. 초례를 통해서 무엇을 기원했는가에 대한 자료는 민간의 경우에는 특별한 자료가 없고, 국가적 행사의 축원문인 초례청사(醮禮靑詞)를 통해 파악할 수 있다.

여기에서 청사(靑詞)란 초례 때 청등지(靑藤紙)라는 푸른 종이에 주자(朱字)로 그 제사를 통해 축원하는 내용을 써서 오성열수(五星列宿)나 삼청 혹은 상제에게 알린 후 태워 올렸기 때문이다.

2) 국가적 기복

기우(祈雨), 기설(祈雪), 기양(祈禳), 기곡(祈穀) 등 농업생산과 관련된 기원이다. 농경시대에 가장 두려운 기상이변이 없기를 기원하고, 재난이 없는 세상을 기원했다.

몇 가지 초례 내용을 간단히 살펴보면 다음과 같은 것이 있다.

"태일초례(太一醮禮)를 행하였으니, 때 아닌 천둥을 빌기 위함이었다."14)

"좌정승 하륜에게 명하여 소격전에서 비 내리기를 빌게 하였다."15)

"시령(時令)을 조화시킬 태일초례(太一醮禮)를 소격전에서 베풀었다."16)

"이숙묘를 시켜 시령조화 태일초(時令調和 太一醮)를 소격전에서 거행하게 하였다."17)

"소격전에 나아가 비를 비는 초례를 행하였다."18)

"소격전에서 기우(祈雨)하는 초례를 행하였다."19)

"장맛비가 그치지 않으니, 명하여 날씨가 개기를 기원하는 초례를 했다."20)

『동문선(東文選)』에 나타난 청사(青詞)에도 마찬가지다.

"엎드려 바라건대, 음양이 순조로워 겨울에 잘못되어 하복(夏伏)의 재앙이 없게 하고"21)

"우러러 성근별을 바라보오니 모두 붙들어 도와주시는 은혜를 드리우소서. 음양이 화하고 풍우가 제때에 오도록 하시고 우악하게 하시여 인민이 양육되고 전쟁이 쉬게 하여 앞으로 즐겁고 앞으로 편안하게 되어, 모든 복이 모두 이르러서 사방에 뉘우침이 없게 하여 주시기 바라나이다."22)

이러한 정성스러운 마음이 하늘에 이르러 사계절이 조화하고, 전쟁의 근심이 없고 농사는 풍년이 들게 하고 질병 없기를 기원하는 이런 식

---

14) 『조선왕조실록』 태종 5년, 12. 2(갑자).
15) 『조선왕조실록』 태종 6년, 7. 29(병진).
16) 『조선왕조실록』 태종 10년, 9. 11(을해).
17) 『조선왕조실록』 세종 원년, 9. 28(을해).
18) 『조선왕조실록』 세종 21년, 7. 25(신미).
19) 『조선왕조실록』, 세종 22년, 4. 23(을미). 그 외에도 세종 22년, 4. 25(정유). "비를 비는 태일초례를 행하였다." 세조 4년, 5. 10(무술). "태일 기우초례를 소격전에서 행하니 밤중에 비가 내렸다." 등의 기록이 있다.
20) 『조선왕조실록』, 세조 5년, 6. 7(정사).
21) 『東文選』卷115. 青詞, 冬至太一青詞, 李奎報 伏望陰陽常順 無冬愆夏伏之災.
22) 『東文選』卷115. 「昭格殿 行祈雨兼星變祈禳 醮禮三獻青」. "瞻仰烈宿 咸垂扶佑之私 致令陰陽和而風雨時 旣渥 人民育而弓矢즙 將樂將安 諸福畢來 四方無侮.

의 내용이다.

3) 개인적 기복

　민간에서의 초례는 국가적 차원보다는 개인적 차원의 기복인 것은 당연하다. 그러나 왕실에서도 민간인과 같이 양재초복(禳災招福)의 초례는 지속되었다. 조선 중기에 중종대에 이르러 성리학적 명분론에 입각하여 재야사림으로부터 집권한 유생들의 반대에도 불구하고 왕실은 선대로부터 내려온 전통을 폐지할 수 없다고 하여 왕실 내의 초례는 행해졌었다. 왕실 내에서의 초례는 주로 무병장수를 비는 초례였다.23) 그리고 복을 비는 초례는 개복신초례(開福神醮禮)라고 하여 왕자 탄생 등에 행했다.
　『동문선(東文選)』의 청사 내용을 살펴보면 개인적인 기원 가운데는 장수가 으뜸이다.

　　"수명은 대춘(大椿)과 같이 오래 살게 하시고, 본손(本孫)과 지손(支孫)이 덩굴 같이 얽혀 뻗어 나가게 하시고"24)
　　"수명을 길이 연장함을 누리게 하여 주시기 바라나이다."25)
　　"높으시고 참되신 분께서는 낮고 간소한 제사를 굽어 흠향(歆饗)하시고, 년(年)을 내리심을 길게 하시어 옥적(玉籍)에 올림으로써 장생하게 하시

---

23) 조선 초기의 長壽를 비는 초례는 다음과 『조선왕조실록』에서 보면 다음과 같다.
　태조 7년, 8. 21(갑자). "좌정승 조준이 임금을 위해 壽를 비는 초례를 소격전에서 베풀었다.
　태조 7년, 8. 23. "임금을 위해 초례를 베풀어 壽를 빌고자 하여 소격전에서 재계하였다. 태종 12년 11. 4(을유). "궁중에서 초례를 베풀었다. 이날은 바로 임금의 어린 아들 종의 初度이므로 星宿醮를 베풀어 壽를 빌었다."
24) 『東文選』卷115. 靑詞, 乾德殿醮禮靑詞, 金克己年壽等椿椿之久 本支同葛藟之綿.
25) 『東文選』卷115. 靑詞, 乾興節太一靑詞, 金克己享壽籙之延洪.

고, 무궁토록 넉넉함을 베풀어 나도(蘿圖)를 튼튼히 보전하게 하여 주시기
를 바랄 뿐이옵니다."26)

"하늘별이 창생을 건지시는데 곡진하나 남몰래 도움을 드리우시고, 신
자(臣子)가 장수를 빎은 오직 지성으로써 함이오니, 빌기를 진실로 부지런
히 하오면 느껴 통함이 가까운 데 있습니다."27)

여기에서 볼 수 있는 것은 장수가 으뜸의 기원이다. 건강하고 오래
살고 싶어 하는 소원이 전통적인 기복의 내용임을 알 수 있다.

이처럼 초례의 기원 내용은 국가적 차원이건 개인적 차원이건 민간
에서의 복이란 부(富), 수(壽), 강(康), 령(寧) 등이고, 그러한 것을 누리
기 위해서는 전쟁과 죽음과 질병으로 고통 받는 일이 없기를 하늘에
기원했던 것이다. 요컨대, 초례의 기원 내용은 양재초복으로 압축할 수
있다.

4) 유교적 종법질서안의 초월자에 대한 종교적 신앙

밖에서 기복하기보다는 내면의 심성수양을 강조했던 성리학자들은
관혼상제 등의 초례에 대해서는 관대했지만 국가적인 초례행사에 대해
부정적인 태도를 취한다. 유학자들이 점차 영향력을 확대해 가면서 국
가적 규모의 초례는 조선 중기로 접어들수록 미신으로 취급받게 되고
잦은 반대의견에 직면하게 된다. 조선 중종 때 정암(靜庵) 조광조와 같
은 사림의 지도자는 초례를 주관하는 소격서의 철폐를 강력히 주장한
것이 계기가 되어 소위 기묘사화의 실마리가 되기도 했던 것이다.

---

26) 『東文選』卷115. 靑詞, 北斗請詞.
27) 『東文選』卷115. 靑詞, 卞季良. 親試文武科 合行本命醮 年例通行靑詞, 天星濟生 曲
   垂陰騭 臣子祝壽 惟以至誠 祈叩苟勤 感通卽邇.

중종 당시의 국가적 초례를 반대하는 상소문을 인용하면 다음과 같
은 것이다.

"우리나라는 삼청에 초제(醮祭)하고 노자를 으뜸으로 하여 이를 관장하
는 부서를 두어 그 옳지 않음이 크나, 이를 깨닫지 못합니다. 또한 매우
막연하게 복을 구하여도 받지 못하고 도리어 참람하게 대례(大禮)라 하여
경비를 낭비하며 나라의 근본을 깎습니다."28)

경비가 많이 들고 복을 받지 못한다는 논리다. 그러나 보다 중요한
원인은 중국을 중심으로 하는 종법제가 강화되면서 중국에 대한 사대
(事大)가 대의명분을 세우기 때문이다. 중국의 황제만이 하늘에 제사할
수 있고, 제후국은 종묘사직에만 제사해야 하고, 서민들은 종자(宗子)가
조상에게 제사하는 이데올로기가 강화되면서 초례는 유교적 위계질서
를 어기는 것으로 취급받게 된다.

그러나 유교의 중심인물인 공자는 성인이기는 하지만 종교적 신앙의
대상으로서 신격화되지는 않았다. 중국의 황제나 조선의 국왕이 성인으
로서 성균관에서 알성(謁聖)을 하는 존재이기는 하지만 관혼상제의 의
례에서 양재초복(讓災招福)을 기원하는 신앙의 대상이 되지는 않았다.

바로 이 점에서 유교가 중심사상이면서도 불교와 도교가 공존할 수
있었던 여력이 있었던 것이다. 성년례인 관례가 『주자가례(朱子家禮)』
에 근거한 유교적 의례이면서도 초례가 중요한 의식의 한편을 차지하
고 있었던 것은 종교적 경건성을 종래의 민간신앙을 통해 보완하지 않
으면 안 되었던 민중의 종교적 심성을 반영한 것이다.

혼례의 경우는 아예 그 명칭자체를 초례라고 할 정도로 결혼식 자체
가 초월적 존재에 대해 의례를 올리는 형식을 취했다. 결혼 당사자인
신랑과 신부가 서로 주고받는 것이 아니라 사실은 하늘에 술잔을 올리

---

28) 『조선왕조실록』, 중종 25년, 경진년 여름 4월 을축, 사간원 대사간 박광영의 상소.

는 의식이라는 것이다.

상례는 가장 유교적인 의식이라고 오해할 수 있지만, 사실은 가장 불교적이고 도교적인 의식이 많이 남아 있는 의례의 하나다. 일단은 저 승의 개념이 약한 유교이기에 상여소리 자체가 '관음보살'을 부르는 불 교적인 만가(輓歌)가 그대로 민간에서 남아 있었다. 또한 망자를 일곱 을 단위로 염습한다던가 칠성판에 올린다는 것도 칠성신앙의 일면을 엿보게 한다.

제례의 경우가 가장 유교적인 면이 강하다. 제례란 조상과의 관계에 서 이루어진 것이므로 특별히 초월적 존재를 상정할 필요는 없는 것이 기 때문에 그렇다고 볼 수 있다.

그래서 초례라고 하는 일종의 신앙행위는 유교적 사회라고 일컫고 있는 조선조에서도 민간에 그대로 남아 있었으며, 여기에는 구체적인 교주도 교리도 교단도 그리고 특별한 윤리적 계율도 없었다. 다만 정성 과 공경의 마음으로 복된 삶을 술과 안주를 차리고 하늘의 별들과 초 자연적 존재를 향해 여전히 복을 기원했던 것이다.

V. 초례는 한국인의 종교적 심성 표현

조선시대에 초례가 국가적 행사로서 점차 퇴락하고 단지 민간의 의 례 속에서만 남아 있었던 것도 봉건사회의 위계질서에 기인한 것이다. 오직 중국의 황제만이 천제에게 제사를 지낼 수 있고 제후국은 종묘사 직에 제사 지내고 서민은 조상에게 지낸다는 방식이 당시에는 지켜야 할 예법이었기 때문이다.

이런 원칙에 벗어날 때 그것은 음사(淫祀)라고 규정되어 잘못된 것으로 간주하였다. 초례는 밤하늘의 성수(星宿)에 대한 숭배이지만, 역시 하늘에 대한 경외에서 출발하기 때문에 음사(淫祀)로 규정되고 더구나 국가에서나 왕실에서의 초례도 천제에 대한 숭배로 간주되어 중국을 중심으로 하는 종법적 질서를 어긴 것으로 간주하여 초례를 관장하는 소격서의 철폐를 주장했다.

임진왜란 이후 궁중 내의 소격서는 관서로서 폐지되었지만, 민간에서는 관혼상제의 의례 속에 초례가 사라지지 않았다. 그런데 아직도 많은 사람들은 과거의 초례의 의미를 술과 안주를 올리는 의례로만 인식하지 거기에 들어있는 종교적 의미를 간과하기 쉽다.

그 종교적 의미는 경건한 재계를 통해 하늘에 양재초복을 기원하는 것이다. 밤하늘을 향해서 경건히 기도하는 것이야말로 원초적으로 인간이 갖는 종교적 '거룩함'인 것이며 초례에서는 그러한 거룩함을 재계를 통해서 성취하고자 했던 것이다.

초례는 흔히 도교의 의례로 알고 있지만 이는 정확한 분류라고 볼 수 없다. 노자가 도교에서 신격화되었다고 해서 노자의 철학의 도교는 아니다. 마찬가지로 성수(星宿)에 대한 민간신앙도 도교에 의해 수용되지만 그것은 도교신앙 이전에 존재했던 것이다.

한국의 불교에서도 성수(星宿)신앙이 잔존하고 있다. 불교의 경우 칠성을 봉안하는 칠성신앙이 바로 그것이다. 오늘날 현대 한국인들이 사용하는 문학과 예술, 그리고 기업의 이름까지 별에 관련된 이름은 수다하다. 그러한 초례의 경건한 의례는 국가적으로든 개인적으로든 재앙을 막고 축복을 구했던 한국인의 종교적 심성을 표현한 것이었다.

한국전통관례와
성인의 의미

Ⅰ. 성인으로서의 자질 함양 제기

한국의 전통사회에서는 통과의례로서 관례를 해왔다. 오늘날은 20세 이상을 성년으로 규정하지만 과거에는 남자 20세 여자 15세에 관례를 거행하여 미혼이라도 성인으로 대접을 해주고 어른으로서의 행동을 기대했다.

바꿔 말하면 관례를 하지 않으면 성인의 대접을 받지 못했던 것이다. 이러한 의례를 통해서 어린이로서의 태도를 바꾸어 새로 태어난 책임 있는 성인으로서의 자질을 함양하는 계기로 삼은 것이다.

이러한 관례는 일제 강점시대가 되면서 단발령에 의해 한국인의 전통적 상투를 없애면서 점차 사라지게 되었다. 관례란 오늘의 의미로는 성년례라고 할 수 있는데, 과거에 거행했던 관례의 형식을 살펴보면서 우리의 선인(先人)들이 생각했던 성인의 의미가 무엇인지 밝혀보고자 한다.

Ⅱ. 관례의 형식과 의미

관례의 절차29)는 어린시절의 상징인 머리모양을 바꾸고 어른스러운 의관으로 입히는 의례를 의미한다. 물론 여자의 경우는 비녀를 꽂아주는 의식이지만 동일하게 성년(成年)의 의례를 말하는 것이다.

관례와 예를 통해 달라지는 것은 전에는 '해라'의 낮춤말을 쓰던 것을 '하게'로 높여서 말한다. 이름도 자(字)나 당호(堂號)로 부르게 된다. 또 절을 하면 답례를 해주어 어린이와 달리 취급하였다.

이러한 관례의 절차는 조선시대 사대부 집안에서는 예서(禮書)에 따라 행하였지만, 대부분의 경우 예서보다 간소하게 행하였다. 그리고 근래에 들어와서는 1894년 갑오경장 이후 머리를 깎았기 때문에 전통적 의미의 관례는 사라지게 되었다. 그래서 관례는 혼례의 과정에 흡수되어 그 사회적 의의가 약화되었기 때문에 쉽게 흔적을 감추었던 것이다.

현재 동양인들은 전통적 복식을 입지 않고 거의 양복으로 바꾸어진 관계로 복장이나 머리 모양의 변화를 통해 성년의 대우를 했던 관례의 의례는 사라지게 되었다. 그렇지만 이 관례의 의미가 외모만을 바꾸어 주는 것은 아니다. 거기에는 내면의 정신을 변화시키려는 뜻이 더욱 강하다고 할 수 있다. 그래서 필자가 관계심을 갖는 것은 전통관례의 외적인 형식보다는 거기에 나타난 성인의 의미라고 할 수 있다.

---

29) 관례의 절차는 다음과 같다.
    시기: 15세부터 20세 사이에 정월달 중에서 날을 정해 행한다.
    계빈(戒賓): 본받을 만한 어른을 큰 손님(賓, 주례)으로 모신다.
    고우사당(告于祠堂): 3일 전에 조상의 위패를 모신 사당에 아뢴다.
    진설(陳設): 관례를 행할 장소를 정하고 기구를 배치한다. 가례(加禮).
    시가(始加): 머리를 올려 상투를 틀고, 어른의 평상복을 입힌 다음 머리에 관을 씌우고, 어린 마음을 버리고 어른스러워 질 것을 당부하는 축사를 한다.
    재가(再加): 어른의 출입복을 입히고 머리에 초립을 씌운 다음 언동을 어른답게 할 것을 당부하는 축사를 한다.
    삼가(三加): 어른의 예복을 입히고 머리에 유건을 씌운 다음 어른으로서의 책무를 다할 것을 당부하는 축사를 한다.
    초례(醮禮): 술을 내려 천지신명에게 어른으로서의 서약을 하게하고 술 올리고 마시는 예절을 가리킨다.
    관자(冠字): 어른을 존중하는 의미에서 항시 부를 수 있는 별명을 지어준다.
    현우존장(見于尊長): ♠어른k우는 주례를 여자로 하고, 계례로 어른의 옷을 입히고 비녀를 꽂고 축사를 한다. 관자라고 하지 않고 계자라고 하는 것만 다르다.

1) 관례와 머리모양(탈총각, 댕기풀이)

요즘도 결혼식을 앞두고 댕기풀이라는 의식이 있다. 과거에는 기혼자
와 미혼의 구별을 머리모양으로 했기 때문에 미혼의 상징인 댕기를
푸는 의례가 바로 성인으로서 통과 의례의 하나인 댕기풀이라고 할 수
있다.

한국에서 흔히 쓰는 총각(總角)이라는 말도 중국의 아동의 머리모양
을 뜻한다.

전통사회에서의 남자들의 성인의식, 상투를 들어 갓(冠巾)을 씌우는
의식인 관례는 15세가 넘으면 행할 수 있었는데 여자는 쪽을 찌고 비
녀를 꽂아주는 의식으로서 계례(笄禮)라는 말을 사용했다.

중요한 것은 머리모양인데, 남자의 경우 성인의 풍모를 갖춘 의관을
비로소 입는 절차인 셈이다. 의관이란 단순한 겉모양에 그치지 않고 내
면의 품위를 높일 수 있는 동기를 준다. 단정한 의관을 갖추어서 단정
한 마음을 유지하려 했기 때문에 성인의 의례로 의관을 입는다.

> "관(冠)이 있은 뒤에 복(服)이 갖추어지며, 복(服)이 갖추어진 뒤에 몸
> 가짐이 바르게 되고 안색은 평정하게 되며 응대하는 말이 순하게 되는 것
> 이다. 따라서 관(冠)이란 것은 예의 출발이라고 말한다. 이런 까닭으로 옛
> 날의 성왕들은 관(冠)을 중시하였던 것이다."[30]

2) 관례와 복식(三加)

관례를 흔히 삼가례(三加禮)라고도 하는데, 그 이유는 의관을 세 번

---

30) 『禮記』, 「冠義」.

입히기 때문이다.

첫 번째 행하는 의식을 초가례(初加禮)라고 한다. 초가례란 관의(冠儀)를 치르는 사람(冠禮者)의 땋아 내린 머리를 올려서 상투를 올려주는 의식이다. 내빈들과 관례자가 좌석을 정하고 앉으면 찬(贊: 집사자)이 치관(緇冠)을 소반에 받쳐 들고 오면 예를 추대하는 사람(賓)이 그를 받아 관례자 앞으로 나아가 "좋은 때를 가려 기본 복장을 갖추나니 너의 어릴 적 생각을 버리고, 어른으로서의 덕을 이루고 오래 수(壽)를 누리며 크게 복을 받을 지어다." 하고 축사를 한다. 그러면 관례자는 "삼가 받들겠습니다." 하고 답배를 하면 치관과 건(巾)을 씌어준다. 그리고 관례자는 방에 들어가 어릴 적 입은 옷을 벗고 심의(深衣)를 입고 큰 띠[大帶]를 두르고 신을 신고 나와서 바른 자세로 남향을 하고 한동안 서 있는다.

이 초가례(初加禮)에서 어린이의 복식을 벗고 공식적 정장인 심의(深衣)를 입는 의식을 했던 것이다. 대개는 초가례(初加禮)로서 의례를 생략하지만 정식적으로는 두 번을 더 입는다. 그래서 두 번째의 의례를 재가례(再加禮)라고 한다. 첫 번째 의식과 마찬가지로 좌정한 후에 찬(贊, 집사자)이 초립을 소반에 받쳐 들고 오면 빈이 받아 관례자 앞으로 나아가 "좋은 때를 가려 거듭 너의 복식을 갖추나니 너의 몸가짐을 가다듬고 너의 덕을 온전히 하여 오래도록 건강하게 수(壽)를 누리고 큰 복을 받을지어다." 하고 축사를 한다.

이때 관례자는 "삼가 마음속에 새기겠습니다." 하고 답배를 한다. 그리고 집사자가 건을 벗기면 빈이 초립을 씌어준다. 그러면 관례자는 방에 들어가 심의를 벗고 조삼(皂衫)을 입고 혁대 가죽 띠를 두르고 혜(鞋)를 신고 홀(笏)을 잡고 나온다.

세 번째에는 집사자가 초립을 벗기면 빈이 복두(伏頭)를 씌어준다. 조삼을 벗고 난삼(欄衫)을 입었으며 혜(鞋)를 벗고 가죽신(靴)를 신었다.

초가례로 끝날 경우는 관으로는 망건, 복건, 초립을 쓰고 옷은 관복이나 도포, 두루마기로 대신 입는다.

여자의 경우는 관을 쓰는 대신에 쪽진 머리에 비녀를 꽂고 옷도 배자(褙子: 조끼모양으로 저고리 위에 덧입는 옷)를 입는다.

3) 관례와 술

삼가의 의식이 있은 후에 내초(乃醮)라고 하여 성인이 되었기에 술을 배우는 절차가 있다. 여기서 초(醮)란 올리는 술을 말한다.

내초 의식은 관례자가 빈과 집사자에게 절을 하고 술을 마시게 되는데, 먼저 빈이 관례자에게 읍하고 북향하며 축문을 읽는다.

"맛있는 술이 이미 맑아졌으니 좋은 안주와 향기로운 술을 절하고 받아 제사 지내어 너의 상서로움을 안정시키고 하늘의 경사를 이어 오래 살며 잊지 말라."[31]

이어 관례자가 두 번 절하고 빈이 이에 답배하고, 관례자가 술을 받아 꿇어 앉아 술을 마신 후 다시 빈에게 두 번 절하고 빈이 이에 답배하고 또 관례자가 집사자에게 절하면 집사자는 이에 답해하는 것으로 마친다.

---

31) 『주자가례』 '醮禮旨酒旣淸 嘉薦令芳 拜受祭之 以定爾詳 承天之休 壽考不忘'

4) 관례와 자(字)

내초가 끝난 후 빈과 주인과 관례자가 자리를 정한 후 빈이 관례자의 자(字)를 지어준다. 이때 빈이 다음과 같이 말한다.

"예의를 다 갖췄으니 좋은 달 좋은 날에 너의 자를 알려주노니 이 자는 크게 아름다워 훌륭한 선비에게 마땅한 바, 큰 복을 받을지니 길이 지니도록 하여라."[32]

관례자는 "제가 비록 불민하나 평생토록 받들겠습니다."라고 대답한다. 이 절차가 끝나면 주인이 관례자를 사당에 데리고 다시 뵙게 하고 어른들에게 인사를 드린다.

관례 때 지어주는 이 자를 성인의 이름으로 쓰지만 그렇다고 해서 명(名)이 비천하다는 의미는 아니다. 오히려 이름을 공경해서 자를 지어준다고 한다. 그리고 임금과 아버지는 이름을 부르지만 타인은 자를 부르니 이는 그 이름을 공경하는 것이라고 할 수 있다.

이상의 크게 세 가지 절차, 즉 의관을 차려입고 초례하고 자를 받는 과정에서, 의관은 눈에 당장 나타나는 성인의 상징이라면 내초는 천지신명에게 맹세하는 상징이고 자는 새로 받은 어른으로서의 이름임을 알 수 있다. 말하자면 관례의 절차를 통해 머리모양과 이름이 변화한다.

---

32) 『주자가례』 '賓字之日 禮儀旣備 令月吉日 昭告爾字? 字孔嘉 髦士攸宜 宜之於? 永受保之'

Ⅲ. 성인의 의미

언제부터 인간은 성인기에 들어가는 것인지, 사람마다 차이가 있는 것이 사실이지만, 관례의 절차로 볼 때는 15세 이상이다. 오늘날의 나이로 보자면 중학생의 나이지만 과거에는 지금에 비해 수명이 짧았기 때문에 15세 이상이면 관례나 혼례가 가능했다. 그러나 동서고금을 통해 15세 이상이면 이미 아동기를 벗어난 것으로 보았다.

오늘날 한국사회에서 성인의 개념은 미성년과 대조적인 개념으로 특히 성과 관련되어 있는 것이 안타깝다. 전통사회에서의 성인은 도덕적인 것과 관련되어 품격과 관련되어 있다.

1) 성년의 나이

나이만 많이 먹었다고 해서 성인이 아니라 성인의 책임을 다해야 비로소 대접받는데 그런 나이를 과거에는 15세 이상으로 보았다. 이제 육체적으로는 혈기가 왕성하지만 정신적으로는 선악을 판별하기에 미숙한 이들이 20세가 되면 어른으로서의 사고와 행동을 하도록 한다는 뜻에서 성인의 예를 통해 책임을 지우는 것이라고 할 것이다.

"남자는 양수(陽數)이며 20은 음수(陰數)이다. 20세에 관례하는 것은 음으로 양을 이루는 것이다. 반대로 여자는 음수이고 15세는 양수이다. 15세에 관례하는 것은 양으로 음을 이루는 것이다. 따라서 음양이 서로 이루어지고 성명(性命)이 서로 통하게 된다."33)

---

33) 『家禮增解』 '二十而冠子陽之數也 而二十則陰之數矣 二十而冠者 以陰而成乎陽 女

관자(冠字)가 『효경』, 『논어』에 능통하고 예의를 대강 알게 된 후에 행하는 거의 보통이다. 옛날 사람들은 이 관례를 혼례보다 더 중요하게 생각하였으며, 미혼이더라도 관례를 마치면 성인으로서의 대우를 받았다. 그러니까 무엇인가 어린 시절과 다른 행동을 기대할 즈음이 관례가 행해지는 적정한 시기였다.

"근래 이래로 인정이 경박해져서 10세가 지났는데도 총각인 자가 적다. 저들이 네 가지의 행동을 책임지는 것을 어찌 알겠는가? 왕왕 어려서부터 장성하기까지 어리석음이 한결 같으니 성인의 도리를 알지 못하기 때문이다. 지금 갑자기 고칠 수는 없다고 하더라도 15세 이상부터는 『효경』과 『논어』를 통달하여 조금이라도 예의를 알게 되기를 기다린 후에 관례하는 것이 옳다."34)

위의 글에서 주자는 너무 이른 나이에 관례를 하는 것은 바람직하지 않음을 지적한다. 나이도 중요하지만 더욱 중요한 것은 성인의 도리인 도덕적 책임을 인식하는 것이라고 한다. 관례를 하지 않은 소년은 설령 나이가 들었어도 성인으로 대접받지 못한 점을 미루어 다른 이의 하대를 면하기 위해 이른 나에게 관례를 했음을 알 수 있다.

현대인의 관점에서 보자면 남자 나이 20세는 체력에서 최고의 정점을 이른 시기며 지능 등도 최고의 수준에 이르는 때이기 때문에 20대를 약관(弱冠)의 나이로 보는 것은 적합한 것이다. 여자의 경우는 15세부터 약관의 나이인데 이는 동서고금으로 보편적이다.

陰之數也 而十五則陽之數矣 十有五年而笄者 以陽而成乎陰 陰陽之相成 性命之相通也'

34) 『주자가례』 '近世以來 人情輕薄……'

2) 효제충순(孝悌忠順)의 실천

관례를 통해서 성인의 책임을 일깨우는 가장 중요한 것은 취업이나 진학이 아니라 도덕적 품성이 중요한 기준이 된다. 그것이 다름 아닌 효제충순(孝悌忠順)이다.

첫째 효(孝), 사람의 자식 된 도리를 제대로 하는 것이다.
둘째 제(悌), 아우로서의 도리를 제대로 하는 것이다.
셋째 충(忠), 임금에 대한 충성을 제대로 하는 도리다.
넷째 순(順), 나이든 분에 대한 대접을 제대로 하는 도리다.

"성인이란 한다면 그는 장차 성인의 예를 권고 받게 된다. 성인례를 권하는 것은 사람의 자식으로, 사람의 아우로서, 사람의 신하로서, 사람의 젊은이로 만드는 예를 행하기를 권하는 것이며, 장차 이 네 가지를 사람에게 행하기를 권하는 것이니, 그 예가 중요하지 않을 수가 있으랴. 그러므로 효(孝), 제(悌), 충(忠), 순(順)의 행실이 성립된 후에야 사람이 될 수 있는 것이며, 사람이 된 후에야 사람을 다스릴 수 있는 것이다. 그러므로 성왕들은 예를 중요시하였다. 그러므로 관이란 예를 시작이며 좋은 경사의 중요한 부분이다."[35]

『소학』의 「가언(嘉言)」에도 다음과 같이 말한다.

"이른바 성인이란 것은 살과 가죽이 어렸을 때와 다음을 말하는 것이 아니다. 장차 효제충순(孝悌忠順)의 행실을 책임 지우려 하는 것이니, 어찌 중요하지 않을 수 있겠는가."

이러한 도덕적 책임을 다하는 성인의 도리를 일깨우는 의례가 있어

---

35) 『주자가례』 '成人之者 將責成人禮焉也……'

야 한다는 것이 소학의 중요한 주장의 하나이다. 성인의 의미는 유교적 가치를 실천할 수 있는 능력인인 것이다. 비록 완전한 성인이 아닌 '아들'이나 '아이'의 티를 벗어나지 못할지라도 도덕적 실천을 할 수 있다면 그는 성인으로 사회에서 대접받는다는 의미다. 이는 바꿔 말하자면 나이가 들었어도 이런 도덕적 품성을 갖추지 못하면 성인으로서 결격(缺格)을 의미하는 것이라고 볼 수 있을 것이다.

3) 존선조(尊先祖)

옛날에는 관례를 중요시하였으므로 사당에서 이를 행하였던 것이다. 사당에서 이를 행한 것은 그 일을 존중한 까닭이며, 그 일을 존중함으로써 감히 중대사를 함부로 행하지 못하였고, 중대사를 함부로 행하지 못한 것은 스스로를 낮추고 이렇게 하여 선조를 높였기 때문이다. 그래서 관례나 혼례 시에는 조상에게 엄숙히 이런 뜻을 고하여 사회적 책임을 다하는 어엿한 성인으로 활약하기를 기대했던 것이다.

"고례에는 근엄한 일은 모두 사당에서 거행했다. 지금 사람들은 이미 가묘(家廟)가 적고 그 영당 또한 협소하여 예를 거행하기 어렵다. 다만 관례는 외청에서 하고 예는 중당에서 하는 것이 옳다."[36]

이처럼 행사는 외부에서 하더라도 의례의 중심이 조상을 모신 사당이라는 점은 효의 가치와 숭조(崇祖)의 전통을 존중하고 그것이 성인의 역할임을 말하는 것이다.

그러나 관례를 거행했어도 여전히 배움의 길을 가야 하기 때문에 젊

---

36) 『주자가례』 '古禮謹嚴之事 皆行之於廟……'

은 시절에는 배우기를 널리 하고 남을 가르치지 않으며, 안에 아름다움을 쌓아두고 표현하지 말아야 한다고 했다. 다시 말하자면 관례를 행하였다고 해서 완전한 성인이 되는 것은 아니다. 그는 아직은 더 훈련받아야 하고 더 성숙해야 된다. 그러나 관례를 통해서 아동의 행동을 단절하고 성인의 의식을 갖도록 의미를 부여한 것이라고 할 수 있다.

IV. 성년례로 바꾸는 것 바람직

한국의 전통적인 관례는 근본적으로 『주자가례』에 의거한 것이며 사례(四禮) 가운데 첫 번째 의례이다. 이것은 의관을 변화시킴으로서 성인기에 들어섰음을 알린다.

현대적으로 이러한 의관은 무의미하다. 왜냐하면 이미 양복을 일상에서 착용하고 머리를 서양식으로 이발하기 때문이다.

중요한 것은 의관을 새로이 하는 절차라기보다는 거기에 스며있는 정신적 의미라고 생각한다. 다시 말해서 오늘날 소위 핵가족 속의 과보호 속에서 성장하고 있는 청소년들의 상황을 볼 때 이미 육체적 정신적으로 성인기에 진입했으면서도 여전히 '아이'로만 남으려는 경향이 있다. 또한 반대로 성인의 의미를 성적 향락을 누릴 수 있는 개념으로만 파악하여 성인의 의미가 왜곡되고 있는 현상을 볼 수 있다.

한국의 전통관례에서 볼 수 있는 성인의 의미는 이와는 달리 도덕적 개념에 지표를 삼고 있다. 효제충순(孝悌忠順)으로 상징되는 원만한 인간관계의 능력, 그리고 숭조(崇祖)와 같은 도덕적 실천능력이 관례에서 보이는 성인의 의미이다.

오늘날은 관례의 이름은 성년례로 바꾸어 사용하는 것이 더 적절할 것 같다. 반드시 20세에 국한할 필요 없이 고등학교 졸업을 하고 나서 성인의 책임을 다할 수 있도록 새로운 자(字)를 지어주고 한복이든 양복이든 정장을 착용하는 성년례의 전형을 모색해야 할 것이다.

혼례의 철학적 의미

Ⅰ. 전통혼례는 가정윤리의 출발

예는 최초에는 제신적(祭神的) 의식에서 출발하였다. '예(禮)'자의 뜻은 示와 豊이 합쳐졌다. 귀신에게 풍성한 음식을 담아(豊이란 쟁반 위에 올려진 음식을 상징한다) 섬기는 뜻을 표하고 복을 원하는 의식이라 하겠다.[37]

그러나 예가 이런 형식적인 제사의식에만 국한된 것은 아니고 내면적인 양심과 관계있게 해석된 것은 공자 이후의 일이다. 예의 두 의미는 천리를 함축한 이성과 인간의 마땅히 지켜야 할 어떤 형식적 규범으로 해석되었다.[38]

공자에 의해 해석된 예의 의무는 인간 생활의 근본원리이다. 그것은 인간 상호 간의 신뢰와 사회적 협력을 권유하고, 우호의 사회적 연결을 강화하는 데 이바지한다. 그것은 신령에게 제사를 지내고, 살아 있는 자를 부양하고 죽은 자를 보내기 위한 근본원리이다. 예는 우리가 하늘

---

37) 殷玉裁,『說文』"禮, 履也. 所以事神致福也. 從示, 從豊" 示, 天垂象見吉凶, 所以示人也, 從二, 三垂: 日月星也. 觀乎天文, 以察時變. 示神事也."

38) "禮記』禮는 '天理之節文 人事之儀則'
'禮는 天理의 節文, 人事의 儀則이며 天命의 性에서 나오므로, 보통사람은 알지 못하고 오직 聖人만이 알아 예법을 만들어 일세를 가르치는 것입니다. 가르치는 것이 方策에 퍼져 있으므로 필부가 예를 위반하면 死生과 영욕이 있지만, 남을 다스리는 높은 자리에 있는 사람이 예를 지키지 않으면 백성을 다스릴 수 없습니다. 한번 예에 어긋나면 모든 일이 잘못되므로 옛 성인은 예를 중히 하였습니다. 그러나 후세에 예에 밝지 못해 정에 이끌려 행하여 일들이 많이 구차해졌으니 반드시 예에 있어서 삼가면 가히 대대로 나라를 이어나갈 수 있을 것입니다'(선조실록, 권1. 즉위년 11월 을묘(21-179) 이퇴계의 말).

의 법칙에 따르고, 인정을 정당하게 표현하기 위한 큰길이다. 그러므로 성인은 예가 절대로 필요하다는 것을 알고 있다. 그러므로 나라를 파괴하고 가정을 멸망시키고 사람을 거꾸러뜨리기 위해서는 이 예의 관념을 제거하기만 하면 될 것이다.[39]

예는 최초에는 제식에서 생긴 관념이지만, 이것이 사회질서를 유지하기 위한 규범으로의 의미를 갖게 된 것이다. 예를 사회적인 질서규범으로 강조한 것은 순자의 경우다. 그는 왜 예가 필요한가에 대해 다음과 같이 말한다.

"예는 어디에서 나왔을까? 사람은 나면서부터 욕망을 가지고 있다. 욕망을 채우지 못할 때, 이것을 추구하게 되고, 이에 대해 제한과 절도가 없으면 서로 다투게 된다. 옛날의 성왕이 이러한 다툼과 혼란을 미워한 까닭에 예의, 즉 사회적 규범을 세워서 인간의 욕망을 기르고 인간이 갈구하는 것을 제공하였다."[40]

인간의 본성을 악이라 본 그의 심성설의 근거는 다름 아닌 본성 그대로의 욕망을 추구하게 될 때 사회혼란을 방지하는 일이 다름 아닌 교육의 목적임을 말해준다. 그러므로 사람과 짐승의 차이는 사람은 욕망을 절제할 수 있는 제도를 가졌음에 비해 짐승은 본능대로만 사는 존재임을 말하고, 특히 사람의 우월성은 짐승들이 갖지 못한 사회적 질서를 가졌다는 데에 있다고 한다.[41]

필자는 가정윤리의 출발이라고 할 수 있는 전통혼례도 또한 사회질서를 유지하기 위한 예의 구현이라고 보며, 혼례의 철학적 의미를 찾아보기 위해 우선 전통혼례의 절차 속에 나타난 정신을 살펴보고 거기에

---

39) 임어당, 공자의 생애와 사상, 현암사, 318쪽.
40) 『순자』, 「禮論」.
41) 『순자』, 「非相」, ‘夫禽獸有父子 而無父子之親 有牝牡而無男女之別 故, 人道莫不有辨 辨莫大於分 分莫大於禮 禮莫大於聖王.

따른 철학적 의미를 분석해보려고 한다.

II. 한국의 전통혼례에 나타난 결혼의 의미

1) 중매결혼

한국의 전통적인 결혼은 자유연애에 의한 것이 아닌 중매결혼이었다. 혼기를 맞이한 신랑 신붓감을 둔 집안에서는 먼저 중매인을 보내 상대에 관한 여러 정보를 입수하였다. 이렇게 해서 혼담이 오가는 것을 '의혼(議婚)'이라고 한다. 이때 상대를 선택하는 주도권은 신랑 측이라는 것이 특색이다. 결혼당사자의 의사보다는 주로 부모의 의사가 중요하였고, 반드시 중매인이 있는 것이 예였다.[42]

전통적인 중매결혼에서 혼사를 최종으로 결정하는 것은 혼인당사자의 아버지였다. 자녀의 일생을 좌우할 혼사에 아버지는 모든 의사를 종합하여 결정을 내렸다. 특히 종가의 종손의 혼인에서는 가장만이 아니라 문중에서 회의를 열어 혼사를 결정하기도 하였다.

양반의 경우 혼인당사자의 사람됨 못지않게 상대방의 사회적 지위, 경제적 조건 그리고 조상의 관계 등 당사자 이외의 여러 사항을 참조하고 이것이 결정요인이 된다. 따라서 전통사회의 혼인은 개인의 결합이 아니라 집과 집의 결합 또는 종족 대 종족의 결합이라 할 수 있을

---

42) "丈夫生而願爲之有室 女子生而願之有家 父母之心 人皆有之 不待父母之命 媒妁之言 鑽穴隙相窺踰牆相從 則父母國人 皆賤之", 『孟子集註』, 「滕文公章句」. 여기에서 "구멍을 뚫고 서로 엿보며 담을 넘어 서로 따라다님"은 자유연애일 것이다. 이를 천하게 생각한다는 것이다.

것이다.[43)

중매결혼이란 신랑 신부 당사자가 결합을 하여 하나의 독립된 생활 단위로서의 가족을 형성하는 것이 아니라 이미 존재하는 부계집단에 여자가 혼입자(混入者)로 첨가되는 것이었다. 곧 건강하고 착한 며느리를 맞이하여 가족의 번창을 도모하는 것을 의미하였다.[44) 과거에는 맞선도 생략된 채 부모들에 의해 결정되었지만, 오늘날의 중매결혼은 신랑 신부의 의사를 존중하여 과거와 같은 운명적 만남은 없지만, 중매결혼이란 부부 중심의 결혼문화라기보다는 부계가족 중심의 가부장적 문화를 반영하는 것이라 하겠다.

2) 백년해로(百年偕老)

한국의 전통적 결혼은 백년가약이라 하여 일생 동안 생사고락을 같이 할 것을 공약한 관계이다. 한번 맺어지면 좀처럼 이를 변경하거나 취소할 수 없었다. 중매가 성사되어 혼례식이 시작될 때 최초의 식은 전안례(奠雁禮)[45)로 신랑이 기러기[46)를 안고 신부 측 혼주에게 전하는

---

43) 『한국의 가족과 종족』, 김광규, 대우학술총서. 인문사회과학 40, 민음사 52쪽.
44) 위의 책, 78쪽.
45) 奠雁禮의 笏記(의식 순서)는 다음과 같다.
   1. 주혼영서우문외(主婚迎壻于門外): 주인은 문밖으로 나가 신랑을 맞아들인다.
   2. 신랑읍양이입(新郎揖讓而入): 신랑은 읍하고 안으로 들어간다.
   3. 시자집안이종(侍者執雁而從): 시자는 기러기를 가지고 신랑을 자리로 안내한다.
   4. 신랑취전현소(新郎就奠睍所): 신랑이 奠雁床 앞으로 간다.
   5. 신랑북향궤(新郎北向詭): 신랑은 북쪽을 향하여 무릎을 꿇고 앉는다.
   6. 신랑포안우좌기수(新郎抱雁于左基首): 신랑은 기러기를 받아 머리가 왼쪽으로 가게 안는다.
   7. 치안우지(置雁于地): 신랑이 기러기를 상 위에 놓는다.
   8. 신랑흥(新郎興): 신랑은 머리를 숙였다가 일어선다.
   9. 신랑소퇴재배(新郎小退再拜): 신랑은 약간 뒤로 물러서서 두 번 절한다.
   10. 주혼시자수지(主婚侍者受之): 신부 집 식구가 기러기를 들어 안으로 가져간다.

의식이다. 원래는 산 기러기를 사용하였지만 나중에는 나무로 만든 기러기를 사용하였다. 그 뜻은 기러기는 한번 암수가 짝하면 한쪽이 죽는 경우라도 다시는 새로 짝하지 않는 데서 그 뜻을 취했다고 한다. 즉 신랑이 신부에게 평생을 함께 하겠다고 맹세하는 상징이다.

남성의 경우는 재혼이 허용되었지만, 여성의 경우는 재혼은 백년가약을 깨뜨리는 행위로 부도덕한 행위로 여겨졌다. 심지어는 개가(改嫁)한 여성의 자손들은 벼슬길이 막히는 실제적 불이익이 되어 불명예스럽게 여겨졌다. 이에 대한 조정에서의 논의도 있었지만 재가에 대한 관대함은 설득력이 빈약했고 그것을 금지하는 주장이 드셌다.

"우리나라는 절의를 바로 잡고, 예를 가르침을 으뜸으로 하오니, 재가하는 일은 전 왕조의 폐습인데도 사족가(士族家)에서 오직 재가뿐만 아니라 삼가(三稼)까지 하는 일마저 있어, 성종께서 풍속을 바로잡고자 그 자손에게 동·서반에 다 서하지 못하게 금하셨으니 그 절의를 무겁게 받들어 풍속을 정돈하심이 지극하셨나이다. 선왕께서 지으신 아름다운 법을 바꾸자는 부박한 논에 따를 수 없나이다."47)

백년가약이라는 본인의 절절한 애정에 앞서 한 번 결혼한 사람이 다시 결혼한다는 것은 정절을 잃는 부도덕한 행위로 보았고, 불명예스럽게 보았음을 짐작하고도 남는다. 남편을 잃은 아내를 미망인(未亡人)이라고 한다. 글자 그대로 죽지 못한 사람이다. 남편과 운명을 함께 했어야 할 것인데 남아 있다는 뜻이다.

---

46) 나무 기러기(木雁)를 비단보에 싸서 가지고 가 신부에게 드리는 奠雁禮가 있다. 왜 신랑은 신부에게 기러기를 줄까. 그 이유는 첫째, 기러기는 정절을 지켜 두 번 짝짓지 않기 때문이다(不再偶). 둘째, 기러기는 더울 때 추울 때 나아가고 물러가 자기 몸을 보전할 줄 알기 때문이다(知保身). 셋째, 기러기는 날아갈 때 열을 흐트러뜨리지 않고 차례를 잃지 않기 때문이다(不失其序). 넷째, 기러기는 調和를 지향한다(以就和氣). 이러한 모든 이유가 믿음을 상징하기 때문이라고 일러 온다.
47) 이능화, 『조선여속고』, 이계남의 상소문 재인용.

3) 가장의 권위를 인정하는 결혼

백년가약의 결혼이 남성보다는 여성의 정절에 초점이 맞추어져 있음
과 동시에 아버지와 아들 간의 수직적 관계가 가족관계나 사회관계 일
반의 초석이 되는 전통 한국사회에서는 수평적 부부관계는 부자간 기
본관계에 역행적(逆行的)인 위험요소로 간주되기까지 한다.

전안례를 통해서 백년가약을 맹세하고 나서 신랑과 신부가 맞절을
하는데 전통혼례의 교배례[48]는 부부관계가 평등한 것이 아니라 부창부
수(夫唱婦隨)의 체계로 남성의 권위를 강조하는 데 특징이 있다.

결혼식의 자리도 신랑의 위치는 동쪽이고 신부의 위치는 서쪽이 되도록

---

48) 교배례의 순서는 다음과 같다.
  1. 신랑취초례청(新郎就醮禮聽): 신랑은 초례청 자리로 동쪽을 향하여 간다.
  2. 신랑동향립(新郎東向立): 신랑이 동북쪽으로 약간 돌아서 외면하고 선다.
  3. 모도부출포백포이행(姆導婦出布白布履行): 신부와 수모는 백포 위로 걸어 나와
     초례상 서쪽 앞으로 나와 선다.
  4. 신랑정면(新郎正面): 신랑이 신부를 향하여 바로 선다.
  5. 신랑신부궤(新郎新婦跪): 신랑과 신부가 무릎을 꿇고 앉는다.
  6. 진관진세, 신랑관우남, 신부관우북(進盥進洗, 新郎盥于南, 新婦盥于北): 신랑은
     남쪽에 있는 세숫대야 앞으로, 신부는 북쪽에 있는 세숫대야 앞으로 간다.
  7. 관세집건(盥洗執巾): 신랑, 신부 각각 손을 씻고 수건에 닦는다.
  8. 신랑신부흥(新郎新婦興): 신랑, 신부가 일어선다.
  9. 신랑읍취석(新郎揖就席): 신랑이 신부에게 읍을 하고 초례상 가까이 선다.
  10. 신부선재배(新婦先再拜): 신부가 신랑에게 먼저 두 번 절한다.
  11. 신랑답일배(新郎答一拜): 신랑은 한 번 답례한다.
  12. 신부우재배(新婦于再拜): 신부가 다시 두 번 절한다.
  13. 신랑우답일배(新郎于答一拜): 신랑이 다시 한 번 절한다.
  14. 신랑읍신부각괘좌(新郎揖新婦跪各跪座): 신랑이 신부에게 읍하고 각각 앉는다.
  15. 시자진찬(侍者進饌): 시자(수모)가 술잔을 신랑에게 준다.
  16. 시자각침주(侍者各斟酒): 시자가 잔에 술을 부어 준다.
  17. 신랑읍신부제주거효(新郎揖新婦祭酒擧肴): 신랑은 읍하고 술을 땅에 조금 붓고
     안주를 젓가락으로 집어 상 위에 놓는다.
  18. 우짐주(右斟酒): 시자가 신랑, 신부 술잔에 다시 술을 부어 준다.
  19. 신랑읍신부거음부제무효(新郎揖新婦擧飮不祭無肴): 신랑은 읍하고 술을 마시고 안주
     를 젓가락으로 집어 먹는다.

했던 것은 음양의 원리에 의한 것이고, 신부 집에서 치르는 혼례의 대례(大禮)는 양이 가고 음이 오는(陽往陰來) 것, 우주의 질서에 합당하다는 의미이다.

가정의 대표는 남성인 가장을 상대하기로 되어 있었다. 집안에서는 선조제례의 주재, 가정의 관리, 가족의 부양, 분가 또는 입양, 자녀의 결혼·교육·징계·매매 등의 통제권이 가장에게 인정되고 있어서 가장은 호주권·존장권·친권·종자권(宗子權)·가산권을 겸비하고 있었다.[49]

이러한 가장의 권위를 인정했다는 것은 신부가 먼저 절을 하고 나서 신랑이 답례하는 형식을 취한다는 구체적인 형식이다. 이는 부부가 평등한 관계라기보다는 남존여비적 '남녀유별(男女有別)'의 틀에 입각하고 있음을 알 수 있다. 남녀유별(男女有別)의 질서가 부부유의(夫婦有義)하고, 이를 바탕으로 부자유친(父子有親)하며, 부자유친(父子有親)을 바탕으로 군신유정(君臣有正)을 할 수 있다. 그러므로 교배례에 나타난 혼례의식은 가장의 권위에서 출발하지만 그것이 국가적 가장(왕)에게까지 미치는 예의 체계임을 알 수 있다.

4) 대(代)를 잇기 위한 결혼

전통혼례의 목적은 "두 성(性)이 서로 좋아져서 합해진 것이니, 위로는 종묘(宗廟)를 섬기고, 아래로는 후세를 잇는 것"[50]이라고 규정하였다. 결혼의 목적은 가계를 잇는 것이 가장 큰 목적이었다. 그것은 선대의 생명을 단절함이 없이 계속 이어간다는 뜻을 가지므로 결혼을 하지 않는다는 것은 불효[51] 가운데서도 큰 불효에 속했다.

---

49) 김두헌, 『한국가족제도연구』, 서울대출판부 329-330쪽.
50) 『家禮』, 「婚禮」, '婚姻者 所以合二性之好土以子宗廟 下以繼後世也'.
51) '불효에서 세 가지가 있으니 그중에서도 後嗣가 없는 것이 제일 크다', 『孟子』, 「이루

장가를 가는 아들에게 아버지는 이렇게 말했다.

> "가서 너의 내상(內相-아내)을 맞이하여 우리 종사(宗事)를 잇되, 공경
> 으로 통솔하기를 힘쓰며, 너에게는 상도가 있어야 한다."[52]

　가계의 연면한 존속이야말로 가장 중요한 목표였고, 단순한 존속만
아니라 번영되고 번성한 존속을 위하는 것이 그 기본가치였다. 그러고
보니 가장의 위치를 계승할 장남이 가장 다음으로 중요하였고, 또 이
같은 계승을 안전하게 해주는 아들이 많을수록 좋았던 것이다. 그러므
로 아들을 가진다고 하는 것이 조상들에 대한 의무요, 조상들에게 제례
를 끊이지 않고 지낸다는 것이 이 같은 연면성을 상징하는 구체적 행
위였다. 이처럼 중요한 가문의 계승을 잘할 수 있도록 많은 아들을 낳
는 것이 결혼의 중요한 목표였다.[53]

　여성이 이혼을 당하는 일이 흔하지는 않았지만 이혼을 당할 수 있었
던 근거는 아들을 낳지 못할 경우가 들어있다. 백년가약(百年佳約)을
맺었음에도 첩을 둘 수 있었던 근거도 아들을 보기 위한 명분이었다.

　가계의 계승에 최고의 가치를 부여하는 이러한 전통에서는 출산이야
말로 부부에게 부과된 가장 핵심적 기능으로 여겨져 왔다. 따라서 출산
이 전제되지 않은 성관계, 다시 말해 쾌락을 목적으로 한 성교는 정실
부부 사이라면 외면해야 할 기피적 행위로서 분류될 정도였다.

　대례의 마지막 순서라고 할 수 있는 합근례(合졸禮, 졸拜禮)[54]는 두

　」上, '不孝有三 無後爲大, 舜不告而娶, 爲無後也'.
52) 도암 이재 선생 『사례편람』 55쪽.
53) 최신덕, 『결혼과 가족』, 이화여자대학교 출판부, 8쪽.
54) 신랑과 신부가 서로 술잔을 나누는 의식을 말한다. 백년가약을 맺는 서약의 뜻과 기
　쁨을 같이하는 合歡의 뜻이 있다. 원래 표주박 잔을 썼고 청실홍실을 묶었다. 표주
　박이 없으면 술잔을 사용하기도 한다.
　1. 우취근서부지전(又取졸壻婦之前): 표주박을 신랑, 신부에게 준다.
　2. 시자각짐주(侍者各斟酒): 시자가 표주박에 술을 각각 붓는다.

개로 나누어진 표주박에 청실홍실을 달아 부부의 금슬을 기원하는 의
식이다. 세 잔을 들면서 그들이 바라는 것은 부귀 장수와 다남이었다.

첫날밤을 신부 집에서 지내고 신랑의 집에서 폐백을 하는데 그 가운데
중요한 음식이 대추와 포이다. 시아버지가 대추를 던져주는 것은 아들 낳
기를 바라는 뜻이 있고 시어머니가 포를 어루만지는 것은 신부의 허물을
덮어달라는 뜻이 있다. 전통적으로 한국인들은 딸을 이어 낳지 않고 아들
만 이어 낳고자 한다. 아들을 통해 대를 잇는다는 생각에서였다.

III. 철학적 의미

1) 운명론적 세계관

한국의 전통혼례에서 볼 수 있는 철학적 의미는 우선 운명론이다.
사람과 사람의 만남을 운명으로 보며 결혼의 경우도 하늘이 맺어준 운
명으로 보고 그에 순응해야 한다는 철학을 담고 있다. 한 번 결혼하게
되면 다시 결혼하기 어려운 결혼이란 인생을 자신의 뜻대로 선택한다
기보다는 주어진 운명에 순응하는 운명론적 사고다. 자신의 인생을 자
신이 선택할 권한이 제한된 것이다. 물론 이것은 자신이 선택한 철학적

---

3. 교배상호서상부하(交盃相互壻上婦下): 신랑의 표주박은 상 위로 신부의 표주박은
   상 밑으로 넘겨준다.
4. 각거음부제무효(各擧飮不祭無肴): 신랑 신부는 서로 바꾼 잔으로 술을 마시되, 땅
   에 기울여 쏟지 않고(不祭), 안주도 들지 않는다(無肴).
5. 예필철상(禮畢撤床): 예를 끝내고 상을 치운다.
6. 각종기소(各從其所): 신랑 신부 각각 처소로 돌아간다.

삶의 태도로 순천명(順天命)의 철학이라기보다는 그 사회에 깔린 세계관이라고 해야 할 것이다.

"아사(餓死)는 극소하고 실절(失節)은 극대하다"는 도덕적 명분론이 이 운명론에는 깔려있다. 한번 결혼한 사람이 다시 결혼하는 것을 도덕적 명분을 잃는 일로 여기고, 도덕적 명분은 목숨보다도 더 소중하다는 것이다. 이슬람 문명권에서 가난하고 의탁할 곳 없는 미망인들을 위해서 일부다처(一夫多妻)를 허용하는 것과는 달리 유교문화권에서는 특히 여성의 재혼에 대해서 부정적이다.

> "군자는 남편이다. 해로(偕老)는 함께 살고 함께 죽음을 말한다. 여자의 삶은 몸으로써 남을 섬기니 그렇다면 마땅히 남편과 더불어 살고 함께 죽어야 한다. 그러므로 남편이 죽으면 미망인(未亡人)이라고 칭하니, 이 또한 죽음을 기다릴 뿐이요, 다시 다른 데로 시집가려는 뜻을 두어서는 안 됨을 말한다."[55]

어떤 사람이 이천 선생에게 물었다.

> "과부를 아내로 삼는 것은 도리에 어긋난 일인 듯합니다. 어떻습니까?"
> "그렇다. 아내로 맞이한다는 것은 자신의 짝을 찾는 것이다. 만약 절개를 잃은 사람을 아내로 맞이해 자신의 짝을 삼는다면 자기도 절개를 잃는 것이 된다."

그가 또 물었다.

> "가난하고 의탁할 곳 없는 외로운 과부는 재혼해도 됩니까?"
> "이것은 단지 후세 사람들이 추위와 굶주림으로 죽을까 봐 두려워 이

---

55) 『詩經集傳』, 「鄘風」. 君子偕老 '君子夫也 偕老言偕生而偕死也 女子之生 以身事人 則當與之同生 與之同死 故夫死 稱未亡人 言亦待死而已 不當復有他適之志也'

런 말을 한 것이다. 추위와 굶주림으로 죽는 것은 매우 작은 일이지만 절개를 잃는 일은 매우 큰일이다.[56)

배우자를 선택하는 데에도 전에는 당사자의 의사와는 상관없이 두 집안의 문벌만 보고 혼사를 정하는 경우가 많았다. 결혼이란 마치 부모를 선택해서 태어날 수 없었던 것과 마찬가지로 이미 정해진 운명으로 받아들였음을 알 수 있다.

2) 정명론적(正名論的) 명분관

"가인(家人)의 도는 이로움이 여자의 바름에 있으니, 여자가 바르면 가도(家道)가 바르게 된다. 남편은 남편답고 부인은 부인다움에 가도가 바로 잡아지는데, 홀로 여정(女貞)이 이롭다고만 말한 것은 남편이 바름은 자기 몸이 바른 것이요, 여자가 바름은 집안이 바른 것이니, 여자가 바르면 남자가 바름을 알 수 있다. 아버지는 아버지답고 자식은 자식답고 형은 형답고 아우는 아우답고 남편은 남편답고 부인은 부인다움에 가도(家道)가 바르게 되리니, 집안을 바르게 하면 천하가 정해지리라."[57)

위 인용문에서 말하는 남편이 남편답고 아내가 아내다울 때 천하가 안정된다는 것이라면 무엇이 남편다운 것이고 무엇이 아내다운 것인가. 이러한 정명론(正名論)이야말로 남녀 간의 직분에 대한 유교의 응답이라고 할 수 있을 것이다.

---

56) 『小學』, 「嘉言」. '或問 婦婦於理 似不可取 如何 伊川先生曰 然 凡取以配身也 若取失節者 以配身 是已失節也 又問 或有孤孀 貧窮無託者 可再嫁否 曰只是後世 怕寒餓死 故有是說 然餓死極小 失節事極大'
57) 『周易本義』, 「家人」[傳]'家人之道 利在女正 女正則家道正矣 夫夫婦婦而家道正 獨云利女貞者 夫正者 身正也 女正者 家正也 女正則男正 可知矣…… 父父 子子 兄兄 弟弟 夫夫 婦婦 而家道正 正家而天下定矣'

문제는 이른바 '남존여비'에 대한 것이다. 음양의 이론을 남녀관계에 적용하자면 남자는 양(陽)이고 여자는 음(陰)이기 때문에 서로 천지가 조화되듯 남녀관계는 서로의 직분을 다해야 조화를 이루는 것으로 설명한다. 그런데 서로의 직분이 뒤바뀌면 상처를 줄 수 있다고 본다.[58] 그리고 여성의 직분이란 임금에 대한 신하의 위치처럼 혹은 하늘에 대한 땅의 위치처럼 남편에 대한 아내의 위치는 집안의 일과 내조(內助)에 충실하는 것이라고 한다.[59]

> "남자가 높고 여자가 낮음은 부부가 집에 거처하는 상도(常道)이다. 남자가 여자 위에 있어서 남자는 밖에 동(動)하고 여자는 안에 순(順)함은 인리(人理)의 떳떳함이다."[60]

이런 이론에 의하면 한국어의 아내라는 말은 안에 있는 사람 '집사람' '안사람'을 표현하는 말임을 쉽게 알 수 있으며 그것이 바로 아내다움이라고 함도 알 수 있다. 또한 이런 정명론(正名論)에서 보자면 남편은 아내보다 우위에 있다. 이를테면 삼강(三綱)의 질서로 군(君)은 신(臣)에 대하여, 부(父)는 자(子)에 대하여, 부(夫)는 부(婦)에 대하여 절대 지배의 권한을 가지며, 신은 군에 대하여, 자는 부에 대해여 부는

---

58) 『周易傳義』, 「坤」[傳] '陰從陽者也 然盛極則抗而爭…… 旣敵矣 必皆傷' 『周易 王弼註』王弼, 임채우 역, 도서출판 길, 1999, p.103.
「小畜」 '上九 旣雨旣處 尙德載 婦貞厲, 月幾望 君子征凶' 註
"지어미가 지아비를 억제하고 신하가 임금을 제어함은, 비록 바른 일이더라도 위태함에 가까우므로 '婦貞厲'라고 하였다. …… 음이 양에 비기면 반드시 정벌을 당하게 되나니 비록 군자라 하더라도 이렇게 행동하면 반드시 흉하게 되므로 '君子征凶'이라 하였다."(婦制其夫, 臣制其君, 雖貞近危, 故曰'婦貞厲'也…… 陰疑於陽 必見戰伐 雖復君子 以征必凶 故曰'君子征凶'.)고 해석하는 것도 소위 '男尊女卑'적 사고의 일단으로 볼 수 있다.

59) 『周易傳義』, 「坤」. '陰雖有美 含之 以從王事 弗敢成也 地道也 妻道也 臣道也 地道 无成而代有終也'

60) 『周易本義』, 「恒」[傳] '男尊女卑 夫婦居室之常道也 男在女上 男動于外 女順于內 人理之常'

부(夫)에 대하여 복종 순명(順命)함을 당연한 도리로 알았으며, 부부가 평등하기보다는 남편 쪽이 아내보다 권위가 있는 것을 자연스럽게 여겼다. 이것은 며느리는 어떤 점에서 남편보다 우위에 서 있어서는 안 된다는 점이 암시되고 있다.

> "며느리라는 것은 한 집안의 성쇠(盛衰)가 그에게 연유하는 것이니, 구차스럽게 한때의 부귀를 흠모하여 며느리를 맞는다면 그는 그의 부귀한 것으로 교만하게 여겨 자기의 남편을 가볍게 여기고 자기의 시부모에게 오만하게 굴지 않는 자가 드물어서 교만하고 질투하는 성질이 길러지게 되나니, 후일에 걱정거리가 됨이 어찌 끝이 있겠는가? 가령 아내의 재산으로 인하여 부자가 되며, 아내의 권세에 의지함으로써 지위를 얻을지라도 적어도 대장부다운 지조(志操)와 기개가 있는 자라면 부끄럽지 않을 수 있겠는가?"[61]

대가족의 화합을 위해서 가장 우선되는 것이 아내의 순종(婦順)이라면 남편보다 우월한 아내는 바람직하지 않았던 것이다. "부순(婦順)이 갖추어진 뒤에라야 안으로 화목하게 다스려지고, 안으로 화목하게 다스려진 뒤에라야 집안이 장구하게 유지되는 것이다."[62] 여성의 위치란 안이고 남성의 위치는 밖이란 관념이 일종의 우주의 질서로 받아들여졌던 것이다.

3) 대가족주의

부부 중심적 가정이 된 오늘날과는 달리 전통사회에서는 부자 중심적

---

61) 『小學集註』, 「嘉言」. '婦者 家之所由盛衰也 苟慕一時之富貴而娶之 彼挾其富貴 鮮有不輕其夫而傲其舅姑 養成驕妬之性 異日爲患 庸有極乎 借使因婦財以致富 依婦勢以取貴 苟有丈夫之志氣者能無愧乎'
62) 『禮記』, 「昏義」. '婦順備而后內和理 內和理而后家可長久也'

가정이었으며 그것은 아내보다도 부모에 가치를 더 두는 가족주의였다.

"아들은 자기 아내를 매우 사랑하더라도 부모가 좋아하지 않으면 내보
내야 하고 자기 아내를 좋아하지 않더라도 부모가 "이 사람은 나를 잘 섬
기는구나."라고 말하면 아들은 부부의 도리를 행하며 죽을 때까지 변치
말아야 한다."[63]

애정의 표현도 심하게 절제되도록 구조화되어 있었다. 결혼생활에 있
어서 부부간의 유대를 위한 성생활에 있어서도 오랜 세월 성적 욕구를
억압당해왔기 때문에 여성은 성적 욕구가 없는 것처럼 보였다. 남성의
성적 배출구 또는 가문을 잇기 위한 자손출산이 '성'의 유일한 목표요
임무로 두었기 때문에 관대했던 반면, 여성은 '성'을 즐겨서는 안 되며
오히려 정조를 요구받았던 것이다. 그래서 결혼한 여성에게도 '성적 욕
구'란 없어 보이는 것이다.[64]
　서로의 애정을 표출하지 못한 채 더욱이 여성은 사회적 통념으로도
성적 욕구가 억압되어 왔기 때문에 남성보다도 성적 욕구를 있는 그대
로 느끼지 못하는 경우가 많았다. 그러므로 결혼에 있어서 성(性)이란
즐기는 것이 아니라, 아이를 낳는 생식(生息)에 중점이 있었고 의미를
두었다.

"천지가 사귀지 않으면 만물이 어디로부터 생기겠는가. 여자가 남자에
게 시집감은 바로 낳고 낳아 서로 잇는 도(道)이다. 남녀가 사귄 뒤에 생
식(生息)이 있고 생식(生息)이 있은 뒤에 그 끝이 무궁한 것이다. 앞에 있
는 자가 끝남에 뒤에 있는 자가 시작하여 서로 이어서 다하지 않음은 이
는 사람의 종(終)과 시(始)이다."[65]

63) 『小學』, 「人倫」. '子甚宜其妻 父母不說出 子不宜其妻 父母曰是善事我 子行夫婦之
　　禮焉 沒身不衰'
64) 박수선, 『결혼에세이』, 민맥, 154쪽.

생식(生息)으로서의 성(性)은 천지와 음양의 조화처럼 아름다운 것이
지만 이것이 지나쳐서 음탕함으로 흐를 때는 부적절하다고 경계했다.

> "남녀는 존비(尊卑)의 차례가 있고 부부는 창수(唱隨)의 예가 있으니,
> 이것이 떳떳한 도리이니, 항괘(恒卦)와 같음이 이것이다. 만일 떳떳하고
> 바른 도를 따르지 않고서 정을 따르고 욕심에 방자하여 오직 기뻐함에 동
> 한다면 부부간이 문란해져서 남자는 욕심에 끌려 강(剛)함을 잃고 여자는
> 기쁨에 빠져 순함을 잊을 것이니, 귀매(歸妹)가 강(剛)을 탄 것과 같음이
> 이것이다. …… 음양의 배합과 남녀의 교구(交媾)는 떳떳한 이치이나 욕심
> 을 따라 방탕한 데로 흘러서 의리를 따르지 않으면 음사(淫邪)가 이르지
> 않음이 없어 몸을 상하고 덕을 해치리니, 어찌 사람의 도리겠는가."66)

성을 즐기는 것은 사회적으로 금기시되어 왔기 때문에 전통적 결혼
에서는 서로 간의 애정이란 그다지 중요시되지 않았다. 오히려 두터운
애정은 대가족의 화합을 해칠 가능성마저 있어서 통제되었다고 해도
과언이 아닐 것이다. 형제간의 우애가 깨지는 원인도 부인들의 의견에
휘말려서 일어나는 일이라고 경계하였다.

> "사람의 집의 형제들은 본래는 의롭지 않은 자가 없건만, 다 장가들어
> 아내가 집안에 들어오게 됨으로 인하여 타성(他姓)들이 서로 모여서 장단
> (長短)을 경쟁하여 부인의 참언이 점점 물이 젖어들 듯, 날마다 귀에 들려
> 지며, 자기의 처자만 사랑하고 재물을 사사로이 축적하여 이로써 형제의
> 도리에 어그러지게 하여 분가하여 별거하고, 재산을 갈라 소유를 달리하

---

65) 박수선, 『周易本義』, 「歸妹」[傳] '天地不交 則萬物何從而生 女之歸男 乃生生相續
之道 男女交而後 有生息 有生息而後 其終不窮 前者有終而後者有始 相續不窮 是
人之終始也'

66) 『周易本義』, 「歸妹」[傳] '男女有尊卑之序 夫婦有唱隨之禮 此常理也 如恒 是也 苟
不由常正之道 徇情肆欲 唯說是動 則夫婦瀆亂 男牽欲而失其剛 婦狃說而忘其順 如
歸妹之乘剛……夫陰陽配合 男女之交媾 理之常也 然從欲而流放 不由義理 則淫邪無
所不至 傷身敗德 豈人理哉'

여, 서로 미워하기를 도둑과 원수같이 한다. 이런 일은 다 너희들 부인이
만드는 것이다."[67]

애정과 같은 감정적 표현은 무시되어 있었으며 또 표현할 수도 없는
것으로 되어 있었다.

그러나 남자들은 축첩을 하는 등으로 애정을 해소할 길이 있었으나
부인들은 과도한 일을 함으로써 승화시키거나 자식들에게 익애(溺愛)하
는 현상으로 나타났던 것 같다.[68]

한편 부부간의 금슬(琴瑟)[69]은 긍정적인 미덕이었지만 이는 온 가족
의 화락(和樂)이 함께하는 화합적 의미의 금슬이다. 결국은 부모님을
편안하고 기쁘게 해드리는 것이 전제되는 것이지 부부간만 누리는 금
슬은 아닌 것이다.

4) 평천하(平天下)의 원천으로서 수신제가(修身齊家)

유교는 예치주의를 정치이념과 사회질서의 근본으로 하였으며 특히
가족을 교화의 단위로 여겨왔다. 가족원을 보호하는 가장에게 비록 로
마법보다는 약하지만 가족원을 지휘 감독할 가장권을 부여하여 통솔케
함으로써 모든 가족이 가지런할 때 사회는 안정된다고 생각하였다.

사회의 기본단위이며 경제 집단인 가족은 조상숭배를 행하는 종교집
단이기도 하였다. 조상숭배를 통하여 가족은 정신적 단결을 도모하고
심리적 안정을 추구하였던 것이다. 이러한 가족적 요구와 가족을 교화

---

67) 『小學集註』, 「嘉言」, '人家兄弟 無不義者 盡因娶婦入門 異姓 相娶 爭長競短 漸漬
    日聞 偏愛私藏 以致背戾 分門割戶 患若賊讎'。
68) 최신덕, 『결혼과 가족』, 이화여자대학교 출판부 13쪽.
69) 『中庸章句』15장, '詩曰妻子好合 如鼓瑟琴 兄弟旣翕 和樂且耽 宜爾室家 樂爾妻帑'

의 단위로 하는 사회적 요구가 가례(家禮)를 중시하게 하였다. 관혼상
제를 포함하는 가례는 유교의 실천논리였다.

한국의 전통사회에서는 결혼을 하여야 비로소 성인으로 인정을 받았
다. 만약 그렇지 않다면 성인이 되는 통과의례를 치루지 않음으로써 영
원히 미성숙한 인간으로 취급을 받았던 것이다.[70]

전통사회에서는 생계책임보다는 대외적으로 가족의 대표권, 가족 내
부의 통솔권, 지휘권이 가장역할의 핵심이었다. 그러나 현대의 가장은
우선 생계책임자의 역할을 갖추고 그다음 가정 내의 지도권과 지휘권
을 가질 때 명실상부한 가장으로 된다.

남성이란 적어도 자기 처, 자식은 책임져야 한다는 것이 불문율이
되고 또 자기 가족을 풍족하게 해주는 남편이 자기 책임을 다한 바람
직한 남성으로 간주되는 문화라고 할 수 있는 것이다.

그러나 가장이 진정하게 도덕적 권위와 사회적 권위를 갖추면서 가
족구성원으로부터 존중받을 수 있다는 것은 바람직한 현상이라고 생각
한다. 이런 점에서 여성의 도덕성인 정절의 가치도 이데올로기적 비판
의 대상이라기보다는 가정을 안정시키는 미덕이라고 생각한다.

현모양처에 대해서도 권위주의적인 이데올로기로 남편에 예속된 여
성상이라고 비판하더라도, 그것은 일부의 부정적인 생각일 뿐, 많은 한
국인들은 아직도 아버지의 권위와 어진 어머니를 원한다. 물론 여성의
사회참여가 활발한 요즘 현모양처는 또한 선택될 가치로 절하되었는지
모르나, 전통사회의 미덕이라고 본다. 가정의 화합은 귀중한 가치였으
며, 실천적 윤리의 출발이 부부간에서부터 시작하는 수신제가(修身齊
家)에 있었던 것이다.

『시경(詩經)』에서는 모든 도덕의 원천이 부부관계와 혼례에 근원하고
있음을 다음과 같이 말한다. 그것은 도덕적인 인격과 그것을 바탕으로

---

70) 문소정, 「가족이데올로기의 변화」, 337쪽. 여성한국사회연구회 편, 『한국가족문화의
   오늘과 내일』, 사회문화연구소.

한 건전한 가정이야말로 국가안정과 세계평화의 원천이라는 것이다.

"배필의 즈음은 생민(生民)의 시초요, 만복의 근원이니, 혼인의 예(禮)가 바로잡아진 뒤에야 만물이 이루어져 천명이 온전해진다. 공자께서 시를 논할 적에 '관저(關雎)'를 시초로 삼으셨으니, 군주는 백성의 부모이므로, 후부인(后夫人)의 행실이 천지에 비견할 만하지 못하면 신령의 전통을 받들어 만물의 마땅함을 다스릴 수가 없음을 말씀한 것이다. 상고시대 이래로 삼대가 흥하고 폐함이 이에 말미암지 않은 적이 없다."71)

"천하의 다스림은 집안을 바로 잡은 것이 최우선이니, 천하의 집안이 바로잡아지면 천하가 다스려질 것이다."72)

『주역』에서도 마찬가지로 모든 윤리의 원천이 혼례와 건강한 가정에서 출발함을 말하고 있다.

" '천지가 있은 연후에 만물이 있고 만물이 있은 연후에 남녀가 있고 남녀가 있은 연후에 부부가 있고 부부가 있은 연후에 상하가 있고 상하가 있은 연후에 예의를 둘 곳이 있다' 하였다. 천지는 만물의 근본이요 부부는 인류의 시작이다.73)

그 밖에 『예기』에서는 '천지가 화합하지 않으면 만물이 나오지 않는다. 혼사는 만세의 이어짐이다.'74)라고 하고 또한 '혼례란 이성의 화합

---

71) 『詩經集傳』,「周南 關雎」. '妃(配)匹之際 生民之始 萬福之原 婚姻之禮正然後 品物遂而天命全 孔子論詩 以關雎爲始 言太上者 民之父母 后夫人之行 不侔乎天地 則無以奉神靈之統 而理萬物之宜 自上世以來 三代興廢 未有不由此者也'

72) 『詩經集傳』,「召南 騶虞」. '程子曰 天下之治 正家爲先 天下之家正 則天下治矣 二南 正家之道也 陳后妃夫人大夫妻之德 推之士庶人之家 一也 故使邦國至於鄕黨 皆用之 自朝廷至於委巷 莫不謳吟諷誦 所以風化天下'

73) 『周易本義』,「咸」[傳]咸 序卦 有天地然後有萬物 有萬物然後有男女 有男女然後有夫婦 有夫婦然後有父子 有父子然後有君臣 有君臣然後有上下 有上下然後禮義有所錯 天地 萬物之本 夫婦人倫之始'

74) 『禮記』,「哀公門」. '天地不合 萬物不生, 大昏萬世之嗣也'

이다. 위로는 나라의 종묘를 섬기고 아래로는 후세를 이어준다. 그러므로 군자가 중시한다.'[75]라고 한다. 『맹자』에서는 '남녀의 결혼은 인간의 큰 윤리다.'[76]라고 한다. 모두 혼례를 통해 부부간의 예절을 확보하고 안정된 가정을 이루는 것이 국가의 실서는 물론 세계의 평화를 위한 원천임을 지적하는 의미를 뜻하고 있다.

IV. 전통혼례, 부부화합과 수신제가

예란 내면적인 면과 형식적인 면이 있다. 이 두 가지의 조화가 진정한 예라고 할 것이다. 일상생활 속에서의 중시되는 의례를 흔히 관혼상제라고 하는데, 그 가운데서도 혼례는 인륜의 시발로 중시되었다.

한국의 전통적인 혼례는 적령기에 이른 남녀를 반드시 중매자를 통해 소개하고, 각각의 부모가 결정하는 것이 특징이었다. 본격적인 결혼식을 의미하는 친영(親迎)은 전안례와 교배례 합근례로 나누어진다. 신랑이 신부 집을 들어서면서 전안례를 하는데, 그 의미는 기러기와 같은 정절을 통해 백년해로를 하겠다는 뜻이다. 그다음의 교배례는 상호 간의 상견례이지만, 신부가 먼저 절하고 나서 신랑이 하는 형식을 취한다. 이는 가장(家長)의 권위를 혼례에도 표현하고 있는 일면이다. 그리고 합근례는 표주박을 반으로 나눈 것을 색실로 연결하여 술을 서로 나누어 마신 절차인데, 부부간의 금슬은 물론 부귀장수와 다남을 축원한 뜻이었다.

---

75) 『禮記』, 「昏義」. '婚禮者 將合二性之好 上以事宗廟 下以繼後世 故君子重之'
76) 『孟子』, 「萬章下」. '男女居室 人之大倫'

이러한 혼례의 과정 중에서 철학적 의미를 고찰해 볼 때 다음과 같
은 특성이 있다.

1. 운명론적 세계관 : 결혼은 자신들의 선택이라기보다는 집안어른들
   의 선택에 의해서 결정되었으며, 기존의 질서와 가치에 대해 순종
   하는 것을 높이 평가하였다. 이는 비단 결혼뿐만 아니라 천명을
   거부하지 않고 그것에 순명(順命)하는 동양적 가치를 반영하는
   것이다.
2. 정명론적(正名論的) 명분관 : 소위 남존여비 혹은 부창부수(夫唱
   婦隨)에 바탕을 두고 있다. 이는 군신관계를 비롯한 전통적 질서
   가 남녀관계에도 그대로 적용되어 남편은 가장의 책임과 권위를
   유지하였고 부인은 남편의 권위에 순종하는 것을 원리로 하고 있
   다. 이의 근원은 세계를 천지와 음양의 조화로 보는 가치관을 배
   경으로 한다.
3. 대가족주의 : 애정보다는 효도를 중요시하였다. 부부간의 애정은
   대가족적 조화를 깨뜨릴 가능성이 있어서인지 조상에 대한 숭모의
   의식과 시부모에 대한 공양이 부부간의 애정보다도 우선적 가치를
   가진다. 결혼의 목적이 성생활을 즐기는 것보다도 대를 잇는 것에
   중점을 두었고 애정의 표현은 오히려 경계함으로써 대가족의 화합
   을 도모했다.
4. 평천하(平天下)의 원천으로서의 수신제가(修身齊家) : 세상의 질서
   의 원천은 책임 있는 가장과 정숙한 현모양처에 의해 이루어진다
   고 보았다. 그리고 이런 가족의 질서를 바탕으로 한 가도(家道)의
   확립은 국가기강과 밀접히 관련된 이데올로기이기도 했다.

현대사회는 이런 전통사회와는 달리 부부 중심의 핵가족사회로 변화
했다. 여기에서 과거처럼 효도의 가치가 강요되기는커녕 노인의 소외문

제가 일어나고 있는 실정이다. 부부관계도 남존여비적 차별관이 무너지고 여성의 사회참여가 활발해지면서 차츰 평등하게 변화해가고 있다. 하지만 뿌리 깊은 가부장적 문화가 여전히 잔존하고 있다.

우리는 서양 중심의 교육과정을 통해 유교적 가치를 바탕으로 한 혼례를 남녀 불평등과 봉건주의적 가치관이라고 낮게 평가해왔다. 그러나 오늘날 발생하는 여러 가지 사회적 문제 이를테면 청소년 문제·노인문제·여성문제·이혼문제 등은 전통적 가치관 때문에 일어난 것이 아니라 오히려 전통적 가치관이 제 기능을 상실하면서 일어난 것이라고도 볼 수 있다. 따라서 '혼례의 철학적 의미'가 새롭게 재조명되는 이유는 하나의 건전한 가정을 위한 문제 해결책의 대안이다. 부모를 존중하고 부부가 화합한 가정에서는 심각한 가정문제는 일어나지 않을 것이다. 이런 점에서 '혼례의 철학적 의미'에서 나타난 음양사상에 바탕을 둔 남존여비적 질서는 현대인에게는 비민주적 봉건윤리로 거부감을 주는 용어란 것을 모르는 바는 아니지만, 이 또한 이는 신분상의 차별이 아닌 직분의 문제로 본다면 음양의 조화가 우주적 질서이듯 부부화합의 질서로 해석할 수도 있을 것이다.

여성의 인권과 억압을 의미하는 사회적 차별의식 등 부정적인 면을 상징하는 것으로만 해석할 필요가 없다고 본다. 왜냐하면 구미사회의 오로지 애정에 바탕을 둔 가정의 취약성을 반성할 필요도 있다. 오직 애정에만 의존함으로써 파탄하는 50%에 육박하는 이혼가정은 참으로 심각한 것이 아닐 수 없다.

따라서 현대 한국인들은 구미의 합리적인 인권과 평등에 바탕을 둔 가치관을 존중하고 수용하되, 전통적인 가치관의 강점, 곧 가정 그 자체를 소중히 하는 점과 수신제가(修身齊家)의 도덕성 그리고 혼인의 존엄성을 회복해야 한다고 생각한다.

한국전통상례의
윤리적 의미

I. 영원히 예우 받는 죽음으로

한국의 전통상례에서는 유교적인 생사관뿐만 아니라 무속과 불교적인 요소가 혼재되어 있다. 유가의 생명관은 내세를 향한 기독교적 영생이나 불교적 왕생의 개념은 없다. 유교는 인간이 '죽음에의 존재'임을 사실 그대로 받아들이지만, 오히려 죽은 뒤에 죽은 자와의 유대를 단절하지 않는다. 다시 말해서 상례는 반드시 제례와 연결된다.

한국의 상례는 사례 가운데서 마지막 통과의례로 매우 중요시되어 왔으며 거기에는 한국인의 인생관과 세계관이 깔려있다. 오늘날도 한국은 고유한 장법으로 매장의 풍습이 유지되어 오며 거기에는 풍수지리설을 포함한 산악신앙, 조상숭배 등의 원시적 종교적 요소가 내재되어 있다.

사체를 화장하지 않고 매장을 통해 유지하려는 것에는 조상에게서 받은 몸을 죽는 그 순간까지 깨끗하게 유지하는 것이 진정한 효라고 하는 사상이 깔려있다. 비록 죽음을 통해 종신(終身)을 하는 것이지만 그의 뼈와 무덤은 두고두고 자손의 종교적 조상숭배의 대상이 되었던 것이다. 뿐만 아니라 후손들이 제례를 통해 추념함으로써 죽은 자는 일종의 영생을 향유할 수 있다고 보는 것이다.

이와 같이 한국인은 죽음에 의해 버려지는 것이 아니라 영원히 예우 받음으로써 가족과 가문이 영구히 유지될 수 있다고 보았다. 이것이야말로 한국의 전통상례의 절차에 있어서 중요한 본질이라고 할 수 있다.

본고에서는 이러한 기존의 전통상례의 절차 속에서 어떤 윤리적 의미가 있는지를 조명하고자 한다.

II. 통과의례로서 죽음

1) 만가(輓歌)에 나타난 죽음의 의미

한국의 전통상례의 절차 가운데 상여를 메고 가면서 부르는 만가(輓歌)에는 한국인의 죽음에 대한 이해를 엿볼 수 있다. 여기에서 죽음을 설명하는 가장 큰 특징은 무상이라는 것을 알 수 있다. 죽음이란 인간의 운명이지만 바로 무상하고 슬픈 것임을 잘 표현한다.[77]

이처럼 만가에는 인생의 무상을 노래하는 가사가 많다. 그리고 이러한 무상은 슬프고 아쉬운 일임을 표현한다. 한국의 만가에서는 이렇게 죽음은 생사를 초월한 열반이나 해탈이 아니라 너무나 아쉽고 슬픈 이별로 묘사된다.[78]

---

77) 『韓國輓歌集』 호남제주편, 奇老乙, 청림출판.
　　"우리 인생은 한 번 가면 다시는 못 오느니라"
　　"만승천자 진시황도 불사약도 못 구했네"
　　"불쌍허다 초로인생"
　　"녹음방초는 연년이 푸르건만 우리네 인생은 올 줄 모르네"
　　"꽃은 봄이 오면 다시 피나 인생 한 번 가는 날엔 다시 오지 못하느니 어이 아니
　　처량한가"
　　"세월아 네월아 오고 가지를 말어라 아까운 청춘이 다 늙어 간다."
　　"우리 인생은 한 번 가면 다시는 못 오느니라"
　　"인생 일장춘몽이로구나"
　　"초로인생 우리들은……한 백년을 못 산다네"
　　"세상사를 굽어보니 만사가 도시 몽중이라"

이처럼 상여소리인 만가는 대체적으로 인생무상과 슬픔을 표현하는 대목이 많다. 이것은 죽음이 고인과의 아쉬운 이별이기 때문에 또한 슬픔을 표현하는 것이 예의임을 표현한다.

그렇지만 또한 만가에서는 망자에 대한 위로 표현하고도 있다. 슬픈 일이기는 하지만 거기에서 절망하는 것만은 아니다. 거기에는 또한 체념과 달관의 철학이 있다.

"너도 죽으면 이 길이요 나도 죽으면 어와널"

"만승천자 진시황도 불사약을 못 구했네"

"인생이 태어날 때 맨손으로 왔다가 맨손 쥐고 가는 것을"

"공자도 죽고 맹자도 죽고 누구나 한 번씩은 죽고 마는 세상"

"여보시오 상두꾼들 너도 죽으면 이 길 가고 나도 죽으면 이 길을 간다"[79]

---

78) 『韓國輓歌集』, 호남제주편, 奇老乙, 청림출판.

"원통허네……"

"세월아 네월아 가지를 말어라 아까운 청춘이 다 늙어 간다."

"일가친척 많다 해도 어느 누가 대신 가며 친구 벗이 많다 한들 어느 누가 같이 갈 쏘냐 원통하고 절통허네"

"인제 가시면 언제나 오실라요 오시는 날짜가 일어나 주오……"

"……하직을 헙니다 하직을 헙니다. 이 집 문전을 하직을 헙니다."

"무정한 것이 세월이라 어느새 백발이 되어 요지경이 되었는가"

"죽자 사자 하던 친구 유수같이 흩어지네 관암보살 ……에-나는 가네 나는 가네 정든 고향 두고서 나는 떠나 가네"

"인생이 태어날 때 맨손으로 왔다가 맨손 쥐고 가는 것을 관암보살"

"황천에 무일점허나 오늘 밤은 어디서 샐까……인생사 뜬구름이네"

"……이팔청춘 소년들아 백발을 보고 웃지 마라"

"아적 나절 성턴 몸이 저녁나절 병이 드니 몹쓸 병의 병이로다"

"처자식도 다 버리고 일가친척 하직허고 영결종천 떠나가네"

"친구 벗이 많다 한들 어느 누가 동행할까"

"……삼천갑자 동박삭은 삼천갑자를 살았는디 요내 나는 무삼 죄로 한 백년을 못 다 살꼬"

"술집에 갈 때는 친구가 있지마는 북망산천에는 나만 홀로 가네"

"……우리 인생 늙어진 게 조석 상봉하던 친구 벗도 아니 찾아오네"

"어떤 동갑은 백년도 산다."

"차마 서러워 못 가겠네"

79) 『韓國輓歌集』, 호남제주편, 奇老乙, 청림출판.

인생은 누구나 공정하게 죽음이라는 통과의례를 가지 않으면 안 되는 그런 운명으로 본 것이다. 그것은 최고 권력을 누린 진시황도 예외일 수 없고, 공자와 맹자와 같은 성인도 예외일 수 없으면 상여를 매고 가는 상두꾼도 예외 없이 가지 않으면 안 되는 길로 묘사한다.

그렇지만 그 가는 저승의 세계는 허무한 세계가 아니라 극락세계로서 승화된 세계임을 나타낸다. 조선조는 유교가 지배하는 시대였으면서도 대중들에게는 불교나 민간신앙의 위안이 필요했다. 만가에는 그런 것이 잘 나타나 있다.

"……청사초롱 불 밝혀 들고 극락세계로 찾아가네"
"항하수에 목욕하고 보리수하로 나아가세"
"반야용선 띄어보니 팔보살이 호위허네"
"망상 번뇌 얼킨 신세 노사고를 못 면하네"
"가네 가네 나는 가네 극락세계로 나는 가네"
"나무아미타불 백제야 뚤뚤 산천에다 모셔놓고 영혼만 본가로 모셔라 허네 나무아미타불"
"삼강오륜 잊지 말고 정조 한식 단오 추석을 부디부디 잊지 마라"
"생사윤회 영단하고 불생불멸 영생하소서"
"보리수에 봄이 드니 우담바라 꽃피었네"
"……몸뚱이는 송장이요 망상번뇌 본공이라"
"……지옥 천당 본공하고 생사윤회 본래 없다"[80]

이 만가 속에는 불교적 세계관이 깔려있다. 그리고 관세음보살이나 아미타불의 구원을 희망하면서 극락왕생을 비는 것이다. 생로병사의 고통으로부터 해탈을 꿈꾸는 이런 만가에는 불교적 이상세계가 묘사되어 있음을 알 수 있다.

이처럼 만가를 통해서 살펴본 한국인의 죽음은 무상하고 슬픈 일이

---

80) 『韓國輓歌集』, 호남제주편, 奇老乙, 청림출판.

지만, 어쩔 수 없는 운명이라는 체념이 들어있고 좋은 세상으로 갈 것을 염원하는 종교적인 희망이 섞여있다.

그리고 이 전통적인 만가 속에는 유교적인 세계관보다는 불교와 민간 신앙적인 요소가 보다 많음을 알 수 있다.

2) 흉례(凶禮)로서의 금기

유교의 경우는 귀신이나 죽음의 문제를 정면으로 다루지 않고 회피하는 경향을 가지고 있다. 예컨대 공자는 귀신과 죽음에 대한 질문에 대해 적극적인 대답을 피했다. 거기에는 뜻이 아득한 귀신보다는 현재 살아있는 사람에게 주의하고 있음을 읽을 수 있다. 미래의 죽음의 도를 아는 것을 요하지 않는다. 단지 목전의 인생의 이치를 알기를 요할 뿐이다.[81]

"능히 사람을 섬기지 못하는데 어찌 능히 귀신을 섬기리요? 삶을 알지 못하는데 어찌 죽음을 알리요?"[82]

그런데 상례는 바로 귀신과 죽음에 관한 의례이다. 이에 대해 유교 사회였던 한국의 전통사회에서는 어떻게 임했을까?

먼저 이것을 슬픔이며 큰 재화로 여기고 있다.

상(喪)을 당한 일은 즐거운 것이 아니라 흉한 일이기 때문에 일단은 재화(災禍)로 취급한다. 병들어 누어 임종의 시간에는 일상 상태에서 금기 상태로 전환한다. 즐거움을 표현하는 악기류를 치우고, 청소를 하

---

81) 「書朱子儀禮經傳通研究」, p.303. 意渺茫的鬼神, 只要注意現下的生人. 不要懸知未來 的死之道, 只要了知目前生之理.
82) '未能事人, 焉能事鬼'? '未知生,焉知死'?

고 화려한 옷을 갈아입어서 재난에 대비하는 것이다.

"사망의 사건이 사람에게 다가옴은 막대한 재화(災禍)이며 가장 쉽게
공포를 일으키는 것이다. 그 일은 흉함에 속한다는 것을 알 수 있다. 그러
나 인류는 이미 능히 사망을 피하고 면할 수 없으니, 죽은 자의 집에 속
하는 사람들은 부득불 여러 가지의 응변적 조치로 죽은 자를 대한다. 여
기에서 상장(喪葬)의 예속이 관념상 일종의 재화(災禍)의 처리하는 행위이
며 흉례에 속한다."[83]

장수를 누리다 세상을 뜨는 노인의 죽음을 호상(好喪)이라 하고 젊
은이의 죽음을 흉상(凶喪)이라고 하지만 사실은 모든 죽음은 흉례(凶
禮)로 처리되는 것이다. 상례는 온전히 죽은 형체를 상대하여, 재화(災
禍)를 방지하며 상서롭지 않은 금기 상태를 유지해야 했다.

이러한 주의 깊은 금기는 고인에 대한 존경과 동시에 한편으로는 악
령으로서 활동을 막는 액막이의 뜻도 내포하는 것이다.[84]

3) 길례(吉禮)로의 전환

조상의 혼령은 후손에게 처음부터 이익을 베푸는 존재가 되는 것은
아니다. 우제를 마치고 길례(吉禮)로 전환되는 것이다. 그렇지만 사실은

---

83) 章景明, 「祭, 喪之禮吉凶觀念之分別」『三禮硏究論集』 p.73. "至於死亡一事, 於人來
說, 則是莫大的災禍, 最易引起恐論, 其事屬凶可知. 然而, 人類旣不能避免死亡, 死
者的家屬族人也不得不以種種應變的措施對待死者, 於是喪葬的禮俗在觀念上便視爲
一種處理災禍的行爲, 而屬於凶禮了."
84) Piers Vitebsky, 『The Shaman』 London. Macmillan, 1995, p.95. 몽고의 샤만의 무덤에
는 49일 동안 가는 것이 금지된다. 3년이 지난 후에 죽은 샤만은 위험한 신령에서
도움을 주는 신령으로 바꿔질 수 있다고 말한다. 이 말은 49일 동안, 혹은 3년 정도
는 금기 상태를 유지해야 한다는 의미이고 여기에는 흉하다는 뜻을 읽을 수 있다.

49일(49재)이나 혹은 만 2년 이상(3년 이상)이 지나야 비로소 도움을 주는 존재로 전환된다고 볼 수 있을 것이다.

그 길흉의 관념의 경계가 바로 우제와 졸곡(卒哭)의 절차 다음이다.

"그 이전은 혹은 형체가 매장이 되지 않았기 때문에 살아있는 사람의 예로 모신다. 형체가 이미 매장되고 귀신이 오히려 편안하지 않으니 모두가 흉(凶)에 머문다. 졸곡 이후에 죽은 자의 영혼이 이미 사당에서 안식을 얻음으로써 귀신이 되고, 귀신의 예로써 모시며, 흉례를 길례로 바꾼다."[85]

졸곡(卒哭)의 후에 죽은 자는 이미 귀신이 되기 때문에 살아있는 사람의 원시 관념 가운데 선조의 신령은 자손에게 화복을 주는 능력이 있다고 한다. 그래서 복을 구할 수 있는 것이다. 이에 우제 이후의 졸곡(卒哭)과 부제는 길제(吉祭)의 조건과 성질을 구비하는 것이다.[86]

그러니까 죽음이란 허무하고 슬픈 것임과 동시에 하나의 재앙이지만, 이 인간에게 닥친 재앙을 슬픔과 공경으로 수용하고 금기를 지키면서 망자의 슬픔을 위로해야 한다. 길례 때까지 필요한 것은 몸과 마음을 정화한 상태를 유지해야 하는 것이다.

---

85) 章景明, 위의 책, p.180. "喪禮專以對待死的形體, 並以生人之禮事之, 其主要觀念是希求死者的復生, 與表現應付或防範災禍不祥的禁忌狀態. 祭禮則專以事奉鬼神, 其主要的觀念是在於藉此祈福求吉. 至於人死之後,由凶禮而轉變爲吉禮, 其吉凶觀念的分野乃在於卒哭之祭, 卒哭以前, 或因形體未藏而事以生人之禮, 或形體已藏而神有猶未安, 皆主於凶. 自卒哭以後, 則因死者靈魂已安息於廟,成爲鬼神,並以鬼神之禮事之, 而轉變爲吉了."
86) 章景明, 위의 책, p.179. "由於卒哭之後, 死者已成爲鬼神, 在生人的原始觀念中, 祖先的神靈具有禍福子孫的能力, 對之祭祀崇奉, 可以祈福求吉. 於是虞後的卒哭與祔祭, 便具備吉祭的條件與性質了."

III. 상례(喪禮)의 형식과 윤리적 의미

1) 혼백의 불멸성에 기초한 절차

① 임종(臨終)과 초혼(招魂)

죽음이라는 용어는 상례(喪禮)라는 용어가 '사례(死禮)'라는 말을 피하듯 사용하지 않는다. 그래서 종(終)이라고 하는 것이다. 다시 말해서 임종(臨終)[87]이 상례의 시작이다.

이때 자식들은 환자의 손발을 잡고 숨이 넘어가는 것을 지켜보는데 이를 종신(終身)이라고도 한다. 만일 자식이 부모의 임종을 지켜보지 못하면 가장 큰 불효로 알고 평생 죄스럽게 생각하였다. 이때 남자는 부인의 손에 절명하지 않고 부인은 남자의 손에 절명하지 않는다.[88]

전통상례에서는 임종 후 지붕 위에 올라가 초혼을 했다. 고인의 혼을 불러보는 것이다. 이것은 다시 살아나기를 기원하는 의식이다. 그리고 반응이 없으면 비로소 다음 절차를 밟는 것이다.

그런데 혼이란 무엇일까? 사람이 죽어서 그 혼은 하늘로 오르고 魄(몸뚱어리와 넋)은 땅속에 든다고 한다. 죽음이란 혼과 백의 분리라 할 수 있다. 하늘로 오르는 영혼 외에 땅에 든 몸에도 백이 있다고 믿었다.

유가에서는 인간이 죽음을 통하여 완전히 사라지는 것이 아니며, 비

---

87) 천자가 죽은 것을 崩이라 하고, 제후는 薨이라 하고, 大夫는 卒이라 하고, 士는 不祿이라 하고, 庶人은 死라고 한다(『禮記』「曲禮」下. 天子死曰崩 諸侯曰薨 大夫曰卒 士曰不祿 庶人曰死).
  군자가 죽는 것을 終이라 하고, 小人에게는 死라고 한다(『禮記』「曲禮」下君子曰終 小人曰死).
88) 『儀禮 IV』, p.13. "男子不絶于婦人之手, 婦人不絶于男子之手. 乃行禱于五祀"

록 생물학적인 신체는 없어지더라도 그 얼인 혼신은 하늘로 오르고 체
백(體魄: 몸뚱이와 넋)은 땅속에 든다는 생각했다.

> "사람이 태어난 까닭은 정기가 모이는 것이다. 사람에게는 허다한 氣가
> 있어도 반드시 다하는 때가 있다. 다하면 혼기(魂氣)는 하늘로 돌아가고
> 형백(形魄)은 땅으로 돌아가는 것이다."89)

임종이 표현하는 종(終)의 의미는 사(死)의 상징성과는 좀 다르다.
여기에는 인생의 통과의례를 순조로이 마치고 이제 쉬는 휴식의 의미
가 있다. 그리고 초혼(招魂)의 의식은 그가 비록 세상을 떠났지만 그의
영혼과 혼백이 사라지지 않았음을 암시하는 것이다.

② 염습(殮襲)과 수의(壽衣)

임종 후 전통상례에서는 사흘이 지나 염(斂)을 했다. 이것은 살아나
는 것을 기다리는 것이요, 사흘이 되어도 살아나지 않으면 역시 살아나
지 못하는 것으로 보았다.

망자의 염습은 몸을 씻고 수의를 입히는 절차다. 수의는 바지저고리
와 두루마기를 비롯하여 20여 가지나 된다. 노인이 계신 집에는 미리
지어 두었다. 명주나 삼베로 짓는데 윤달에 수의를 지으면 탈이 없다고
하여 이때 수의들을 많이 준비한다. 관도 미리 준비하여 사람의 출입이
한적한 후원의 벽에 걸어두었다.90) 이렇게 준비해 두어야 장수한다는
속신에서 원래 수의(襚衣)이던 용어를 수의(壽衣)로 바꾸어 표기하게
되었으며 이러한 수의와 관을 세월을 두고 미리 갖추어두는 것이라 하
여 세제지구(歲製之具)라고도 했다.

---

89) 『朱子語類』 鬼神
90) 필자의 고향에서 1960년대까지 있었던 현상이었다.

그런데 이런 염습과정에는 칠성신앙이 엿보인다. 주검을 얹는 판을 칠성판이라 하고 실제로 칠성을 그리기도 한다. 그리고 주검을 싸매는 배도 칠성칠포라고 하는 것을 발견할 수 있다. 소렴을 할 때 온몸을 발끝에서 머리까지 일곱 부분으로 묶는 것도 역시 칠성과 관련된 것이라고 추측할 수 있다.

이러한 염습의 과정에서 역시 체백(體魄)존중의 사상이 깔려있지만 동시에 악령으로 활동을 방지하는 의미를 읽을 수 있다.

"주검을 다루는 가장 일차적인 작업이 손발을 묶는 일이다. 다음 단계에서도 마찬가지이다. 소렴을 할 때 온몸을 발끝에서 머리까지 일곱 부분이나 묶고, 대렴을 할 때 다시 완전히 감싸 묶는다. 그리고는 입관하여 관 뚜껑을 못으로 친다. 다시 묘지에 가서 하관을 하고 덜구 찧는 일을 세 차례 이상이나 한다. 무덤을 밟아 꼭꼭 다져두는 것이다. 주검을 이처럼 꼼짝 못하게 결박하고 애써 다져 묻는 경우는 다른 민족의 문화에서는 찾아보기 어렵다."91)

한국의 전통상례 속의 임종과 초혼, 그리고 염습의 절차에는 이처럼 혼백의 불멸성에 대한 기대가 있음과 동시에 한편으로는 종(終)이 의미하는 바처럼 죽음을 안식으로 승화시키려는 의미를 담고 있다.

2) 부계 중심적 조상숭배의식

① 성복(成服)

염습이 끝나고 상을 당한 사람들은 평상의 옷을 벗고 상복을 입는다.

---

91) 임재해, 『전통상례』 대원사, p.114.

이것 역시 몸을 삼가고 부정을 피하는 양재(禳災)의 의미를 가진다. 성복 전에는 손님이 와도 빈소 밖에서 입곡(立哭)하고, 성복 후에야 비로소 상인과 정식으로 조문을 한다.

상복의 특색은 화려한 장식을 제거한다. 화려한 장식이란 수놓은 것, 붉은 색, 금, 은, 옥, 구슬, 비취 등을 말한다.[92] 전통 상복은 또한 단추가 없다.

전통적인 상복에는 다섯 가지 종류가 있었는데, 이러한 기준은 상복을 만드는 삼베의 굵고 가는 가닥의 생김새를 표준해서 정해진 이름이다. 참최의 상복은 아들이 아버지를 위해 입는 복으로 참이라 함은 최(衰)와 같이 심히 애통하다는 뜻과 지극히 거친 삼베라는 뜻이다. 극추생포(極麤生布)라 삶지 않은 석새베(三升布)로 만들었다. 이처럼 거친 삼베로 만든 이유는 죄인의 옷이라 생각했기 때문이다. 또한 참최란 몸을 베는 듯이 애통하다는 뜻과 애통해서 쇠약하다는 뜻의 최(衰)가 어우러진 말이다. 이러한 참최복은 아버지를 위해서만 입었다.[93] 같은 부모지만 아버지를 중시한 것은 유교의 가부장적 성격을 뜻하는 것이다.

> "아버지를 섬기는 도리를 가지고 어머니를 섬겨서 사랑함이 같다. 하늘에 두 해가 없고, 땅에 두 왕(王)이 없고, 나라에 두 임금이 없고, 집에 두 높은 이가 없으니, 하나를 가지고 다스리는 것이다. 그러므로 아버지가 살아 계시면 어머니를 위하여 자최(齊衰)의 복을 입는 것은 두 높은 이가 없음을 보여주는 것이다."[94]

이러한 상복제도는 한국의 고유의 것이 아니라 중국의 제도를 그대로 수용한 것이다. 특히 성리학적 명분관에 입각해서 가깝고 먼 관계를

---

92) 『朱子家禮』(『유교사전』 박영사) p.2088.
93) 임준, 『북망산천』 삼포, p.142.
94) 『禮記』, 「喪服四制」 資於事父母以事母而愛同 天無二日 士無二王 國無二君 家無二尊 以一治之也 故父在爲母齊衰期者 見無二尊也

이 상복은 명백히 구분함으로써 유교적 세계관을 드러내는 제도라고
할 수 있다.

  가령 아버지와 어머니에 대한 차이도 아버지 쪽을 중시하는 제도이
고. 지팡이의 경우에도 성인 남자는 지팡이를 소지하게 했지만 여성의
지팡이 사용은 금하고 있다. 복식을 입는 기간과 복식착용의 논란은 한
국사회에서는 예송의 주요한 주제였음이 널리 알려진 사실이다.

상복의 종류-표1

등 급	기 간	상 복	대 상	기 타
참최 3년	3년(실제 27개월)	지팡이, 거친 삼배, 단을 꿰매지 않음	아버지	
참최 3년	3년(실제 27개월)	지팡이, 약간 거친 삼배	어머니	아버지가 작고한 경우
참최 장기	1년	지팡이, 얼마간 가는 단을 꿰맴. 거친 삼베	어머니	아버지 생존한 경우
자최 기년	1년	지팡이 없음, 약간 가는 단을 꿰맨 거친 삼베	형제, 미혼의 자매, 조부	
자최 소공	5개월	상 동	증조부모	
자최 시마	3개월	상 동	고조부모	
대 공	9개월 (실제 만 8개월)	거친 옷	방계 사촌	
소 공	5개월 (실제 만 4개월)	가는 옷	방계 재종 외조부모	
시 마	3개월 (실제 만 2개월)	가는 삼베	방계 삼종 처부모	
심 상				스승, 실제 상복은 없음, 마음의 상

자료: 『주자가례』

상복은 유교적 차별애(差別愛)를 잘 표현하고 있다. 부모 가운데서도 아버지를 중시하고, 상의 경중도 부계 중심이라고 할 수 있다. 한국의 전통상례의 상복은 유교적 부계 중심적 조상숭배사상을 배경으로 하고 있다고 볼 수 있다.

3) 가족주의적 집단의식

① 조상(弔喪) - 문상(問喪)

조상과 문상은 두 단어를 합쳐서 조문(弔問)으로 표기할 수 있다. 이러한 조문의 예의는 기본적으로 슬픔을 표현하는 것이다.

"초상에 가서는 웃지 않는다. 남에게 읍(揖)할 때는 반드시 그 위치에서 비켜서 한다. 영구(靈柩)를 쳐다보고서는 노래하지 않는다. 영구(靈柩)가 있는 곳에 들어갈 때는 나는 듯이 걷지 않는다. 음식을 대해서는 탄식하지 않는다. 이웃집에 초상이 있으면 방아 찧으면서 노래하지 않는다. 마을에 빈소(殯所)가 있으면 거리에서 노래하지 않는다. 묘에 가서도 노래하지 않는다. 哭한 날에는 노래하지 않는다. 상(喪)을 보내는 데는 지름길로 가지 않는다. 장사를 보내는 데는 진흙길도 피하지 않는다. 초상에 가면 반드시 슬퍼하는 빛이 있어야 한다. 상여줄을 잡고서는 웃지 않는다. 음악을 대해서는 탄식하지 않는다. 갑옷과 투구 차림을 했을 때에는 범할 수 없는 기색을 가져야 한다. 그런 때문에 군자는 경계하고 삼가 얼굴빛을 남에게 잃지 않는다."[95]

---

95) 『禮記』, 「曲禮」上, 適墓不登? 助葬必執綍 臨喪不笑 揖人必違其位 望柩不歌 入臨不翔 當食不歎 鄰有喪? 不相 里有殯不巷歌 適墓不歌 哭日不歌 送喪不辟塗潦 臨喪則必有哀色 執綍不笑 介胄則有不可犯之色 故君子戒愼 不失色於人

한국의 전통사회에서 사람이 죽었는데 와서 조상을 안 하면 그 상대는 절교의 대상이 될 수 있다.[96] 오늘날 속례(俗禮)에서는 상가에서 술과 음식을 잘 차려 빈객을 접대하기 일쑤이고 이 때문에 접대비가 장수(葬需)보다 더 드는 수가 있다. 그래서 혹은 술에 취해 떠들며 웃고 잡담하는가 하면 서로 싸워 소란을 피우니 조금도 슬픈 빛이 없음은 전통상례에서 보자면 무례한 행동인 것이다.

이러한 조문의 목적은 고인에 대한 슬픔의 표현이기도 하면서 가족은 물론 그 집단의 살아 있는 구성원들을 서로 결합시키는 장이다. 때로는 죽은 자와 재결합시키는 것이며, 마찬가지 방법으로 그 유대 속의 하나를 잃음으로 인해서 깨드려진 고리가 재결합되는 의례라고도 볼 수 있다.[97]

4) 생명존중으로서의 뼈와 신체의 존중

① 치장(治葬) - 천구(遷柩)

묘 자리를 잡은 것을 치장(治葬)이라고 한다. 묘지는 후일 도로, 성곽, 연못, 권세인에게 빼앗길 곳, 농경지가 될 곳에는 택하지 말라고 경계했다.[98] 천광을 하기 전에 산신제를 지내는데 모두 산을 신성시 여긴 나머지 산을 훼손해서는 안 된다는 믿음에 근거하고 있다. 산신에게 부탁하는 것이기 때문에 다른 사람이 축문을 읽는다.[99]

96) 위의 책, p.358.
97) 『Les rites de passage』(『통과의례』 A. 반 겐넵, 전경수 역, 을유문화사, 1994, p.234.) 참조할 것.
98) 『四禮便覽』권5, 124쪽, '不爲道路, 城郭, 溝池, 貴勢所奪 耕犁所及也'
99) 土地之神에 대한 祝文은 다음과 같다. 이를 土地神祝, 山神祝, 斬破土祝, 開土祝이라고도 한다.

전통상례에서는 화장[100]은 없고 거의가 매장이기 때문에 무덤을 중요시한다. 그리고 이러한 무덤은 묘지를 고르는 풍수의 자문을 받는다. 또한 땅과 산에 대한 경외를 표하기 위해 축문을 지어 산신에게 일정한 제사를 하는 이유는 고인을 보호해달라는 기원이다.

매장의 풍속은 신체를 중요시한다는 의미다. 특히 뼈의 보존과 관련이 있다. 살은 썩어 물이 되고 뼈만 남아 흙 속에 묻힌다고 볼 수 있기 때문이다.

만약 뼈가 황금색으로 보이면, 이것은 무덤의 풍수가 좋은 것임을 보여준다. 그러나 만약 뼈가 검게 발견되면 이것은 풍수가 나쁘다는 것을 보여준다. 자리를 옮겨서 다른 장소에 매장해야 한다.[101] 조상의 뼈를 포함한 주검의 정성스런 숭배와 풍수는 후손의 길흉과 관련된다고 생각하는 것이 속신이다. 좋은 풍수에 위치한 조상의 뼈들은 땅의 고동치는 풍수와 기의 충만한 힘을 받는다. 만약 풍수가 좋으면 조상의 뼈는 밝은 노란빛으로 변하고, 매우 효력 있는 것으로 간주된다. 뼈의 노란 색은 그것에 불어넣어진 기의 결과이며 이 같은 기는 행운의 사람의 영혼에서 밝아진다.[102]

"세상 사람이 벼슬을 살다가 먼 지방에서 죽으면 자손들이 그 관을 화장하고 재를 거두어 돌아와서 장사 지내는 자가 있다. 효자는 어버이의 육체를 사랑하기 때문에 염을 해 장사 지내는 것이다. 다른 사람의 시신을 훼손하는 것도 법으로 엄히 다스리는데 하물며 효자로서 그와 같이 도리에 어긋나는 짓을 할 수가 있겠는가?"[103]

'維歲次 干支 幾月 干支朔 某日 干支 學生 姓名 敢昭告于 土地之神 今爲 某官(學生)姓名 營建宅兆 神其保佑 卑無後艱 謹以 淸酌脯醢 祗薦于神 尙饗'
100) 티벳의 경우 시신에는 악령이 깃든다고 보기 때문에 화장하거나 조장한다. 그러나 달라이 라마와 같은 승은 시신을 등신불로 만들어 보존한다. 『티벳 사자의 서』 파드마삼바바. 라마타지다와삼둡 역, 류시화 역, 정신세계사, p.82 참조.
101) Paper / Thompson 『The Chinese Way in Religion』 p.19.
102) Paper / Thompson, Ibid. p.23.

화장을 하지 않고 매장을 해야 하는 이유는 바로 어버이의 육신을
존중하기 때문이라고 주자는 말하고 있다. 곧 화장은 육신의 훼손이라
는 것이다. 여기에는 불교가 들어오기 전의 동북아시아의 오랜 부활의
전통이 뼈를 중시한 매장법의 배경이 되는 것이다.

"반드시 고향에 돌아가 장사 지낼 수 없다면 그 땅에서 장사 지내는
것이 옳다. 어찌 화장하는 것보다 오히려 낮지 않으리오?"[104]라고 말한
주자가례의 주자학적 전통에는 뼈를 소중히 하는 민간신앙이 이미 선
재했던 것이다.

그러나 효자의 마음은 근심거리를 생각함에 심원하여 얕게 묻으면
남이 도굴하지나 않을까 깊게 묻으면 습하고 젖어서 빨리 썩지나 않을
까 두려워한다. 그러므로 반드시 흙이 두텁고 물이 깊은 땅을 구해서
장사 지내는 것이니 고르지 않을 수 없는 것이다.[105] 사실 장례에서 장
(葬)이란 "장사 지내는 것(葬)은 감추는 것(藏)이니, 감추는 것은 사람
들이 보지 못하게 하려는 것이다."(『예기』, 「檀弓」)

5) 영원한 안식처로서의 명당

① 발인(發靷) - 급묘(及墓)

조상의 신체와 뼈를 중요시하는 것이 매장의 풍속이었던 것만큼, 한
국의 전통상례에서 중시한 것은 명당에 무덤을 조성하는 일이었다. 특
히 그것은 자손의 길흉화복과 연관된 것이었다.

그러나 정자는 길흉화복이 목적이 아니라 조상을 편히 모시려는 효

103) 『주자가례』, p.2101.
104) 『주자가례』, 임민혁 역, 예문서원, p.317.
105) 『주자가례』, 임민혁 역, 예문서원, p.316.

자의 마음이 소중하다고 했다.

> "묘 자리를 점치는 것은 그 땅의 좋고 나쁨을 점치는 것이지 음양가들이 말하는 화복 때문이 아니다. 땅이 좋으면 그 신령이 편안하고 자손이 번성한 것은 나무뿌리를 복 돋아주면 가지와 잎이 무성해지는 것과 같으니 이치가 진실로 그러하다. 땅이 나쁘면 그 반대가 된다. 그러면 어떤 곳을 땅이 좋다고 하는가? 흙빛이 윤기가 나고 초목이 무성한 것이 곧 그 증험이다. 할아버지와 아버지와 아들과 손자는 기운이 같으니, 저쪽이 편안하면 이쪽도 편안하고 저쪽이 위태로우면 이쪽도 위태로운 것 역시 그 이치이다. 기휘(忌諱)하는 일에 얽매인 자들은 땅의 방위를 택하여 날짜의 길흉을 결정하는 데 미혹되니 또한 잘못된 일이 아니겠는가? 심한 자는 선조를 받드는 일로 계책을 삼지 않고 오로지 후손을 이롭게 하는 것만 생각하니, 편히 모시려는 효자의 마음씀이 아니다."106)

명당이란 신비한 비결이 있는 것이 아니라 살아있는 사람의 주거처럼 안락한 장소임을 다음과 같이 정리할 수 있다.

> "명당은 아래에서는 습기가 능히 침범하지 못하고, 위에서는 안개와 이슬이 능히 들어오지 못하는 곳이다. 사방의 바람이 능히 내습하지 않고……. 풍우가 능히 내습하지 못하고 寒暑가 능히 상하지 못하는 곳이다."107)

그러나 주자는 "세속에서는 장사(葬師)의 말을 믿어 (장사 지낼) 해와 달과 날짜를 정하고, 또 산수의 형세를 고르면서 자손들의 빈부귀천과 어질고 어리석고 오래 살고 일찍 죽는 것이 모두 여기에 달려있다

---

106) 『주자가례』, p.2101.
107) 王夢鷗 「古明堂圖考」, p.291. 明堂之制……下之潤溼(濕)不能及, 上之霧露不能入, 四方之風弗能襲. ……又, 主術訓云……明堂之制, 有蓋而無四方, 風雨不能襲, 寒暑不能傷. p.300. 而稱西方爲'總章' 南方爲'明堂' 東方爲'靑陽' 北方爲'玄堂' 中央爲'大廟',這已綜合五個朝代之祖廟名稱, 決無資格充任明堂的原始建構圖樣. 尤其是它充滿了陰陽五行家的氣息, 卽作爲理論上的古明堂之構想

고 한다."108)라고 하면서 그 길흉설에 대해서 비판적인 견해를 가지고 있다. 영구한 안식처로서 의미가 있는 것이지 후손의 길흉과는 무관하다는 것이라는 것이다.

6) 동기감응(同氣感應)의 엄숙주의적 윤리

① 반곡(反哭) – 우제(虞祭) – 졸곡(卒哭)

치장(治葬)을 한 후 우제를 지내는데, 이 우제란 사자의 시체를 매장하였으므로 그의 혼이 방황할 것을 우려하여 위안하는 의식이다. 우제는 초우제와 재우제, 삼우제의 세 번이 있다. 초우제는 장일 낮에 지내고, 재우제는 유일(柔日), 즉 일진이 을정기신계(乙丁己辛癸)에 해당하는 날 지낸다. 삼우제는 강일(剛日), 즉 일진이 갑병술강임(甲丙戊庚壬)에 해당하는 날 지냈다.

> "우(虞)란 안(安)이다. 선비는 이미 그 부모를 묻고, 정신을 맞이하여 돌아온다. 그날 중에 빈궁에 제사 지내고 안치한다. 우(虞)는 오례 가운데 흉례에 속한다."109)

이렇게 우제를 지낸 뒤에야 비로소 흉례(凶禮)에서 길례(吉禮)로의 전환이 가능한 것이다. 말하자면 금기 상태에서 벗어난 것이다. 이제 우제를 마친 뒤에야 비로소 숭모의 대상 혹은 제례의 대상으로 되는

---

108) 『朱子家禮』, p.2101.
109) 章景明, 「喪之禮吉凶觀念之分別」, p.175. (『三禮硏究論集』李曰剛等 著,) '死者下葬之後, 隨卽擧行虞祭, 士虞禮鄭目錄云…… 虞,安也. 士旣葬其父母, 迎精而反, 日中而祭之於殯宮以安之. 虞於五禮屬凶.'

것이다.

귀신이란 천지간에 하나의 기운을 통틀어서 말하고, 혼백은 사람의 몸을 주로 말한다. 기가 펼쳐지고 있을 때는 정백(精魄)이 단단하게 갖추어져 있으나 신(神)이 주가 되고 기가 오므라지게 되면 혼기(魂氣)가 비록 존재하나 귀(鬼)가 주가 된다. 기가 소진하면 백(魄)이 내려가 귀(鬼)만의 상태가 된다. 그러므로 사람 죽은 것을 귀(鬼)라고 한다.110)

이러한 귀신은 죽으면 어떻게 될까? 우선 주자의 입장에서 말하자면 지옥과 천당설을 부정하고 있다.

"세속에서는 불교의 속이고 유혹하는 것을 믿어 죽었을 때와 사십구일, 백일, 일 년, 이 년, 탈상을 할 때 공양을 하고 법회를 연다. 혹은 수륙제(水陸祭: 불교에서 바다와 육지에 있는 고혼과 아귀를 위하여 올리는 祭)를 하고, 불경을 쓰고, 불상을 만들고, 탑묘(塔廟)를 고치거나 세우고 말하기를 죽은 자를 위하여 하늘까지 가득한 죄악을 없애면 천당에 태어나서 많은 쾌락을 받고, 그렇지 않은 자는 반드시 지옥에 들어가서 저미고 데우며 찧고 가는 한없는 고통을 받는다고 한다. ……하물며 죽은 자는 형체와 정신이 서로 나뉘어, 형체는 땅속으로 들어가 나무와 돌 등과 같이 썩어 소멸되고, 정신은 표연히 바람 앞의 불과 같이 날아가서 어디로 가는지를 모른다. 설령 저미고 태우고 찧고 간다고 하여도 어찌 다시 (고통을) 알겠는가?"111)

이러한 주자의 태도는 다분히 유물론적으로 보이고 귀신의 존재에 대한 회의주의자로 보인다. 그는 불교의 천당지옥설을 배경으로 한 여타의 도교적 민간신앙에 대해서도 비판적으로 지적하고 있다.

---

110) 『朱子文集』, 권44.
111) 『주자가례』, pp.2094-2095.

"천당과 지옥이 과연 있다면 마땅히 천지와 더불어 같이 생겨나야 하고 불법이 중국에 들어오기 전부터 죽어서 다시 태어난 사람도 또한 있어야 할 것이다. (그런데) 무슨 이유로 한 사람도 지옥에 잘못 들어가 염라대왕 등 시왕을 만난 사람이 없는가? 배우지 않은 자는 진실로 더불어 말할 것이 없다 해도 글을 읽고 옛 것을 아는 자는 조금이라도 깨달을 수 있을 것이다."112)

그러나 주자가례를 도입한 조선시대에 있어서 이런 주자의 이론은 서민사회에 깊이 뿌리내리지 못했다. 다시 말해서 조선시대의 전통상례에는 유교적 가치관과 불교와 민간신앙적 가치가 사실상 혼재했던 것이다. '택당 이식(澤堂 李植, 1584-1647)은 우리나라의 풍속이 불교를 우선하고 유교를 뒤로하여 지금도 기일에 승제를 지내니 스스로 가례를 행하면 불사가 영원히 끊어질 것이라고 하였다.'113)는 지적은 이 사실을 잘 말해준다.

귀신은 자신의 혈통에게 감응하지 다른 이와는 무관하기 때문에 유교에서는 조상과 그 자손을 자신의 생명 연장으로 본다. 바로 '동기감응(同氣感應)'의 이론이 매장의 이론적 배경이 된다고 할 수 있다. 말하자면 '할아버지와 아버지와 아들과 손자는 기운이 같으니, 저쪽이 편안하면 이쪽도 편안하고 저쪽이 위태로우면 이쪽도 위태로운 것'이다. 조상에 대한 공경과 정성의 마음으로 영원히 죽은 자와의 유대를 기원하는 것이 이 매장제도에 표현되고 있다.

따라서 유가에서는 불교나 기독교적인 극락이나 천국의 설을 부정한다. 그들은 무덤의 뼛속에 체백(體魄)을 남기고 그리고 자손의 마음속에 동기감응의 기로 살아남아 있는 것이다.

---

112) 『주자가례』, 임민혁 역, (서울: 예문서원), 1999, p.234.
113) 고영진, 「16세기 후반 상제례서의 발전과 그 의의」, p.430.(『한국유학사상논문선집』
     24. 예학 및 예론)

7) 사사여사생(事死如事生)

① 부제(祔祭) - 소상(小祥) - 대상(大祥) - 담제(禫祭) - 길제(吉祭)

전통상례의 절차는 초종(初終)-습(襲)-소렴(小殮)-대렴(大殮)-성복(成服)-조상(弔喪)-문상(問喪)-치장(治葬)-천구(遷柩)-발인(發靷)-급묘(及墓)-반곡(反哭)-우제(虞祭)-졸곡(卒哭)의 19절차로 되어 있다. 그러나 실제의 관행에서는 염습이라 하여 습, 소렴, 대렴을 흡수하고, 발인이 천구를 우제가 반곡을 흡수하였으며, 부제-담제-길제가 사라져 대체로 11개 절차로 행하여진다.

그리고 이런 절차의 상례란 부모 혹은 여러 친척이 죽은 후의 여러 가지 의절과 제도를 말한 것임을 알 수 있다.[114] 유교에 있어서 상례의 의의는 『중용』에 '사사여사생(事死如事生)'이라 하여 장사 지낼 때에는 돌아가신 이 섬기기를 살아 계신 분 섬기듯 한다는 뜻이다. 그래서 "상례를 신중하게 치르고 선조의 제사를 잘 모시면 백성의 덕이 돈후하게 될 것이다."[115] 여겼다. 말하자면 사회 기강이나 풍속이 순화될 것이라고 생각했던 것이다.

상례는 형식을 갖추기보다는 차라리 슬퍼하는 것이 낫다.[116] 진심으로 애통해하는 마음이야말로 상례의 본질인 것이다.

"효자의 어버이를 거상함은 울음을 훌쩍이지 아니하며 예도를 容치 말며 말씀을 빛내지 아니하며 좋은 것을 입음에 편안이 아니 여기며 풍류를 들음에 즐기지 아니하며 맛난 것을 먹음에 달게 여기지 아니 하나니 이는 슬프고 서러워하는 情이니라."[117]

---

114) 章景明, 「儒家對於喪禮的基本觀念與態度」, p.165(李曰剛等 著, 『三禮硏究論集』). '喪禮, 卽是指父母或諸親屬死後的種種儀節和制度而言'
115) 『論語』, 「學而」'愼終追遠 民德歸厚矣'
116) 『論語』, 「八佾」'喪 與其易也 寧戚'

"살아 계심에 섬기되 사랑하며 공경함으로 하고 죽으시매 섬기되 슬퍼
함에 백성의 근본이 극진하며 죽음과 삶이 의가 같으니 교자의 어버이 섬
김이 마침이니라."118)

가엾고 슬픈 마음과 아프고 병든 의식으로 신(腎)이 상하고 간(肝)이 마
르며 폐(肺)를 태운다. 물과 장이 입에 들어가지 못하고 사흘 동안 밥을 짓
지 못한다. 그래서 이웃과 마을에서 미음과 죽을 끓여 마시게 하니 이를
먹는다.

저 서럽고 애통한 것이 마음에 있으니, 그러므로 모양은 변하여 밖
에 나타나고, 애통하고 병들어 마음에 잠겨 있으니, 그러므로 입은 단
맛을 모르고 몸은 편하게 안락하지 못한다.119)

마음은 애절하고 뜻은 비통할 뿐이다. 종묘에서 이를 제사 지내니
귀신으로 흠향하는 것은 행여 다시 돌아오기를 희구하는 때문이다. 광
(壙)을 이루고 돌아와 용(踊)을 하며 감히 거처할 방으로 들어가지 못
하고 여막에 거처하니 어버이가 밖에 있음을 슬퍼함이요, 거적자리에서
자고 흙덩이를 베고 누우니 어버이가 흙 속에 있음을 슬퍼함이다. 그러
므로 곡하여 눈물을 흘리는 것이 때가 없고, 복(服)은 3년을 계속 입으
며 사모하는 마음이 효자의 뜻이라 인정의 열매가 되는 것이다.120)

우리나라의 전통상례의 절차는 대개 주자가례에 의지하였다. 그러나
조선의 많은 학자들이 주자가례를 제대로 이해하지 못한 상황은 선조
말엽까지도 마찬가지였다.121) 전반적으로 상제례는 주자가례에 의해 행

117) 『효경』 14장, '子曰 孝子之喪親 哭不哀 禮無容 言不文 服美不安 聞樂不樂 食旨
不甘 此哀戚之情'
118) 『효경』 14장, '生事愛敬 死事哀戚 生民之本盡矣 死生之義備矣 孝子之事親終矣'
119) 『禮記』, 「問喪」 惻怛之心, 痛疾之意, 傷腎乾肝焦肺, 水漿不入口, 三日不擧火, 故都
里, 爲之糜粥以飮食之. 夫悲哀在中, 故形變於外也, 痛疾在心, 故口不甘味, 身不安
美也.
120) 『禮記』, 「問喪」 心絶志悲而已矣 祭之宗廟, 以鬼享之檄幸復反也. 成壙而歸, 不敢
入處室, 居於倚廬, 哀親之在外也, 寢苦枕塊, 哀親之在土也, 故哭泣無時, 服勤三
年, 思慕之心, 孝子之志也, 人情之實也.

해졌으나, 구체적인 항목에 들어가서는 상이한 경우가 적지 않았다. 조
선의 풍속과 생활여건이 중국과 다르기 때문이었다.[122]

② 삼년상

장차 저 간사하고 음란한 것의 해를 받으려고 하는가? 저들은 부모
가 아침에 죽어도 저녁이면 잊어버린다. 그런데 여기에 따른다면, 이것
은 일찍이 새나 짐승만도 못한 것이다.[123]

상중에는 그 영향을 받는 모든 사람들의 사회생활은 멈추게 되며 그
기간의 길이는 망자와의 사회적 유대의 정도(곧 미망인, 친척 등)에 따
라서, 또 망자와의 사회적 지위가 높을수록 길어진다.[124]

한국의 전통상례에서는 3년째 되는 해에 탈상을 하는 것이나 관행상
3년 만에 탈상을 한다고 한다. 이것은 원시유교의 효사상에서 기원한
다. 여기선 논어의 공자의 견해를 살펴볼 필요가 있다.

> "재아: 삼 년의 상기는 이미 깁니다. 군자의 삼 년 예를 하지 않으면,
> 예는 반드시 붕괴할 것입니다. 삼 년 음악을 하지 않으면 음악
> 은 반드시 붕괴할 것입니다. 구곡은 이미 사라지고 신곡은 이미
> 오릅니다. 찬수(鑽燧)는 불이 바뀌지고, 기간일 따름입니다.
>
> 공자: 음식이 도(稻)하고 의복이 백(錦)이면, 그대는 편안한가?
> 재아: 편안합니다.
> 공자: 그대가 편안한즉 하고, 대져 군자가 거상하면, 밥이 달지 않고,

---

121) 고영진, 「16세기 후반 상제례서의 발전과 그 의의」, p.425.(『한국유학사상논문선집』
   24. 예학 및 예론)
122) 고영진, 위의 논문, p.426.
123) 『禮記』, 「三年問」 將由夫患邪淫之人與 則彼朝死而夕忘之 然而從之 則是曾鳥獸之不若
   也
124) A. 반 겐넵, 전경수 역, 『통과의례』(Les rites de passage), 을유문화사, 1994, p.212.

음악을 들음을 즐기지 아니하면 거처가 편안치 아니하고 그러므
로 하지 않는다. 이제 그대가 편안하다고 한즉 하라.

공자 : 너는 仁하지 않다. 자식이 삼 년을 산 연후에 부모의 품을 면한
다. 대져 삼 년의 상은 천하가 통용하는 상이다. 너는 삼 년의
사랑을 부모에게 받았는가?125)

Ⅳ. 불교와 민간신앙의 공존된 전통상례

한국의 전통상례의 윤리적 의미를 살펴보았다. 상례는 흉례(凶禮)에
속하는 것으로 인간에게 닥친 죽음의 통과의례를 거행하는 것이다. 그
런데 이러한 것은 금기 상태에서 재난으로 간주된다.

한국의 전통상례는 주자가례에 의한 유교적 의례가 위주가 되지만
동시에 불교와 민간신앙의 요소가 공존하고 있다. 특히 만가에는 유교
보다는 불교와 민간신앙적 요소가 강하다. 죽음을 일단 허무하고 슬픈
것으로 받아들이면서도 그것을 인간의 운명으로 승화시키고 좋은 극락
세계로 왕생하기를 갈망하는 정신이 표현되어 있다. 또한 비록 상례가
금기 상태라고는 하지만 명당에 안치함으로써 후손들의 행운을 빌고
있어서 유교 이전의 조상숭배적 신앙의식을 엿볼 수 있다.

그밖에도 산신신앙, 칠성신앙 등의 민간신앙적 요소가 깃들어 있다.

상례의 절차를 통한 윤리적 의의를 살펴보면 다음과 같다.

---

125) 『論語』, 「陽貨」宰我問' 三年之喪期已久矣. 君子三年不爲禮, 禮必壞., 三年不爲樂,
樂必崩. 舊穀旣沒, 新穀旣升, 鑽燧改火, 期可已矣. '子曰…… '食夫稻, 衣夫錦, 於
女安乎? '曰……'安. ' '女安則爲之. 夫君子之居喪, 食旨不甘, 聞樂不樂, 居處不
安, 故不爲也. 今女安則爲之. '宰我出, 子曰……'予之不仁也. 子生三年, 然後免於
父母之懷. 夫三年之喪, 天下之通喪也. 予也, 有三年之愛於其父母乎?'

1. 생명존중의 사상이다. 죽은 자의 신체와 뼈를 소중히 여긴다.
   사람이 비록 사망했더라도 그 체(體)에 영혼이 깃들어 있다고 본
   다. 그것이 바로 영혼불멸의 상징이고 재생을 기약하는 것이기 때
   문에 화장을 하지 않는다.

2. 조상숭배의 사상이다. 부모를 위시한 조상은 자기생명의 근원이기
   때문에 이를 종교적인 대상으로 영원히 추모한다. 그리고 그 종교
   적 심볼이 다름 아닌 무덤인 것이다. 그리고 또한 후손과의 지속
   적인 유대를 통해 영생한다고 생각한다. 그러니까 금기적 흉례는
   곧 상례를 마무리하면 길례로 변환하는 것이다.

3. 부계 중심적 가족주의의 가치가 들어있다. 특히 상복제도의 경우
   철저한 부계가족 위주로 5단계의 복식을 나누고 있다. 여기에서 외
   조부모는 방계재종의 상복 그리고 처부모는 방계삼종의 복식에 준
   함을 볼 때 부계 중심적 가족주의 의례를 반영한다고 볼 수 있다.

4. 죽은 자에 대한 예의의 기준은 살아있는 사람과 같다. 비록 생명
   을 잃었지만 산 사람과 같이 취급하고 예절을 갖추어 상례를 치
   르는 것이다. 무엇보다도 중요한 것은 죽음에 대한 태도는 결코
   기쁨이 아닌 슬픔의 의례라는 것이다.

한국의 전통상례는 인간의 생명이 윤회하거나 부활한다고 보지 않는
것이 특징이다. 그렇지만 비록 죽은 자일 망정 후손들에게 추모의 대상
이 됨으로써 재생이 가능한 것이다. 여기에서 명당존중 사상이 발생한
것이다. 그의 남은 육신의 잔재인 뼈가 잘 유지됨으로써 자손에게 죽어
서도 영향을 미칠 수 있다고 본 것이다.

따라서 슬픔의 의례이면서도, 그것은 영구한 이별이 아니라 제례를
통해서 다시 산자와 죽은 자가 유대를 맺어 孝를 실현하는 것이 한국
전통상례의 윤리적 의의라고 할 수 있다.

조선 중종대 왕실의 불교의례

-기신재(忌晨齋)를 중심으로-

Ⅰ. 불교의례로 궁중과 민간에 행해져

　조선 중종대는 조선의 유교적 의례가 점차 뿌리를 내려가면서, 소위 사림파의 조광조와 같은 인물이 개혁정치의 전면에 나서서 도학정치를 펼쳤으며 유교적 관혼상제의 의례가 점차 토착화되어가는 시기라고 볼 수 있다. 상대적으로 오랜 전통의 불교는 공식적인 국가의례에서 밀려날 뿐만 아니라 불교와 승도(僧徒)의 사회적 위신을 땅에 떨어지는 억불의 절정기라고 해도 과언이 아닐 것이다.

　그럼에도, 민간에서는 물론 궁중 내에서는 유교적 상례가 정착되지 못하고 여전히 사적으로는 불교의 의례가 행해졌다는 것은 유교의례가 그 당시의 왕실과 민간에 정착되지 못했음을 말해준다. 그것은 유교의 종교의례로서의 한계를 말해주는 것이고 동시에 정책적인 탄압에도 불구하고 불교가 가진 종교성의 생명력을 대변해 줄 수 있는 사례이기도 할 것이다.

　이 글은 조선왕조실록에 기록된 중종실록을 중심으로 당시의 궁중의 불교의례를 알아보았다. 당시의 기록은 유교적 교양을 바탕으로 한 관료들의 입장에서 씌어진 것이기 때문에 불교의례는 대단히 부정적으로 기록되었고, 불교의례를 수호하고 지키려는 편의 입장을 대변해주는 자료는 매우 열악하다. 그러나 부정적인 기록 가운데도 왜 불교의례가 유지되어야 하는지 근거가 있으며, 그 실마리를 통해 억불의 절정기에 궁중 내에 불교의례가 생존하는 이유를 파악할 수 있을 것으로 본다.

　더구나 중종비 문정왕후는 명종대에 승과를 부활시킴으로써 후일 조선 불교의 부흥의 기틀을 마련한 지원자였다는 사실은 억불의 절정기이자 그리고 주자가례를 권장하고 유교적 의례를 토착화하려던 중종대에도 오히려 유교적 상례가 아닌 불교적 기신재 등이 민간은 물론 궁중 내에서는 불교의례로서 행해졌다는 것은 주지의 사실인 것이다.

본 논문은 당시에 비교적 오래까지 유지되었던 기신재를 중심으로 그 내용과 종교적 의의 등을 살펴보고자 한다.

II. 조선 중종대의 불교의 위치

1) 억불숭유(抑佛崇儒)

조선 초기부터 정책적으로 불교를 반대하는 것과 개인으로서 불교를 신앙하는 것은 별개의 문제였다. 조선 성종 때까지도 국가에서 공식적으로 불교의 의례를 수용하고 있었다. 불교의 수륙재를 유교의 가묘제와 함께 공식 제의로 한 것은 성종조까지도 가묘제 보급이 논란이 되고 있는 것은 불교적 풍습이 사대부들에게 깊이 침투해 있었음을 보여준다.

성리학적 이념으로 단일화된 사유체계를 지니지 않았던 조선 초 사대부들은 공인으로서는 불폐(佛弊)에 대해서 배불론을 전개하였지만 사인으로서는 종교로서의 불교신앙과 여말 이래의 불교적 예제(禮制)를 그대로 수용할 수 있었던 것이다(이영화, 27).

중종은 연산군에 의해 자행된 파불(破佛)을 수용하는 입장이었지만, 즉위 원년에 기신재를 복구하고 능침사 위전(位田)의 환급 등을 통해 연산군

시대에 비해 완화하는 듯했다. 그러나 그의 정권의 출발부터가 재야 사림파의 강력한 지원하에 이루어진 것이며 중종 스스로 유교적 이상정치의 구현의 의지를 가지고 있었기 때문에 불교에 대한 완화는 제한된 것이었다. 왜냐하면 신료들의 심한 반발과 폐지 주장은 강력한 것이었으며, 그에 굴하지 않고 이루어진 것임은 물론이다. 그리고 중종의 논리는 불교에 대한 신앙이나 우호에서가 아니라 '조종이 행해오던 일을 지금 폐지할 수 없다'는 것이었다.

중종대는 연산군대 심각한 파불을 계승했고, 유교적 이상정치를 추구하는 중종의 소양과 유교의례의 입장에서 보자면 중종대는 아직도 유교적 의례가 뿌리를 내리지 못한 상황이었다. 『주자가례』는 교화의 강조에 의해 사대부뿐만 아니라 일반민에게까지 펴져 나갔으나 아직도 한계가 있었다. 관혼상제의 의례 가운데 관례는 거의 행해지지 않았으며 혼례는 사대부 계층에서 친영(親迎)이 비로소 행해지기 시작하고 제례는 비교적 행해지고 있었으나 집에 따라 각양각색이었다. 상례도 어느 정도 행해졌던 것으로 보이나 기묘사화 직후에는 관혼상제가 제대로 거행되지 않았다는 사실로 보아 주자가례에 의해서 행해지던 것이 약간 해이해지지 않았나 생각되고 가묘(家廟)도 역시 세우지 않는 자가 존재하였다. 민간신앙적인 생활관습도 계속 지속되어 음사(淫祀)를 숭상하며 부모의 상장(喪葬)에 유밀과(油蜜果)를 많이 쌓아 놓고 손님들을 모아 노래를 부르며 시신(屍身)을 즐겁게 해주는 영철야(靈徹夜)라는 것이 행해졌으며 향도(香徒)도 강하게 존재하였다.[126]

주자가례에 의한 유교적 질서를 확립해가기 위한 가장 강력한 시책으로 계속적 시행을 명한 가묘(家廟)를 짓는 일이 명종과 선조 때인 16세기 후반기까지도 아직 완전히 이루어지지 않았음이 확인된다.[127] 유교적 가례가 귀족이나 서민이나 한결같이 아직 뿌리를 내리지 못하

---

126) 고영진, 『조선중기 예설과 예서』, 중종대의 전례논쟁, pp.41-42.
127) 김탁, 「조선전기의 전통신앙」, 『종교연구』6, 한국종교학회, p.54.

고 민간신앙적인 또는 불교적인 의례가 지속되고 있었음을 보여준다.
말하자면, 당위는 유교적 가례의 정착이었지만 현실은 불교적 의례가
그대로 지속되고 있었던 전환기임을 짐작할 수 있다.

2) 왕실과 사대부가의 사적인 신앙

불교는 공적으로는 공인되지도 못했고 언제나 억제되고 이단시되었
으면서도, 개인적으로는 또한 신앙되는 미묘한 입장에 있었다. 봉선사
와 봉은사가 중요한 불교사찰의 기능을 하고 있었고, 스님들은 궁중의
내수사(內需司)를 출입하면서 동궁(東宮)을 위해 불공을 드렸다. 동궁
이 후원자였고 불교를 좋아하고 스님들을 존중했다.[128]

경진(敬震)스님은 세자를 대신해서 사신(捨身)하는 사람이라고 자칭
했다. 부처님에게 사시(捨施)함에 경진은 대사(代捨)의 명칭을 사용했
다는 내용은 양무제의 불사를 떠오르게 한다. 보담(寶湛)스님 역시 스
스로 권선(勸善)하고 왕실의 가족들의 귀의를 받았다. 이것이 궁중내의
사시와 불교 숭봉(崇奉)의 일단을 엿보게 하는 내용이다. 사신의 내용
은 머리를 깎고 가사 입고 손가락을 태우고 목을 지지는 등의 내용이
있었다. 중종은 이에 대한 고발에 대해 "내지(內旨)와 동궁의 대신이라
고 사칭하며 어리석은 백성들을 속였으니, 참으로 경악할 일이다."고
했지만,[129] 두 스님들을 처벌하지는 않는다.

학조(學祖)스님[130]은 당시에 불도들의 귀의를 받았으며, 승가에서 승

---

128) 『중종실록』, 91권 34 / 06 / 04(경자) / 봉은사와 봉선사의 철거를 건의하였으나 도적에
    기재되어 있음을 들어 허락지 않다. 성균관 생원 유예선(柳禮善) 등이 상소를 올렸다.
129) 『중종실록』88권, 33 / 09 / 19(기축) / 석강에 나아가다. 성균관 진사 박문수(朴文秀)
    등이 상소를 올렸는데 그 내용 가운데 참조.
130) 호는 燈谷, 黃岳山人, 성종 19년 仁粹大妃의 명으로 해인사를 중수, 연산군 때는 愼
    妃의 명을 받고 대장경 3부를 刊印하고 跋文을 썼다. 『南明集』을 언해하기도 했다.

왕(僧王)으로 신뢰받은 승려인데, 사대부가에서도 다투어 맞아들였음을
엿볼 수도 있다.[131] 이때의 스님들은 일반인의 옷과 관(冠)을 빌어 입
고 도성문을 출입했지만, 때로는 승복차림으로 출입을 하고, 반궁(泮宮)
곁에까지도 당당하게 출입하기도 했다. 왕실에서 재물을 보시하고 스님
들에게 음식을 대접했는데, 내전(內殿)이나 동궁(東宮)에서 베풀고, 내
수사(內需司)의 아전들이 불사에 참여하고 내척과 귀족들에게까지도 확
대되어 융성한 수륙재(水陸齋)를 지냈는데, 이때 범패(梵唄)와 불전을
꾸미는 깃발들이 화려했다. 사대부가에서도 윤만천이라는 사람은 연등
불사를 크게 벌였으며, 여염 사이에 부처님에게 공양하고 스님들을 공
양하는 일이 빈번했으며, 여러 절에 식량을 공양하고 향불을 올리지 않
는 일은 단절되지는 않았음도 알 수 있다.[132]

왕실과 사대부가에서 수륙회(水陸會)를 베풀어 복을 비는 일은 사적
인 것임은 물론이다. 그러므로 수륙재(水陸齋)는 대비(大妃)를 비롯해
서[133] 불교의 사원은 양반귀족들의 기복적 신앙의 원찰(願刹)로서의 역
할을 나름대로 수행하고 있었음을 짐작할 수 있다.[134]

왕실의 불교적 상례라고 할 수 있는 기신재는 연산군대에도 승과를
둔 연유일 정도로 왕실에서는 중시했다.

중종대의 불교의 위상이란 당시의 집권자들이 논리적으로 혹은 정책
적으로 폐불을 시행하면서 반대했고, 한결같이 '이단(異端)', '음사(淫
祀)', '이교(異敎)', '좌도(左道)', '사도(邪道)' 등으로 몰아가는 일은 지

한국불교대사전편찬위원회, 『한국불교대사전』권7, p.24.

131) 『중종실록』12권, 05 / 12 / 19(신축), 성균관의 생원 이경(李敬) 등이 편의(便宜)10조
(條)참조.

132) 『중종실록』83권, 32 / 02 / 09(무오) / 헌부와 간원이 윤만천의 죄를 논한 내용참조.

133) 『중종실록』22권, 10 / 04#20(정축) / 대간에서 찰방 황위·승지 김극성을 체임하도록
아뢰다. 대간이 황여헌(黃汝獻) 등의 일을 아뢰고, 또 아뢰는 글 참조.

134) 高橋 亨, 『李朝佛教』, p.294. 檢討官 林亨秀의 글을 재인용하면 다음과 같다. "臣
少時讀書山寺 聞僧徒所言則曰 某寺某殿之願堂也 某刹某王子 公主翁主之願堂也
又公然書諺札曰 當送于某殿也 有珍異之物間之則某殿之所送也"

속되면서도[135) 기신재와 같은 제례가 오랜 전통으로 유지되고 있었기 때문에 비록 스님들의 위상은 일을 하는 부역자로 한편에서는 현저히 저하되었을지라도 한편으로는 왕실이나 사대부가 혹은 민간에서 불교의 종교성은 유지되고 있었다.

III. 기신재(忌晨齋)의 내용

기신재는 '기신(忌晨 기일 새벽)에 재 올리는 일'이 원래의 뜻이다. 고려왕조 때 흥왕사는 나라에서 역사를 감독한 관리까지도 모두 작(爵)과 상사(賞賜)를 더해 주었는데, 바로 기신재(忌晨齋) 때문이었다. 부처님을 공양할 때에는 선왕과 선후의 신주를 먼저 욕실에 보내어 목욕을 시킨 후 뜰에 꿇어앉아 예불한다.[136) 하늘에 계신 조종(祖宗)의 신령으로 하여금 목욕하고 예불하도록 하는 뜻이다. 부처님과 스님들께 공양을 올린 다음 제사를 지내는 것이다.

이 의례는 부처님에게 먼저 예를 올려 결과적으로 왕이 부처님보다 하위로 이해되며, 그 구체적 양상은 왕의 영혼이 모셔진 것으로 믿어지는 신주가 깨끗한 상태로 되어서야 비로소 불상 앞에 신주가 놓일 수 있었던 것이다. 신주는 정문으로도 못 가고 옆문을 통해서야 불상 앞에 갈 수 있고, 먼저 부처님에 공양을 올리고 나서야 왕에 대한 제사를 지낸다.

---

135) 김탁, 「조선전기의 전통신앙」, 『종교연구』6, 한국종교학회, p.45.
136) 『중종실록』21권, 10/01/23(신사), 왕에게 『高麗史』를 강하다가 '왕이 흥왕사(興王寺)에 행행했다.'는 대목에 이르러 시강관 유보(柳溥)가 한 말 가운데 그의 사견을 뺀 기신재의 내용임.

그리고 왕의 이름을 부르는 일이 기신재 때 있다는 내용이 보인다. 여기서는 유학자들에 의해 왕조의 최고통치권자인 왕이 부처님과 스님보다 낮은 위계로 상정되는 일이 집중적으로 공격되는 것임을 알 수 있다.

기신재를 지내기 위해서는 기일이 되기 전날 저녁에 스님들을 불러 선왕과 선후의 영혼을 불러들이는 의식을 거행하고 신주를 모신다. 중종조의 제사장소는 봉선전(奉先殿)이며, 저녁마다 스님들이 돌아가신 대왕과 왕후의 혼을 높은 소리로 부른다. 이때 조종(祖宗)의 위판(位板)을 뜰아래에 놓고 예불한다. 소문(疏文)에는 '부처님을 받드는 제자 조선 국왕……'이라고 한다. 이미 선왕·선후의 능침이 있어서 기신(忌晨)에는 문소전(文昭殿)·연은전(延恩殿)에서 행한다.[137) 기신재의 장소는 궁중내의 문소전과 연은전이고 궁궐 밖에서는 봉선사이고 제사를 올리는 제주는 현재의 국왕이다.

이때 장소는 왕릉일 경우도 있다. 국가가 묘전(廟殿)·능침(陵寢)을 세워 공경히 제사함에 있어서 기신(忌晨)에 향사(香使)를 보내 선왕의 영(靈)을 모시는 것이다.[138)

신주는 판자로 만들어 백평상(白平床)이나 백의자(白椅子) 위에다 놓고 지전(紙錢)으로 사방을 모두 두르고 여러 스님들이 둘러서 징과 북을 두드리며 그 신주를 맞이한다. 불상은 상단의 법당에 있고 신주는 아래의 방에 있다. 스님들이 재를 주재하며 비용은 왕실의 내수사(內需司)에서 장리해서 비용을 마련한다.[139)

기신재의 대축(大祝)은 관료가 하는데, 전에 먼저 스님들에게 공양을 올리며 재에는 상당(上堂), 중당(中堂), 하당(下堂)으로 구성하고, 그 공양이 끝난 다음에 어실(御室)에 제사하고 일정한 때가 없이 이르기도 하고 늦기도 하다.[140] 이처럼 기신재는 주로 왕실에서 돌아가신 왕을 제사하는 불교적 의례이다. 돌아가신 왕과 왕후의 신령의 상징인 신주를 깨끗하게 하여 그 신령들이 예불하게 하고, 스님들이 부처님 대신 그 공양을 받고 그러고 나서 비로소 현재 왕의 제사를 흠향하는 형태다. 억불숭유의 시대에 이러한 불교의례가 존속되고 있었고 쉼 없이 성토의 대상이 되었음은 물론이다.

IV. 기신재의 종교적 의미

1) 효와 명복의 기원

연산군 때 없어진 기신재를 복원한 중종에 대해 관료들은 기신재 폐지를 주장하고 대비를 비롯한 내전에서는 이의 유지를 굽히지 않는다. 중종의 대비는 불교는 조선개국 초기부터 역대 왕들이 국가와 왕실을 위해 내려온 전통으로 함부로 폐지할 수 없다고 거부한다. 나라의 정책이 유교를 이념으로 하고 있지만, 적어도 궁중 내의 왕실에서는 조상과 국가비보를 위한 신앙이 여전했음을 보여준다. 물론 대신들의 반대는 줄곧 음사로서 중지할 것을 상소하는 것이 지속된다.

---

140) 『중종실록』25권, 11 / 05 / 27(정미), 特進官 高荊山의 상소에서 그의 주관적인 주장을 뺀 내용임.

"내가 이단을 옳다 하는 것이 아니고 숭신을 하는 것도 아니다. 우리나라 산천이 험조(險阻)하기 때문에 조종 때 이것을 세워서 진정하였던 것이고 또 유교(遺敎)가 있으므로 지금 나는 예전대로 하려는 것뿐이다. 만일 조금이라도 폐되는 일이 있다면 내 어찌 감히 주상께 말하겠는가? 지금 들으니 조정이 다 안정되지 못하고 인심이 한결같이 평안하지 못하다고 하니, 이것이 어찌 내가 듣고 싶어 하는 일이겠는가? 내가 여자이기는 하지만, 어찌 義아닌 줄을 몰라서 세우려는 것이겠는가? 다만 조종의 옛일을 가볍게 폐지할 수 없기 때문인 것이다."141)

여기서 대비는 불교를 굳이 이단이 아니라고 항변하지는 않고 있지만 국가와 백성을 위한다는 명분을 분명하게 제시하고 있으며 역대왕실의 전통이라고 하여 사찰건립에 대한 반대를 일축한다.

기신재 등의 불교의례가 왜 지속되어야 하는가도 같은 맥락으로 주장한다.

"양종(兩宗)은 개국 초기부터 있었고, 내불당(內佛堂)·원각사·정업원(淨業院) 역시 세종 세조께서 세운 것으로서 조종(祖宗)의 유교가 정녕하다. 또 정희(貞熹) 황후께서 세종 세조의 유교를 성종 대왕에게 부탁하여 후세 자손으로 하여금 이 뜻을 알아서 조종의 뜻을 상하지 않게 하시었는데, 이것은 우리나라 산천이 험조(險阻)하기 때문에 사사(寺社)를 세워 진압하기 위한 것이었으니, 도성을 중히 여겨서인 것이다. 자손으로서 숭상하지 않더라도 영영 폐지함은 불가하다. 폐왕이 무도하여 인가를 철거하고, 사사(寺社)를 헐었지만, 지금 폐왕의 혁파한 것을 따르고 조종의 유교를 좇지 않는다면 역시 불효일 것이다. 하물로 주상이 숭상하기 위해서도 아니고 창설하는 것도 아니며, 다만 국가 도성을 위하여 예전대로 하자는 것일 뿐이다."142)

---

141) 『중종실록』2권, 02/01/13(정해), 좌의정 박원종 등이 사찰 건립 허가를 반대하자 대비전에 물은 것에 대한 대비의 전교내용이다.
142) 『중종실록』, 중종 2년 1월 10일.

오랜 전통을 단절시킨다는 것은 국가에도 좋지 않고 또한 불효 불충한 일임을 주장하고 있다. 또한 이것이 조선왕실의 오래된 전통임을 들어 그 폐지를 수용하지 않았다.

"……태종조에 기신재를 폐지하였는데도 이제 다시 세웠다면, 태종을 본받지 않는다고 말하더라도 되겠으나, 그 유래가 이미 오래되어 태종께서도 혁파하지 못하셨고, 세종께서도 '기신재는 선왕·선후를 위한 것이니 차마 갑자기 혁파할 수 없다.' 하셨는데 이 말씀이 『국조보감(國朝寶鑑)』에 분명히 실려 있고 성종조에 대간도 혁파하기를 청하였으나 윤허 받지 못하였으니, 이 삼종(三宗)께서는 다 동방의 성주(聖主)이신데도 가벼이 고치기를 어려워하였는데, 어찌 나에게 이르러서 죄다 고칠 수 있으랴?"[143]

그러나 지속적이고 극렬한 반대로 인해 중종은 대신들의 지속적인 반대로 기신재를 폐지한다고 선언했지만,[144] 그로부터 2주일 후에 다음과 같이 기신재를 유지하는 명을 내린다는 사실에 주목할 필요가 있다.

"기신재의 설행은 선조를 모독하고 예에 어그러지므로 이미 명하여 혁파하였으나, 문소전·연은전의 각위(各位) 외의 선왕·선후의 기신에 거행하는 제사는 폐지할 수 없다. 중국의 제도를 상고하건대 기일에는 능침에서 거행하는데, 정과 예에 합당하니, 문소전·연은전의 각위 외의 선왕·선

---

143) 『중종실록』25권, 11 / 05 / 18(무술), 태학생 유엄 등이 상소하여 기신재를 폐지하기를 청한대 대한 중종의 의견이다.

144) 『중종실록』25권, 11 / 06 / 02(임자), 기신재를 영구히 혁파하라고 예조에 분부하다 "기신재를 베푼 것은 前朝에서 시작되어 상하가 모두 재를 베풀어 복을 비는 것에 익숙해지고 드디어 습속이 된 것이다. 我朝에 이르러서는 異敎를 깊이 배척하여 풍속이 점점 바르게 돌아가나, 기신재의 일만은 지금까지 구습을 따라 폐지하지 않았으므로 말하는 자가 다들 '고쳐 바로잡을 때는 바로 지금이다.' 하였다. 다만 先王朝의 옛일이라 하여 차마 문득 고치지 못하고 주저하여 왔는데, 대신에게 물으니 다들 고쳐야 한다 하고, 나도 '선조를 받드는 효도에는 본디 올바른 예도가 있는 것이요 욕되게 하는 일에 구구해서는 안 된다.'고 생각한다. 이 뒤로는 선왕·선후의 기신재를 영구히 혁파하여 거행하지 말라"

후의 기신재는 중국의 예에 따라 각각 능침에서 설행하라."[145]

이것으로 보아 일단은 능침에서 행하는 기신재는 유지되었음을 알수 있다. 그런데 왕실에서의 불교사찰은 왕릉 등의 근처에 존재하면서 재실(齋室)의 기능을 수행하고 있었음을 알 수 있다.

> "능실(陵室) 곁에 재사(齋社)가 있는 것은 옛날부터이다. 예컨대 건원릉(健元陵)·현릉(顯陵)에는 개경사(開慶寺)가 있고, 재릉(齋陵)에는 연경사(衍慶寺), 후릉(厚陵)에는 흥교사(興敎寺), 광릉(光陵)에는 봉선사(奉先寺), 경릉(敬陵)·창릉(昌陵)에는 정인사(正因寺)가 있으며, 영릉(英陵)을 여주로 옮기고 신륵사를 재사(齋社)로 고쳤다. 사대부들은 묘 곁에 재암(齋庵)을 지었다."(『慵齋叢話』권2)

이를 보면 공식적으로 불교를 숭상함이 아니라고 하면서도 조상의 명복을 불·보살에게 빌기 위한 것이 바로 기신재였음을 알 수 있다.
물론 절이 아닌 '재궁(齋宮)'이라고 하여 명복을 빌었지만 이는 사실상 사찰이다. 양반과 호족들은 입이나 글로는 극력 불교를 배격하였지만 자신의 부모가 돌아가시면 그 묘가 있는 산 아래 재궁(齋宮)을 만들고 재전(齋田)을 붙이고 불단을 만들어 승려를 불러 아침저녁으로 독경하고 향을 올리며 망자에게 회향했던 것이 빈번했다.[146] 이렇게 보자면, 당시의 스님들은 겨우 호패를 받을 수밖에 없는 낮은 신분도 있었고, 동시에 한양 부근의 사찰의 스님들은 이와 같은 의례위주로 불교의 명맥을 유지했음을 알 수 있다.

---

145) 『중종실록』25권, 11 / 06 / 16(병인), 문소전·연은전의 각위 외의 선왕·선후의 기신재는 중국의 예에 따라 설행하라고 전교하였다.
146) 高橋 亨, 『李朝佛教』, p.280.

2) 기타 기복(祈福)

인수왕후가 병이 들자 왕에게 도승(度僧) 공불(供佛) 중수사찰(重修寺刹) 그리고 물쇄사사전민(勿刷寺社田民)을 청했다. 이에 대해 왕은 병 치료를 위해 이를 허락한다. 유교는 질병이나 죽음으로부터의 공포를 달랠 만한 종교적 내용이 빈약하다. 따라서 인간이 어떤 한계상황에 있을 때 종교적 구원을 요청하는데, 바로 그러한 내용은 철학적인 것이 아니라 바로 기복적인 것임을 알 수 있다.

민간에서는 여전히 오랜 버릇에 젖어, 혹 10년 동안 부처를 받들면 풍년을 맞을 수 있다고도 하고, 정릉·원각사를 회복하면 태평을 가져올 수 있다고 믿고 있었다. 스님들이 활동하여 사람들을 만나고 백성들이 절을 찾아가며 향·떡·차·과일이 공양하며 번당(幡幢)의 그림들로 장엄하기도 했다. 보시를 하고 승려들에게 공양을 했다.[147]

『중종실록』에 거론된 저명한 스님은(물론 요승으로 묘사됨) 학조(學祖)·혜명(惠明)이 있었는데, 주로 연산군 초기에 극락·지옥의 형상을 만들어 놓고 사족(士族)과 척리(戚里)의 부인들을 이끌어 화복(禍福)의 응보라는 말로 설법했다. 그리고 그들의 주로 포교대상은 궁궐이었는데 때로는 머리를 기르고 옷을 바꿔 입고서 궁금(宮禁)에 들었다고 한다.[148] 이런 점에서 공적으로는 기신재를 수행하여 선왕과 선후의 명복을 빌고, 사적으로는 궁중 내의 개인들의 기복적 신앙으로 불교는 수용되었음을 알 수 있다.

147) 『중종실록』83권, 32/02/12(신유), 대사헌 대사간 등이 불교가 흥함을 염려하여 상차하다. 대사헌 柳世麟, 대사간 尹豊亨 등이 상차의 내용 참조.
148) 『중종실록』6권, 03/05/15(임자), 太學生 채침(蔡) 등이 상소 참조.

V. 탄압 속에서 지속된 불교의 기신재

조선조 중종대는 연산군의 폭정 아래 행해졌던 불교에 대한 탄압이 더욱 극심해지고 불교의 의례를 대신해서 『주자가례』에 바탕을 둔 유교적 의례가 정착되어 가던 때이다. 성리학적 의리사상이 지배층의 세계관과 가치관이 되고 또한 일반 백성들도 그런 유교의 윤리적 의미뿐만 아니라 의례로서의 유교적 관혼상제를 받아들일 수 있는 시기였다.

불교는 승과의 폐지로 더욱 절망적인 상황으로 몰리고 불교도 및 불교적 가치체계는 이단시됨으로써 점차 공적인 역할은 위축된다. 그럼에도 불교적 신앙은 왕실은 물론 민간에서 행해지는데 그것은 철학적인 내용이 아닌 기복적인 신앙이다. 말하자면 질병과 죽음의 존재인 인간 실존에 대한 불안과 공포가 마지막 불교의 사회적 역할을 수행하는 내용이었다. 그러므로 왕실에서는 끝까지 능침의 기신재는 살아남았으며, 왕실과 사대부가에서도 사적으로는 종교적 의례를 멈춘 것은 아니었다.

그러므로 중종대에 유교적 가례가 완전히 정착되어 오직 유교적 의례만이 남고 불교의례는 단절되었다고 보는 것은 잘못된 것이다. 중종의 뒤를 이은 명종대에선 바로 승과가 부활되고 그 승과출신에서 조선불교를 부흥시킨 고승대덕이 또 배출됨으로써 한국불교의 전등(傳燈)은 지속되었던 것이다.

이는 승과의 부활이 불교를 부흥시켰다는 것이 아니라, 그만큼 불교의 종교적 구원의 사상이 유교가 채우지 못한 부분을 충족시켰던 것이다.

한국전통제례에 있어서

재계(齋戒)의 의미

I. 재계는 경건한 한국 전통정신

　유교의 禮는 사양하는 마음, 염치에서 출발한다. 요즈음 항간에 '사양지심(辭讓之心)은 손해지심(損害之心)'이라는 말이 염치없는 세상의 격언으로 깃발을 세우고 있다. 하회의 양반탈과 같은 너그럽고 훈훈한 선비의 모습을 보기 드물다. 단정한 몸가짐의 선비와 여러 사람들이 함께 이룬 공동체의 화합이 멀게만 느껴진다. 청빈과 순결의 전통선비정신은 과연 옛이야기인지 두렵다.

　이런 혼란 속에 전통의례 가운데 재계(齋戒)의 의미를 음미하면서, 우리가 되찾아야 할 정신문화가 무엇인지를 생각해 보고자 한다. 먼저 재계(齋戒)란 제사 때에만 국한되어 하는 것이 아닌, 보다 경건한 태도를 유지하기 위해 필요로 했던 의식이기 때문에 재계(齋戒)를 필요로 하는 여러 경우를 고찰해 보았다.

　다음은 종묘와 사직 산천에 대한 제사 등 여러 가지가 있는데, 여기서 다루고자 하는 것은 조상에 대한 제사에 국한시켰다. 그리고 조상에 대한 제사의 경우 제사의 대상인 귀신의 문제와 직면하게 되는데 귀신과 혼백관을 언급했다.

　본론에 있어서는 전통적으로 내려온 재계의 방법을 정리했다.

　우리사회가 중국과 일본의 영향을 벗어나 서구화되면서 전통정신에 대해 부정적으로 다루는 것이 익숙해졌다. 그래서 정작 아름다운 전통을 조명하는 것조차 제대로 이루어지지 못하고 소홀히 취급한 일면이 있었음을 부인하기 어렵다.

새로운 세기에도 물질적 풍요만을 행복의 지표로 삼을 것은 자명하지만, 알고 보면 정신적인 자세도 행복의 밑바탕이 된다. 제례에서 보이는 재계의 의미는 반드시 유교적인 의식으로 생각해서는 안 될 것이다. 여기에는 보편적인 종교가 갈구하는 인간의 경건성과 인격의 고결성을 함양하는 현대한국인이 상실해가고 있는 윤리적 가치를 모색할 수 있다.

II. 제례 이외에 재계를 하는 경우

제례에 있어서 재계의 의미를 논하기 전에 제사 지내는 경우 이외의 재계에 대해서 살펴보고자 한다. 재계란 근신을 해야 하는 시기에 행해진다. 그러므로 큰 행사 등을 앞두고 하는 마음의 다짐이라기보다는 일상생활에서도 행하였다.

1) 일상생활의 정제(整齊)

공자는 일상생활에서 상복(喪服)을 입은 사람을 만나면 모르는 사람이라도 경건한 태도를 취했다. 또 장애인을 만날 때도 일종의 조심함을 표했다. 이런 태도는 조선조의 선비들에게 있어서도 당연한 것이었다. 권광욱의 증언에 의하면 "상인(喪人)을 만나서 인사를 할 때에는 반드시 맞절을 한다. 상대가 상복을 입고 있으므로 홑몸으로 보지 않는 것이다. 그게 조카이든 또는 손자뻘 되는 어린 사람이든 깍듯이 맞절을 하는 게 우리네 예절이었다."149)고 말한다.

이런 것은 불행을 당한 사람이 비록 타인이라고는 하지만 미안한 마음을 가졌다고 할 수 있다. 이런 것이 평범한 재계의 마음일 것이다.

또한 일기가 불순할 때, 가령 폭풍우가 휘몰아친다든가 천둥이 울린다든가 일기가 나쁘면 의관을 정제(整齊)하고 경건한 마음으로 일어나 얼굴빛을 고쳤다. 이러한 것은 잠시 근신의 태도를 취하는 것일지라도 재계의 종류에 속하는 것이라 하겠다.

2) 비상한 일을 앞둔 근신

유교적 사회에서는 왕실에서는 종묘, 서민사회에서는 신주를 가장 중요한 상징으로 중시했다. 가령 집에 불이 나면 신주를 우선순위로 옮겼다. 왕실에서도 피난을 갈 경우 종묘의 신주가 피난의 최우선순위였다.

중국이나 한국에서 신주를 옮기는 일뿐만 아니라 이사를 할 경우에도 항상 근심의 태도를 취했다. 그만큼 겸손하고 신중한 행동을 중시했던 것이다. "주나라의 때에 덕택(德澤)이 흡화(洽和)하고 쑥대가 무성하여 큰 것은 그것으로써 궁주(宮柱)로 삼아, 호궁(蒿宮)이라 이름하였다. 이것이 천자의 정전(正殿)이었다. 재계하지 않고는 그 집에 살지 아니하였다."라고 하는 글도 바로 이런 태도를 잘 설명해주는 것이다.

부모가 병이 있으면 갓 쓴 자는 머리를 빗지 않았다고 한다. 다닐 때 나는 듯이 걷지 않고 농담을 하지 않으며 거문고나 비파를 타지 않았다고 한다. 고기는 먹어도 맛이 변하도록 먹지 않고, 술을 마셔도 모양이 변하도록 마시지 않으며, 웃는 데도 이가 드러나도록 웃지 않으

---

149) 권광욱, 『육례이야기』, 218쪽.

며, 노여워도 남을 욕하지 않았다고 한다. 물론 병이 나으면 예전으로 돌아간다. 재계란 평상시의 태도와는 달리 비상한 그래서 무언가 극복해야 될 그런 시점에 취하는 경건하고 조심스런 태도였다.

인생에 있어서 가장 심각한 것은 누군가 세상을 떠날 때일 것이다. 더구나 자신과의 관계가 깊은 사람의 장례식에는 일종의 재계(齋戒)의 태도를 취했다. 유교가 한국에 들어오기 전부터 한민족들은 이런 경건성이 있었음을 다음의 글에서 짐작할 수 있다.

> "공자가 말하기를 소련(小連), 대련(大連)은 거상(居喪)을 잘한다. 사흘 동안 게을리 하지 않았고, 석 달 동안 해이하지 않았고, 1년 동안 슬퍼했으며, 3년 동안 근심했다. 이는 동이(東夷)의 아들이다. 삼년의 상(喪)에는 자기 일을 말할 뿐, 남과 논변하지 않으며, 대답할 뿐, 묻지 않으며 의려(依廬)나 악실(堊室) 안에서 남과 함께 앉지 않으며, 악실(堊室)에 거처할 때에는 때로 어머니께 뵙는 일이 아니고는 문에 들어가지 않았다."[150]

여기에서 동이(東夷)란 우리나라를 지칭하는 것이다. 오늘날에도 상가(喪家)에 조상(弔喪)을 가고자 하는 사람은 그날만큼은 흥겨운 음악으로 노래하거나, 과도하게 술을 마시거나 말다툼하고 싸우거나 즐거운 표정을 짓는다면 결례가 되고 있음은 예나 마찬가지일 것이다. 곧 재계의 자세를 유지하는 것이 필요하다는 의미이다.

3) 경건한 의식

주나라의 무왕은 요순을 이은 중화사상의 정통성을 계승한 성인이다. 그는 소위 道의 정통성을 계승하기 위해 지극정성을 다했다. 그는 도

---

150) 『禮記』, 「雜記」.

를 체득하기 위해 한권의 책을 소개받고 그 책을 읽기 위해 중요한 의
식을 거행한다. 건성으로 책을 열람하지 않겠다는 그런 각오를 엿볼 수
있다.

> "문왕을 이은 무왕이 '옛날의 황제와 전욱(頊)의 도가 있는가. 또 곧 볼
> 수 없는 것인가' 하고 물었다. 사상부(師尙父)가 말하기를 '단서(丹書)에
> 있습니다. 왕께서 그것을 듣고자 하시면 재계하십시오.' 왕은 사흘 동안
> 재계하고 예복을 갖추었다. 사상부(師尙父)도 또한 예복을 갖추고 책을 받
> 들고 들어가 병풍을 등지고 섰다. 왕은 당(堂)에서 내려와 남면(南面)하고
> 섰다."151)

이와 같이 경건한 의식을 통해 얻은 문구는 '공경과 정의'의 가치였
다고 한다. 한 권의 책을 읽기 위해 재계했다는 이 내용은 재계라고
하는 것이 사물에 대해서 신중하고 경건한 자세를 갖추기 위한 노력이
라는 것을 알 수 있다.

4) 조상의 혼백과 자손과의 감통(感通)

우리말에 '혼이 났다' 혹은 '얼이 빠졌다' 혹은 '혼비백산(魂飛魄散)'
등의 말이 쓰인다. 제사란 돌아가신 조상과 자손과의 교감이라고 할 수
있는데, 이미 사자(死者)가 육신을 회복할 수 없지만 혼백(魂魄)이 돌
아와 제사에 흠향한다는 것이 전통적인 생각이다.

여기에서 혼백이란 인간의 정신인데, 사람이 죽으면 혼은 하늘로 올
라가고 백은 땅으로 내려간다고 보고 있다.

"혼기(魂氣)가 하늘로 돌아가고, 형백(形魄)이 땅으로 돌아가는 것이

---

151) 『大戴禮』, 「武王踐阼」.

죽음이다. 사람이 죽으면 열기는 위로 올라가니 백(魂)이 올라간다고 하고, 하체(下體)가 점점 차가워지니 백(魄)이 내려간다고 하는 것이다."152)

이런 세계관의 밑바탕에는 기(氣)라는 용어에 대한 이해가 필요하다. 귀신이란 다른 것이 아니라 하나의 기(氣)다. 이 기(氣)가 움직이고 왕래하는 것이니 세상에 기 아닌 것이 없다. 그런데 사람의 기는 자연의 기와 언제나 쉼 없이 접촉하고 있다. 사람이 보지 못하지만 마음에 움직임은 반드시 기에 미친다. 이러한 기들이 서로 교감하고 통하는 것이다.

사람의 죽음은 이 기가 흩어져 돌아가 버리지만 그러나 흩어져 없어져 버리는 것은 아니다. 그러므로 제사는 감응(感應)의 이치가 있다. 조상들이 오랜 세월이 되어 멀어져서 氣의 유무(有無)를 알 수 없지만, 제사를 받드는 것은 그들의 기를 이은 자손들이다. 말하자면 하나의 기의 흐름이 있다. 이것이 조상과 후손 사이의 감통(感通)의 이치가 있는 까닭이다. 그렇다고 해서 이미 흩어진 육신이 다시 모이지지 않음은 물론이다.

감통(感通)이란 자손의 정성이 선조의 혼백과 귀신에게 통한다는 의미다. 언제나 감통하는 것이 아니고 적어도 정성스런 제례를 통해 잠깐 이루어지는 것이라고 할 수 있다.

『주자어류』에 나오는 감통에 관한 대화를 통해 그 원리를 이해할 수 있을 것이다.

> 문: 제사의 이치에 정성스러우면 신이 있고 정성이 없으면 신은 없는 것입니까?
> 답: 귀신의 이치는 마음의 이치입니다. 제사의 감응이란 허공에 어떤 사물이 있는 것이 아니고 자손의 구함을 기다리는 것입니다. 제사를 주재하는 사람은 이미 한 기가 흘러 전해진 것입니다. 그 정성

---

152) 『朱子語類』卷三, 「鬼神」.

을 다하여 감응할 때, 그 기는 진실로 만날 수 있는 것입니다.

문: 자손의 제사가 그 정성을 다하여 조상의 정신이 모입니다. 이것은 다른 혼백과 합해지는 것이니까 단순히 혼이 감응하는 것인지 알 수 없습니다.

답: 향을 사르고 조용히 제사함은 기에 보답하는 것이며, 술을 올리는 것은 혼을 부르는 것입니다. 이것은 다른 것들이 합해지는 것이니, '귀와 신이 합함을 이르렀다고 가르침'이라고 했습니다.

이런 대화를 보면 귀신의 존재는 퍽 수동적이라는 것을 알 수 있다. 자손이 청할 때 감응하는 그런 성질이기 때문에 제사 때에 주로 자손과의 감응이 이루어지는 대상이라고 할 수 있다. 말하자면 정성과 공경이 없이는 귀신이나 혼백과의 감응은 불가능하다는 뜻이다.

또한 자손이 아니면 감응이 불가능하다는 의미도 내포된다. 유가에서는 제사를 올려야 할 대상은 한정되어 있었다. 종묘사직에 서민이 제사 지낼 자격을 갖지 못했고, 또 장자손이 아니면 적법한 제례로 보지 않았다. 민속에서 행해지는 천지신명과 산천에 대한 제사도 음사(淫祀)라고 하여 일종의 아부로 취급했다.

자손에 대한 제사는 혼백과 귀신을 청하는 일이기 때문에 평소와 다른 재계가 필요했던 것이다. 재계에서 재(齋)란 마음을 깨끗이 한다는 뜻이고 계(戒)한 우환을 방지함이라고 간단히 정리한다면 자기와 인연 있는 혼백과의 만남을 위한 하나의 준비단계라고 할 것이다.

귀신은 보려고 해도 보이지 않고 그 소리를 들으려 해도 들리지 않는다. 그러나 재계하고 밝고 깨끗이 하고 단정히 옷 입고 공경과 정성으로 생각한다면 좌우에 존재하는 듯한 경지가 되니 비로소 경건한 제사를 할 수 있다는 의미다. 말하자면 제사를 통해서 생명의 근원으로서의 조상과 교감하고 또 자손을 통해 자신의 생명이 사후에도 교감할 수 있음을 알 수 있다.

곧 귀신과 혼백은 자손을 통해 나타나는 인간의 불멸의 영혼이기는 하지만, 부활하거나 윤회하는 것은 아니다.

III. 재계의 방법

1) 산재(散齋)와 치재(致齋)

과거의 제례 가운데 가장 중요한 것은 계절마다 지내는 시제(時祭)였고, 그다음이 기제(忌祭)였다. 모두 재계(齋戒)를 필요로 하는데, 제사 날짜가 다가오면 먼저 산재(散齋)하고 다음에 치재(致齋)했다. 산재(散齋)는 좀 느슨히 재계(齋戒)하는 것이고 치재는 집중하여 재계하는 것이다.

제사에 앞서서 요구되었던 것이 심신(心身)을 가다듬는 것이었다. 치재(致齋)는 집안에서 하는 것이고 산재(散齋)는 밖에서 했던 것이다. 치재(致齋)에 이르면 돌아가신 분의 생전의 기거와 웃음과 뜻을 생각하고 그 기뻐하시던 것과 좋아하시던 것까지 생각하여야 한다. 이와 같이 삼일이 지난 다음 비로소 어버이의 모습이 드러나고 마음속에서 살아난다.

이를 『예기』에서는 다음과 같이 말한다.

"재계하지 않았을 때는 간사한 물건을 막지 못하고, 기욕(耆欲)을 그치지 못한다. 그 재계(齋戒)하려는 데 이르면 그 간사한 것들을 막고, 그 기욕(耆欲)을 그치고, 귀로 음악을 듣지 않는다. 그러므로 '재계할 때에 음악을 듣지 않는다.' 했다. 감히 그 마음을 흩어지게 하지 않는다는 것을 말한다. 마음으로 구차하게 생각하지 않아도 반드시 도리에 의거하며, 수

족을 구차하게 움직이지 않아도 반드시 예에 의거하게 된다. 그러므로 군
자가 재계하는 데는 온전히 그 정명(精明)의 덕을 이루는 것이다. 따라서
산재(散齋)가 7일이고 치재(致齋)가 3일로 재계(齋戒)한다. 정(定)하는 것
을 재(齋)라 하는 것이니, 재(齋)란 정명(精明)의 지극함이다. 그런 뒤라야
비로소 신명(神明)과 교감할 수가 있다."153)

율곡 이이도 당시의 재계에 대해서 산재(散齋)와 치재(致齋)를 다음
과 같이 설명하고 있다.

"시제(時祭)면 산재(散齋)를 4일간 하고 치재를 3일간 하며, 기제(忌祭)
면 산재(散齋) 2일간 하고 치재(致齋)를 하루하고 참례(參禮)면 곧 제숙
(齊宿)을 하룻밤 한다. 산재(散齋)라는 것은 초상에 조문하지 않고 문병하
지 않으며 냄새나는 채소를 먹지 않고 술을 취하도록 마시지 않는다. 흉
하고 더러운 일에는 모두 가지 않는다.(만약 길에서 돌연히 흉하고 더러운
것을 보게 될 경우도 피하여 보지 말아야 한다.) 또 치재(致齋)란 것은 음
악을 듣지 않고, 출입하지 않으며, 오로지 마음으로 제사 지낼 분을 생각
하고, 그가 즐기며 좋아하던 것을 생각하는 것이다. 이렇게 한 후에 제사
를 지내야 그 얼굴이 보이는 듯하고, 그 음성이 들리는 듯하다. 정성이 지
극해야만 신이 흠향하는 것이다."154)

이때의 태도는 오로지 고인을 추모하는 것에 전념한다. "재(齋)하는
날에는 그 거처를 생각하고 그 웃음과 말소리를 생각하고 그 뜻하는
것을 생각하고 그 즐거워하는 바를 생각하고 그 즐겨하는 바를 생각한
다." 이렇게 한 후에 제사상 앞에 가서 서면 "然히 꼭 그 자리에 보이
는 것과 같고, 돌아서 문으로 나오면 숙연(肅然)히 꼭 그 음성이 들리
는 것과 같고, 문에 나가서 들으면 개연(慨然)히 꼭 그 탄식하는 소리
가 들리는 것과 같다."고 하는 경지에 이른 것이다. 이러한 것이 효도

---

153) 『禮記』, 「祭統」.
154) 이율곡, 『擊蒙要訣』, 「祭禮」.

의 마음이며 정성스런 기일에 제사 드리는 태도이다. "얼굴빛을 눈에서 잊어버리지 않고 목소리가 귀에서 끊어지지 않고, 뜻과 즐기고자 하는 것을 마음에 잊어버리지 않는다. 사랑을 다할 때에는 마음속에 있고, 정성을 다하면 나타나는 것이다."라고 표현하고 있다. 나타나고 마음속에 있는 것을 잊지 않는다면 어찌 공경하지 않을 수 있으랴.

이처럼 재계(齋戒)는 일견 복잡하고 까다로운 제사준비의 절차이기는 하지만, 그 근본정신이란 경건하게 추모하는 마음을 갖는 데에 그 뜻이 있다.

2) 청결(淸潔)의 유지

① 변식(變食)

청결은 재계의 중요한 내용 중의 하나다. 적극적으로는 청결이고 소극적으로는 부정(不淨)을 타지 않아야 한다.

재계(齋戒)의 방법 가운데 하나가 음식을 삼가는 것이다. 특히 술과 고기 그리고 냄새나는 음식을 삼갔다. 이것은 재계에서뿐만 아니라 동양의 종교나 민속에서는 탁한 음식으로 장생에 도움이 되지 않는 음식이기도 하다.

특히 이러한 음식은 정신을 혼탁하게 한다고 보았다. 제사를 앞두고는 평소의 음식이 비록 술과 고기, 훈채라 하더라도 이를 삼갔다. 그래서 이를 '변식(變食)'이라고 한다.

또한 음식을 삼가는 것은 기운을 혼탁하게 하지 않게 할 뿐만 아니라 비린 음식 등을 금하여 내장을 비워 정신을 맑게 하는 뜻도 있다.

제례에 참여하는 사람이 술과 고기 훈채 등을 삼가는 동시에, 제사에 올릴 음식은 지극히 청결해야 했다. 제사를 지내기 전에 그 음식을 먼저 먹거나, 개나 고양이나 쥐 등에 의해 더럽혀지는 일이 없도록 조심했다.

만약에 제사음식에 머리카락과 같은 것이 있다면 이는 귀신이 흠향할 수 없다고 생각했다.

"귀신에게는 머리카락이 구렁이로 보여서 도저히 제사 음식을 받아먹을 수가 없었다."[155]는 옛사람들의 속설은 음식의 정결을 강조한 것이고 그만큼 정성을 다해야 한다는 의미일 것이다.

② 의관정제(衣冠整齊)

복장 역시 정결하지 않으면 안 되었다.

의관을 정제(整齊)한다는 것은 재계에만 국한된 것이 아니라 선비의 일상적 태도이기도 했음은 물론이다. 공자의 재계에 가장 먼저 했던 행동은 역시 깨끗한 옷을 입는 일이었다. 그다음에 음식을 삼갔고 거처를 달리하는 방식이었다.

③ 목 욕

목욕이야말로 중요한 재계로 지금도 '목욕재계'하는 것이 무언가 경건성을 상징하는 뜻으로 남아 있음을 알 수 있다.

가정의 제례뿐만 아니라 전통적인 부락제에서는 특히 제사를 주관하는 사람의 청결을 요구했다. 청결하지 못한 것은 다시 말해서 '부정을 탄' 사람으로 주관자가 될 수 없었다. 그래서 "당산제에 임해서는 항상

---

155) 이영춘, 『차례와 제사』, 대원사, 63쪽.

몸을 정결히 하기 위해 목욕을 해야 한다. 또 제물을 살 때와 만들 때
도 값을 깎거나 맛을 보는 일은 용납되지 않는다. 또 정월 14일 밤에
모시는 당산제 전에 각 가정에서 자기 조상께 올리는 제상을 차려서는
안 된다. 또 가장 어려운 일로서는 제물을 만들 때나 그전에라도 화주
가 목욕을 할 때는 반드시 찬물로 목욕을 해야 한다는 것이다. 또 하
나는 제물은 반드시 일정한 깨끗한 물만을 사용해야 한다.”[156]

현재까지도 존속하는 별신굿이나 부락제에서도 제사를 주관하는 사
람의 청결의 정도는 매우 중요시된다. 가령 대변을 보고나서는 곧바로
목욕하지 않으면 안 된다. 소변의 경우도 세수를 해야 한다. 그러기 때
문에 이 소위 화주는 음식을 절제하지 않으면 안 된다.

④ 청 소

몸과 옷 음식을 깨끗이 함은 물론 주변을 청소하는 일도 중요하다.
제삿날은 혼령이 와서 집의 구석구석까지를 두루 둘러보고 간다고 한
다. 그 때문에 며칠 전부터 온 집안 대청소를 하고 심지어 우물까지도
품어내 청결히 하는 집이 있으니 그 바람에 집안이 깨끗해져서 좋은
이로움이 있었다.

민속에서도 부락제 같은 경우 마을 입구, 당산, 우물, 화주 집 등에
금줄을 치고 금토를 깔아버리면 누구나 마음대로 그것이 설정해 놓은
내부를 출입할 수 없도록 했다. 집안이나 마을이 청결하지 않으면 곧
부정하면 재계가 잘 이루어지지 않았다고 할 수 있다.

이처럼 재계란 평소와는 달리 음식을 삼가고 옷을 단정히 입으며 청
소를 하는 등 청결을 유지하는 데 큰 의미를 두었다.

---

156) 『광주민속지』, 광주직할시.

3) 근신(謹愼)과 공경(恭敬)

① 근 신

재계는 평상시와는 달리 근신하는 기간이다. 설령 평소에는 경박한 행동을 한 사람일지라도 제사에 즈음해서는 그래서는 안 된다고 생각했다. 오늘날에도 이러한 전통을 이은 가문들이 있다.

이영춘의 기록에는 다음과 같은 일화가 기록되어 있다.

어느 소위 편부슬하의 결손가정이지만 자녀들을 잘 교육한 집안의 가장의 이야기다.

> "그는 일년이면 360일을 술에 빠진 허수아비처럼 살았지만 귀신 앞에서는 경건하였다. 그가 유일하게 두려워했던 것은 귀신이었다. 명색이 충청도 양반이어서 그런지 그 집에는 제사가 많았다. 4대조의 제사 말고도 방계 친족의 제사까지 그가 맡아 지냈다. 노인은 제삿날 하루 전이면 재계에 들어갔다. 목욕하고 옷을 갈아입고 근엄하게 명상에 들어가면 그의 평소 행태를 아는 사람들은 그 모양을 보고 코를 잡고 웃었다. 과일과 생선은 없는 돈에도 불구하고 항상 제일 크고 빛깔 좋은 것으로 준비하였다. 그의 제사의식을 보면 우습기는 하지만 틀림없이 귀신과 노는 형상이었다. 중얼중얼하고 굽신굽신하는 거동은 그 자리에 귀신이 아니라 조상이 살아 앉아 있는 형국이었다. 그는 제사에서만은 참으로 삼매에 빠져 들어갔다."

최근에 이처럼 재계를 온전히 하는 가정이 많지 않지만, 이 집안의 가장은 적어도 제사를 앞둔 재계 때에 보인 이런 그의 근신이 그의 자녀들에게 어느 정도의 교육적 효과가 있었다고 보아야 할 것이다.

재계를 할 때에는 남을 조상(弔喪)하지 않고 불요불급한 출입을 삼가며, 혹 외출을 하였다 하더라도 더러운 일에 참여하지 않는다. 남과 싸우거나 다투지 말고 무엇이든 먼저 양보하여 트집을 피하며 만약 행패를 만나더라도 재계중임을 들어 무조건 용서를 빌어야 했다. 그래서 옛적에 그런 근신하는 효자를 행패하고 때리는 자가 있으면 마을에서 몰매를 맞는 수가 있었다.

요약하자면 이런 근신이란 추모의 정을 갖기 위한 것이다. 평소의 오락이나 유희, 사업 등 세속적 이해에 몰두해 있다면 결코 제사 지낼 마음의 준비가 되어 있지 않은 것이라고 할 것이다.

② 공경과 정성

살아있는 자들의 회식으로만 명맥을 유지하고 있는 오늘날의 제사에는 공경과 정성이 퇴색해가고 있다. 이는 제사에서뿐만 아니라 살아있을 때에도 공경심이 이미 쇠퇴한 것과 무관하지 않을 것이다.

"제사 지내는 데는 그 정성을 다하고 조심하며, 그 믿음을 다하여 믿으며, 그 공경을 다하여 공경하며, 그 예를 다하고 잘못하지 않는다. 나가고 물러가는데 반드시 공경하여, 친히 명령을 듣고 혹 그것을 행하는 것처럼 한다. 섰을 때는 공경하여 몸을 굽히고 그 나갈 때는 공경하여 화락(和樂)하게 하고, 그 음식을 올릴 때에는 공경하여 화락(和樂)하게 하고, 그 음식을 올릴 때에는 공경하여 흠향(歆饗)하기를 바란다. 물러가서 섰을 때에는 장차 命令을 받으려고 하는 것과 같고, 이미 제물을 물리고 나면 공경하고 정숙한 빛을 얼굴에서 없애지 않는다. 이것이 효자의 제사이다. 섰을 때 몸을 굽히지 않으면 고루한 것이요, 앞으로 나갈 때 얼굴을 화락(和樂)하게 하지 않으면 소원(疏遠)한 것이요, 음식을 올리면서 흠향하기를 바라지 않으면 사랑하지 않는 것이요, 물러가 서서 명령을 받는 것처럼 하지 않으면 거만한 것이요, 이미 제물을 물리고 물러나서 공경하고 정숙한 빛이 없으면 근본을 잃는 것이다. 이렇게 제사를 지내면 잘못인 것이다. 깊이 사랑하는 자는 반드시 화기가 있고, 화기가 있는 자는 반드시 부드러운 빛이 있고, 부드러운 빛이 있는 자는 반드시 온순한 용모가 있다. 효자는 마치 옥을 잡은 것과 같고, 가득 찬 그릇을 받든 것과 같이, 통통촉촉

(洞洞屬屬: 마음을 온전히 함) 정성을 다하여 마치 이기지 못하는 것처럼 하고, 장차 잃는 것처럼 한다. 엄하고 위엄이 있고, 엄연히 엄숙한 것은 부모를 섬기는 도리일 뿐만 아니라 성인(成人)의 도리인 것이다."157)

제례에 있어서 이러한 근신의 태도는 제사를 진행할 때의 공경스런 태도로 이어진다. 형식에 있어서만이 아니라 마음가짐이 공경과 정성이 깃들어야 한다는 의미다.

"효자의 제사는 그 정성을 다하고 다한다. 그 믿음을 다하고 다한다. 그 공경을 다하고 다한다. 그 예의를 다하고 실수하지 않는다. 진퇴에는 반드시 공경하여 마치 친히 명령을 듣는 듯하고 법칙은 혹 시킨다. 효자의 제사는 가히 알 수 있다. 그 세움이다. 공경하여 굽히고 그 나아감에 경건으로 기뻐하고 그 바침에 공경으로 바라고 물러나 서되 마치 장차 명령을 받을 듯하고 이미 철수하여 물러나 경제(敬齊)의 빛을 얼굴에서 끊지 않는 것이 효자의 齊다. 이미 철수하여 물러나 경제(敬齊)의 빛이 없으며 근본을 잃음이다. 이같이 제사하고 잃지 않는다."158)

그러므로 재계의 목적은 어떤 형식을 그럴듯하게 꾸미는 것이라기보다는 그 내면을 순일하도록 하기 위해 먼저 외면의 행동을 삼갔던 것이라고 생각할 수 있다. 그 외면을 한결같이 간추리지 않으면 내면을 수양할 수 없을 것이다. 평소의 행동을 재계 때만큼은 조용하게 하되 마음에 두지 않으면 그 자세가 되지 않을 것이다. 행동하되 반성하지 않으면 다른 일들에 얽매어 근신하지 못할 것이다.

기일제(忌日祭)의 제삿날은 조상이 돌아가신 당일이다. 제사는 이날 첫새벽, 곧 질명(質明) 닭이 울기 전에 행한다. 이는 그 돌아가신 날이 되자마자 맨 먼저 신을 영접하여 제향하려는 뜻이며, 동시에 날이 밝아

---

157) 『禮記』, 「祭義」.
158) 『禮記』, 「祭義」.

세상이 혼탁해지기 전에 신을 불러 정성(精誠)을 바치려는 것이다.

오늘날 돌아가시기 전날인 초저녁에 제사를 지내는 경우가 있는데 실은 제사를 준비하고 재계(齋戒)에 들어가야 할 입재(入齋)의 시간인 것이다. 그런데 그때 제사를 마쳐버리고 있는 것이니 재계의 의미는 사라져 버린 것이다.

Ⅳ. 재계는 청결과 정화의 뜻

한국전통제례에서는 재계를 필요로 했다. 재계라고 하는 것은 제사 전에 몸과 마음 그리고 환경을 제사의식의 분위기로 바꾸는 종교적 경건성을 확립하는 것이다. 그런데 이 재계는 제사 이외에도 거행했다. 이를테면 소중한 책을 구하여 독서를 할 때, 이사를 할 경우, 중요한 일을 앞두고 심지어는 일기가 불순하여 천둥번개가 칠 때에도 의관을 정재하고 재계를 하는 경우가 있었다.

물론 재계는 제사의 경우에 가장 빈번히 행하는 의식이다. 제사의 순서에는 구체적으로 재계라고 하는 항목은 없지만, 제사를 앞두고 하는 재계는 중요한 의미를 갖는다.

그런데 제사의 대상이 되는 조상은 이미 고인이 되었는데 어떻게 제사가 가능한가, 여기에 유교의 영혼관을 잠시 정리해야 할 필요성을 느낀다. 우선 인간은 기에 의해 몸과 마음을 이루고 있는데 사망하면 기(氣)가 흩어져 버린다. 이때 혼(魂)은 하늘로 올라가고 백(魄)은 시신과 더불어 땅에 남게 된다. 제사 때에 재계를 하는 것은 이렇게 흩어져버린 혼백과의 만남을 위한 것이다. 평상시대로 살면 교감이 이루어지지 않기 때문이다. 물론 이러한 혼백은 부활하거나 윤회하여 새로운 몸으로 나타나지는 혼백은 그의 지체인 자손의 바람으로 자손의 혼백에 머물다 떠나는 것이다.

그러므로 유교에 있어서 영혼이란 자손(특히 남자)을 통해서 불멸하는 것이기 때문에 자손이 없다는 것은 그의 영혼의 완전한 사멸을 의미하는 것이 된다.

그러면 재계의 방법은 무엇인가?

첫째, 산재(散齋)는 마음속으로 조상을 생각하는 것이다. 제사가 다가오면 평소의 일에서 점점 손을 떼고 고인을 생각하는 것이 산재(散齋)다.

둘째, 치재(致齋)는 본격적으로 출입을 삼가고 음식을 삼가고 경건하게 집에서 마음의 준비를 하는 것이다. 구체적으로는 음식을 삼가고, 몸을 깨끗하게 하고 의복을 단정히 입어야 한다. 그리고 제사의 음식이나 주변을 깨끗이 하여 조상의 혼백과 만날 준비를 해야 하는 것이다.

이런 청결이 유지되지 않으면 혼백은 감동하지 않는다.

셋째, 조심을 하는 것이다. 남과 싸움을 해서도 안 되고, 부정한 곳에 가서도 안 되며 그런 것들을 보아서도 안 된다.

한국의 전통제례에 있어서 재계란 제사의 준비에 국한하는 것이지만, 알고 보면 일상생활에서도 매우 도덕적인 자세라고 할 수 있다. 만약에 많은 사람들이 재계를 하듯 청결한 몸과 마음을 유지하고 매사에 공경과 정성 그리고 조심스러움을 유지한다면 현대사회의 무규범적 현상은 많이 해소될 것이다. 인생이란 유서 깊은 조상으로부터 오늘에 이어졌으며, 육신이 이 세상에서 떠나더라도 자손을 통해서 영원히 이 땅에 존재한다는 그 자각만으로도 사람들은 보다 더 양심적으로 될 것이다.

그러므로 한국의 전통제례에 있어서 재계는 윤리적 의미를 가진 것으로 평가할 수 있다.

화서(華西)의 예학(禮學)

I. 화서 이항로는 누구인가?

　화서(華西) 이항로(李恒老, 1792-1868)[159]는 유교의 가르침을 지상의 진리로 인식하고 서세동점(西勢東漸)의 시대에도 오로지 유교정신을 끝까지 고수하고 실천한 인물이다. 당시 우리나라의 사상계는 유학자 간에도 주자학을 고수하려는 선비들과 주자학을 탈피하여 실학을 모색하는 탈주자학의 경향, 혹은 실학을 모색하면서도 주자학을 정학(正學)으로 여기는 선비들, 또한 천주교를 비롯한 서학(西學)을 적극적으로 받아들이려는 입장이 교차하는 사상적 혼돈기였다. 이런 와중에서 화서(華西)는 17세기의 우암 송시열(1607-1689)을 지고의 선비로 존중하였고, 특히 춘추대의적 존왕양이 사상을 계승하였다.

　스스로 학문의 맥은 공자-맹자-주자-우옹(송시열)의 선비정신을 정통적인 도의 맥으로 보고 그것을 도학의 전통으로 간주하고 있다. 그는 "주자의 말이 아니면 감히 듣지 않고, 주자의 가르침이 아니면 감히 따르지 않는다"[160]라고 논하고 있는 바와 같이, 주자학적 사유를 충실히 계승하는 것이다. 주자학은 더 이상의 수정보완을 필요로 하지 않는 불변의 진리로 자리매김하고 있었다.

　화서(華西)의 문인(門人) 가운데 면암(勉菴) 최익현(崔益鉉, 1883-1906)

---

159) 경기도 양평에서 출생, 본관은 벽진(碧珍)이다. 자(字)는 이술(而述)이다. 부친은 우록헌(友鹿軒) 회장(晦章, 1752-1816)이다. 어린시절부터 부친에게서 정주학을 배웠으며, 죽촌(竹村) 이우신(李友信, 1762-1822)으로부터 우암 송시열의 사상을 알게 되었고, 우암의 정신을 이음.

160) 『雅言』권3, 22. '非朱子之言 則不敢聽 非朱子之旨 則不敢從'

은 왜구에 항거하다가 대마도에서 순절했고, 중암(重菴) 김평묵(金平默, 1819-1891)은 상소로 인해 지도에서 귀양을 살았으며, 성제(省齋) 유중교(柳重敎, 1821-1893)는 화서(華西)의 학문을 계승 발전시켰고, 의암(毅菴) 유인석(柳麟錫, 1842-1915)은 국내에서 의병활동을 하다가 간도로 건너가 의병활동을 하였다.

이들은 서양을 양적(洋賊)이라고 규정하고 외세와의 타협을 극력 반대하였고, 서양과 일본이 문호개방을 요구하는 때를 당하여, 서양과 통교(通交)하면 사람이 금수(禽獸)와 다를 바 없게 된다고 경고하였다.161) 그들에게 있어서 수호해야 할 '정(正)'과 물리쳐야 할 '사(邪)'는 분명한 것으로 서로 화합하기 어려웠다. '정(正)'은 도학이요 주자학이며, '사(邪)'는 서학이요 외세였다.

위정척사(衛正斥邪)의 기치로 민족의 정기를 지키려고 신명을 바친 화서(華西)와 그의 정신을 공유한 기정진(奇正鎭), 이진상(李震相) 등을 중심으로 한 선비들의 거친 저항운동에도 불구하고, 한국은 일제강점기에 들어갔다. 모든 전통적 유교교육은 이 땅에서 공식적으로는 사라지고 그 자리에 일제식민지 교육이 자리 잡고 향교 대신 신사가 들어서게 되었다.

일제하의 교육 속에서 위정척사(衛正斥邪)는 오히려 전도되어, 한민족의 자주성을 지키려 한 선비정신이 시대착오로 낙인찍히고, 근대를 모색한 이들이 바른 가치를 가진 이들로 받아들여진 것이 지난 세월의 공식적 교육이 아니었을까 반성이 필요하다.

우리사회는 의(義)보다는 이(利)를 추구하는 사회로 변화했다. 이런 안타까운 현실 속에서도 다행히 의(義)를 소중히 하는 정신적 유산이 남아 있다. 그것이 바로 19세기 말 누란의 국가위기에서 화서(華西)와 뜻을 같이한 선비들이 보여주었던 '위정척사(衛正斥邪)'의 의리정신의

---

161) 강지한, 「衛正斥邪사상과 개화사상의 갈등」, 『평화연구』10권, p.289.

여파라고 해도 과언이 아닐 것이다.

화서(華西)의 의리정신은 인간의 보편적 도덕성이라는 가정을 할 수 있을 것이다. 화서(華西)의 의리사상과 정치사상에 대해서는 많은 연구를 수행했지만, 그의 예학(禮學)은 무관심했다. 민족의 전환기에 직면하여 그가 추구했던 의리들이 주자학에 바탕을 둔 것이라면 예학 또한 간과할 수 없는 의미를 지닌 것이다. 우리는 예에 대한 화서의 입장을 조명해 봄으로써 화서의 주자학적 세계관을 바로 이해할 수 있을 것이다.

II. 화서(華西)의 예학(禮學)

1) 화서(華西)의 예(禮)사상

화서(華西)는 예를 특별한 것으로 보지 않고 모든 인간행동의 준칙이며 약속이며 상식이라고 본다. 그것은 나무를 썰 때 먹줄과 같은 것이며, 하늘의 도리이며 당연한 것이어서 어길 수 없는 것이라고 본다.

> "예(禮)라는 것은 곧 사람이 이행하여야 하는 절도(節度)이며 승묵(繩墨)으로서 즉 천도(天道)의 당연이요, 고금 성현들이 지시하여 놓은 것이며 천하 인물들이 함께 연유한 길이다. 이 한 가지 길을 버린다면 기구하고 험준하여 다시 한 발을 디딜 데도 없고, 다시 한 걸음을 옮겨 놓을 곳도 없을 것이다."162)

---

162) 『雅言』권5, 「處獨」제14. '禮也者 卽人所履行之節度繩墨也 乃天道之當然也 古今
聖賢之所指示也 天下人物之所共由也 舍此一路 則崎구險희 更無一足頓放之地 更
無一步推移之處'

예는 이상하고 신기한 것이 아니라, 삶의 지침이기 때문에 우리의 삶에 있어서 하나의 표준이라고 보는 것이다. 그에게 있어서 예는 위선 적인 형식과 절차가 아니라, 예로부터 오늘에 이르기까지 올바른 삶의 기준이 되어 온 것이라고 본다.

"예라는 것은 천리의 먹줄인 것이요, 인도의 저울추인 것이다. 다만 천 리로 순응하고 인도를 다하리라고만 말할 뿐이고 보면, 이치라는 것은 형 상이 없고 도라는 것은 방향이 없어서 모호하고 망망하여 표준할 데가 없 는 것인지라, 만일 천하 사람의 천만 가지로 동일하지 않은 마음으로 하 여금 그 각자가 억측하고 추측하여 안 대로 행동화하게 한다면, 이른바 천리라는 것이 어찌 인욕의 잡스러운 것에 동화되지 않을 수 있으며, 이 른바 인도라는 것이 어찌 금수로 돌아가는 데에 빠지지 않을 수 있을 것 인가. 이것은 마치 대장(大匠)이 그릇을 만드는 데 반드시 규구(規矩)로써 하고 남을 가르치는 데에 있어서도 반드시 규구로써 하는 것과 같은 것이 다. 만일 규구를 쓸 것 없이 직접 그 사람에게 기교로써 가르쳐도 된다고 한다면 나로서는 알 수 없는 일이다."163)

만약 예가 없다면 모든 일들이 모호하고 막막하여 우리는 혼돈 속으 로 빠져버리지만 다행히 예라고 하는 규범이 있기 때문에 옳고 그름에 대한 분명한 판단을 할 수 있다는 것이다. 그러므로 예는 먹줄과 같고, 저울추와 같고, 잣대나 척도가 된다고 비유한다. 그러한 척도가 없다면 인간사회는 곧 짐승들의 수준으로 타락하고 말 것이다.

당연한 것이지만 예는 자신의 욕망과 감정을 이기지 않으면 실현할 수 없는 것이어서 이를 지키면 공자 맹자의 도이지만 이로부터 벗어나

---

163) 『雅言』권10, 「大壯」 제29. '禮者 天理之繩墨也 人道之秤錘也 但曰 順天理 盡人道 云爾 則理無形象 道無方所 浩浩茫茫 無所準則 若使天下有萬不同之心 聽其各自 臆度? 摩而知之 則所謂天理者 幾何不化於人欲之雜也 所謂人道者 幾何不淪於禽獸 之歸也 是猶大匠爲器 必以規矩 敎人亦必以規矩 若曰舍規矩而直授人以巧 非余之 所敢知也.'

면 오랑캐가 되는 기준이기도 한 것이다.[164)

그러므로 예를 모든 언행의 준칙으로 한 것은 유학의 영원한 행동강
령이라고 본다.

"이러하기 때문에 공자가 안연에게 가르쳐 줄 때에 그에게 시키기를
예에 고증하여 보아서 예에 합치되면 보되 예에 합치되지 아니하면 보지
말며, 예에 합치되면 듣되 예에 합치되지 아니하면 듣지 말며, 예에 합치
되면 말하되 예에 합치되지 아니하면 말하지 말며, 예에 합치되면 행동하
되 예에 합치되지 아니하면 행동하지 말게 하여, 한 몸뚱이의 표리(表裏)
와 체용(體用)할 것 없이 한 가지 것도 예에 말미암지 않는 것이 없게 하
여, 한 점이라도 형기(形氣)의 사적인 것이 그 사이에 끼지 못하도록 하게
한 것이다."[165)

이러한 예는 도덕적인 삶과는 결코 떨어질 수 없는 기준이다.

그런데 예란 성리학에서 말하는 이(理)와 어떤 관계이며, 강제적 규
범인 법률과는 어떤 관계인가에 대해 알아보자. 화서(華西)에게 있어서
예(禮)의 위치는 이(理)와 율(律)의 중간에 위치한다. 이(理)는 형이상
학적 원리임에 비해 율(律)은 구체적이고 강제적인 법률을 의미한다면
예(禮)는 그 사이에 있는 것이다.

"그 사리를 발견할 수 없으면 예(禮)에서 구하여 보고, 그 예(禮)를 알
수 없으면 율(律)에서 구하여 보면 가부가 거기에서 결정되는 것이다……
율(律)은 예(禮)보다 거칠고 예는 이(理)보다 거친 것이요, 이(理)는 가장
정미한 것이다."[166)

---

164) 『雅言』권12, 「洋禍」 제35. '克己復禮 孔孟之教也 徑情直行 無禮無義 夷狄之風'
165) 『雅言』권12, 「洋禍」 제35. '是故 孔子之教顔淵也 使之考諸禮 而合乎此 則視之不
合乎此 則勿視之 合乎此則聽之 不合乎此 則勿聽之 合乎此則言之 不合乎此 則勿
言之 合乎此則動之 不合乎此 則勿動之 使一身之表裏體用 無一不由體 一點形之
氣師 不着於其間'
166) 『雅言』권8, 「伊尹」 제22. '未見其理 求之於禮 未知其禮 求之於律 則可否斯決

행동의 이치를 예에서 구해도 구할 수 없다면, 그다음의 표준은 법
률이라는 것이다. 그런데 이(理)는 가장 정미한 도덕이어서 강제성은
없으므로, 순수 자발적인 이(理), 철저히 타율적인 율(律) 사이에 예가
위치한다고 보는 것이다. 곧, 예란 외적인 형식과 내면의 조화가 일치
될 때 의미가 있는 것이지, 어느 한쪽으로 치우치게 되면 이(理)나 율
(律)이 될 수 있다는 가능성을 말하고 있다. 그러면서도 화서(華西)는
예의 진정한 정진은 오히려 내적인 이(理)면에 있음도 강조한다.

"군자가 천하 사람에게 '관(觀)하는 것이 되는 까닭은 만 백성들이 한
사람, 즉 인군을 우러러'보고 '존경하는 까닭이 오로지 정성과 공경이 어
떠한가에 달려 있는 것이요, 의식이나 제물의 여하에는 상관이 없는 것이
다. 그러기 때문에 손을 씻고(盥手) 정결하게 하는 초두(初頭), 술과 음식
을 올리기 전에 있어서 비록' 볼(觀) 것은 없어도 정성스럽고 믿음직스러
움이 이미 나타나 근엄하게 우러러 봄직한 것이다. 공자가 말하기를 '예,
예(禮) 하지마는 옥백(玉帛[예물])을 말하는 것이겠는가. 음악, 음악 하지
만 악기를 말하는 것이겠는가'라고 한 것이 바로 이것을 말한 것이다."167)

화서(華西)는 예의 정신이 예물이나 악기의 물질적인 것에 있지 않
고 정성과 공경의 내면의 마음에 있다는 것을 강조하는 것이다. 주역을
설명하면서 도입한 글이지만 여기서 그의 예의 정신은 적어도 형식에
치우치지 않음을 말하고 있다.

당시 향음주례에 참여한 여러 유생들에게 보낸 편지에서 향음주례에
참여하는 마음가짐을 다음과 같이 말한다. 이 구절이야말로 화서(華西)

矣……律麗於禮 禮麗於理 理最精微'
167) 『雅言』권8, 「嚮背」 제27. '觀 盥而不薦 有孚 顒若 盥也者 誠敬之至也 薦也者 儀
物之盛也 君子所以爲觀於天下 萬民所以觀仰於一人者 專在於誠敬 而無待乎儀物
故盥手致潔之初 未及奉薦酒食 則雖無所觀 而孚信已箸 顯然可仰矣 孔子曰 禮云
禮云 玉帛云乎哉 樂云樂云 鐘鼓云乎哉 正謂此也'

가 가진 예의 정신을 잘 말해준다.

> "예라는 것은 천리(天理)의 절차와 문장이요, 인사의 의식과 규칙이다.
> 예를 익힌다는 장소에서 혹시라도 경건하지 못하여 위의를 잃는 잘못이
> 있게 되면 더욱더 하늘을 섬기는 도리가 아닌 것이니 여러 군자들은 조심
> 할지어다."168)

여기에서 우리는 화서(華西)의 예사상은 시대가 변했다고 해서 예를 달
리 해석하거나 형식을 달리하는 것이 아니다. 예의 정신은 시대와 공간을
초월해서 불변의 것이라는 것을 잘 보여주고 있다. 그에게 있어서는 형식
보다는 내면의 공경심과 같은 것이 더욱 중요한 예의 본질이었다.

2) 공동체의 의례(儀禮)

예(禮)는 단순히 개인의 윤리가 아니라, 한 국가사회의 기강을 위한
사회윤리이기도 하다. 그러기에 거기에는 엄정한 법도와 절차가 있고,
그 명분을 바탕으로 위계질서가 정해지고 사회 안정을 가져올 수 있다.

무엇보다도 중요한 것은 국가나 단체의 정통성을 유지하는 방법이
예(禮)에 있다고 보았다. 예는 정통성 없이는 되지 않는다. 만약 정통성
이 없다면 공동체가 어지러워진다. 제사란 바로 그런 정통이 없이는 불
가한 것이고, 정통이 없다면 참담하게 어지러울 것이며 귀신은 그러한
제사를 받아들이지 않을 것이다. 이러한 이치로 오로지 천자(天子)만이
하늘에 제사를 지낼 수 있고, 천하의 제후들과 더불어 한다. 제후들은
산천을 제사하고 한나라의 사람들과 함께 한다. 큰 아들은 조상을 제사

---

168) 『雅言』권10, 「大壯」제29. '禮者 天理之節文 人事之儀則 習禮之場 或有不虔失儀
之過 尤非所以事天之道 僉君子愼之哉'

지내고 한 가족의 자손들과 함께 한다. 존비(尊卑)와 대소(大小)의 차이란 있는 것이고, 이러한 것들이 빛나고 갖추어져야 하고 털끝만큼도 어지러워져서는 안 되는 것이다. 이렇게 해야 명칭이 바로잡아지고, 일이 순리대로 되며, 정의가 이루어진다. 사물이 이루어지고 사람의 정성을 올리면 귀신이 복을 내리는 것이다.[169]

이러한 화서의 제사에 대한 자세는 정통성을 강조하는 데 특징이 있다. 국가를 비롯한 모든 공동체에 그 나름의 정통성이 중시됨으로써 사회의 위계질서가 서고 올바른 방향의 윤리가 정립된다는 뜻이다.

"왕자들의 근본 된 데를 되돌아보고 비롯된 데에 보답하는 뜻과 교육을 세워 민중을 개화시키는 길이 천지의 신명에게 제사 드리고 조상의 사당을 세우는 것보다 큰 것이 없는 것이다."[170]

공동체의 존립을 위해서는 의례를 통해 종법질서를 확립할 수 있었고, 그것이 사회를 유지하는 위계질서의 바탕이 되었기 때문이다. 예라고 하는 것은 단순한 가정윤리에 국한되는 것이 아니라, 국가의 질서를 유지하는 중요한 도구로도 사용되었고, 이러한 법도가 통일되었을 때 사회가 결코 문란하지 않지만, 이러한 법도들이 규준을 벗어나버리면 사회적 재앙이 된다고 본다.

"위로는 교묘(郊廟 : 천지에 대한 제사)와 조빙(朝聘 : 인접국과의 외교)에서 헌수(獻酬 : 주와 빈이 술을 주고받는 것)하고 여연(旅燕 : 제사 뒤에 술을 주고받는 것)하는 것으로부터 아래로는 동리와 전답(田畓)에서 잔치하고 음식 대접하는 데에 이르기까지 일정하여 변경할 수 없는 제도가 있

---

169) 『華西先生文集』권23, 「祭祀說」. '禮不可以無統 無統則亂 祭不可以無宗 無宗則僭亂 與僭神所不享也 是以惟天子得以祭天 而與天下之諸侯共之 諸侯得以祭封內山川 而與一國之人共之 宗子得以祭祖禰 而與一族之昭穆共之 ……尊卑之等 大小之差 又燦然畢具 而不可以毫髮僭亂者也 然後名正事順義達'
170) 『雅言』권10, 「大壯」 제29. '王者反本報始之意 立教化民之道 莫大乎饗帝立廟'

지 않는 데가 없어, 찬연하여 문란시킬 수 없고 절연(截然)하여 범할 수
없었던 것이다."171)

화서에게 있어서 천지신명에 대한 제사에서부터 외교적 의례 그리고
술과 음식을 주고받는 예법이라고 하는 것들이 하나도 소홀히 할 수
없는 중요한 공동체의 의례였다. 이것이 단지 예에 그치는 것이 아니라
안정되고 기강이 확립된 세상의 법도이기도 한 것이다. 다만 그는 자신
의 시대가 이미 그러한 법도를 잃고 있다고 개탄하고 있다.

　"지금은 모든 기구들이 일정한 제도가 없어 그 크기와 넓이를 각자의
　솜씨대로 만들어내고 높이와 부피를 오직 각자의 뜻에 하고 싶은 대로 하
　여, 함부로 만들어지는 재앙이 심지어는 조각까지 하여 쌓아놓고 화초나
　水石의 완상에 비유하고 있으며……"172)

격식과 절차에서부터 어떤 물건까지도 나름의 기준과 표준이 있어야
하는 것이 사회 안정의 바탕이 되는데, 그러한 전통적인 표준들이 허물
어지고 많은 것들이 멋대로 만들어지는 것에 대해 그는 재앙으로까지
표현하였던 것이다.
　그러므로 그는 국가적 의례로 여러 가지 제사 지내는 일은 당연한
것으로 받아들였다.

　"옛적에 성인들이 유명(幽明 : 살고 죽는 것)의 까닭을 통하고 성정(性

---

171) 『雅言』권10,「大壯」제29. '上自郊廟朝聘獻酬旅燕 下至閭巷田野宴酬餉饋 莫不有
　　一定不易之制 燦然不可亂截然不可犯也……今也 器無定制 大小濶狹 手分現化 高
　　低豐薄 惟意所欲 濫觴之禍 甚至雕鏤堆積 比於花石之翫而初不下筋一器之靡 多至
　　屢百 民力之日 以益困 豈是異事'
172) 『雅言』권10,「大壯」제29. '今也 器無定制 大小濶狹 手分現化 高低豐薄 惟意所欲
　　濫觴之禍 甚至雕鏤堆積 比於花石之翫而初不下筋一器之靡 多至屢百 民力之日 以
　　益困 豈是異事'

情)의 근원에 밝아 제사 지내는 예를 제정하여 교제(郊祭)로는 하늘에 제
사 드리고 사제(社祭)로는 땅에 제사 드리고 묘제(廟祭)로는 조상에게 제
사 드렸으며, 위로는 해, 달, 별, 바람, 구름, 우레의 등과 아래로는 산과
숲, 구릉, 강과 호수, 바다의 종류와 귀한 것으로는 제왕 성신(聖神), 공덕
(功德), 절의(節義)의 종류와 천한 것으로는 용(龍), 범, 거북, 새, 말, 소,
고양이, 누에의 족속들과 문(門), 호(戶) 부엌 낙수받이를 한번 나오고 한
번 들어가는 동안에서는 보궤(簠簋) 도마와 접시의 음식을 차례 먹고 한
차례 헌작(獻酌)하는 즈음에 이르기까지 제사하지 않는 데가 없었다. 그
까닭은 무엇일까. 한 몸의 구복(口腹)은 지극히 가벼운 것이고 천지와 부
모의 덕은 지극히 중한 것이기 때문이다."173)

조선왕조에서는 유교적인 의례를 기본으로 하면서도 전통적으로 내
려오는 하늘과 땅, 곡식과 여러 귀신을 비롯한 산과 강 등 자연, 동물
에 이르기까지 수많은 샤머니즘적 애니미즘적 제례를 국가의례로 수용
했으며, 이는 매우 친환경적인 의의를 둔 것이었다. 이러한 전통적 인
습에 대해 화서는 그 의의를 천지와 자연 그리고 인간에 대한 감사의
마음으로 중요한 것으로 간주했다. 그리고 이러한 제례는 대상에 따라
모시는 방법이 각각 다를 수 있다면서 향을 올리는 것과 피를 올리는
이유 등에 대해 다음과 같이 부연하고 있다.

"하늘 제사를 어떻게 드리는 것인가? 피(血)로써 드리는 것이다. 선왕
(先王)들의 제사는 어떻게 드리는 것인가? 강신(과)으로써 드리는 것이다.
무슨 까닭으로 연기(煙氣)로써 하는 것인가? 연기는 양이기 때문이다. 무
슨 까닭으로 피(血)로써 하는 것인가? 피는 음이기 때문이다. 무슨 까닭으
로 강신으로 하는 것인가? 강신이라는 것은 신(神)이 오게 하는 것이다.

173) 『雅言』권10, 「大壯」 제29. '昔者 聖人通幽明之故 ?性情之源 爲祭祀之禮 郊以祀天
社以祭地 廟以鬴祖 上而日月 聖辰風雨雲雷之屬 下而山林丘陵川澤 河海之類 貴
而帝王 聖臣功德 節義之類 賤而龍虎 龜鳥馬牛 猫蠶之族以至門戶 竈霤一出 一入
之頃 簠簋俎豆 一嚌一酬 莫不有祭 其故何也 一已之口腹至輕 天地父母之德 至重
故也'『華西先生文集』권23, 「祭祀說」도 같은 내용 있음.

하늘은 양인지라 양으로써 양에 보답하고 땅은 음인지라 음으로써 음에 보답하고 선왕은 사람인지라 혼은 하늘로 올라가고 넋(魄)은 땅에 가라앉는 것이다. 그러므로 울창(제주에 넣는) 으로는 땅에서 신이 오게 하는 것이며 소지(蕭脂)로는 하늘에서 신이 오게 하는 것이다. 선왕들이 제례를 제정할 때에 보답하려는 데에는 반드시 제사 드리게 하고 제사에는 반드시 제물이 있게 하였고 제물은 반드시 의의가 있게 하였다. 그러한 까닭으로 하늘에 제사 드리는 것으로써 땅에 제사 지내지 못하는 것이며 땅에 제사 드리는 것으로써 선왕에게 제사 지내지 못하는 것이다."174)

화서는 제사의 격식과 절차는 매우 중요한 것으로, 그러한 사상은 음양사상에 바탕을 둔 것으로 피로써 제사하는 것은 마땅히 피를 올리고, 연기로써 제사를 지내는 것은 마땅히 연기를 피우며, 술로 제사하는 것은 마땅히 술을 올리는 이런 격식은 당연한 도리라고 보았다.

그는 혈제의 경우 깨끗하고 흠 없는 희생을 써야 한다고 말한다. 그만큼 화서(華西)의 국가적 의례에 대한 관점은 엄정했고, 철두철미한 원칙주의였던 것이다. 그는 희생에서 작은 반점이 있어도 제물로서의 흠이 되듯 인간의 행위도 마찬가지라고 했다. 또한 희생에서 암소의 생식기를 도려내버리는 것도 깨끗한 정성을 표시하는 것이라고 설명했다.

"세미한 행동을 조심하지 아니하면 결과적으로 큰 덕을 더럽힌다고 하였는데, 가령 소에 비유한다면 털에 한 개의 반점이 있고 뿔이 조금 구부러진 것이 그다지 일에 해롭지 않을 것 같으나, 결국 천지나 산천에 제사 드릴 수 있는 소가 되지는 못하는 것이다."175)

---

174) 『雅言』권10, 「大壯」 제29. '何以祀天 曰以烟 何以祭地 曰以血 何以饗先 曰顆 何故以烟 烟陽也 何故以血 血陰也 何故以顆 顆所以求神也 天陽也 以陽報陽 地陰也 以陰報陰 先生人也 魂升于天 魄降于地 故鬱鬯所以求神於地也 蕭脂所以求神於天也 先生之制祭禮也 報必有祭 祭必有物 物必有義 故不可以祀天者 祭地者饗先 p.318-319.
175) 『雅言』권7, 「有德」 제21. '不矜細行 終果大德 譬之牛 毛有一斑 角有寸曲 似不甚害事 終不足爲祭天地山川之牛也'

제사의 격식에서 정당하며 깨끗한 음식이 중요한데, 병이 있는 희생 등을 쓴다는 것은 있을 수 없는 일이라고 한다. 마치 희생을 올릴 때 흠이 없는 짐승을 제물로 올리듯 인간의 심성에 있어서도 조금의 흠도 있어서는 안 된다는 것을 제사의 엄격성을 비유하여 강조했다. 사람의 마음이 한점 부끄러움이 없고 깨끗하여 그 정성으로 제례에 임한다면 신령은 감동한다. 그 정신으로 세상을 산다면 사람 또한 감동할 것이므로 공동체에서 의례는 대단히 중요한 의미를 가진 것이다.

이처럼 화서(華西)는 공자 이래로 계승되어 온 모든 유교적 국가의 례를 소중한 것으로 보았으며, 무엇보다도 이런 의례를 통해 사회를 안정시키며 경건한 정신을 배울 수 있다고 생각했다.

3) 가례(家禮)

① 관·혼례(冠·婚禮)의 정신

화서의 관례에 관한 글은 매우 귀하다. 관례에 대해서는 한강(寒岡)과 남계(南溪)의 설을 참고로 했고, 자신의 의견을 개진한다.

관례에 대해서 화서는 한강(寒岡)의 말을 인용하면서 갓을 씌우고 자(字)를 주는 예는 그 이름을 공경하는 것이며 성인의 길이라고 했다. 그는 부연설명하면서 명(名)이 소중하고 자(字)가 가벼운 것이라고 했다. 아버지는 아들의 명(名)을 짓고 부르고, 손님은 자를 주고 자(字)를 부른다. 名은 실내에서 주지만 자는 계단 아래서 준다. 그러므로 관례는 사당의 안에서 행하지 않고 강당 안에서 하지 않는다. 주례하는 사람이나 관례의 대상자는 계단의 아래에 위치해야 한다. 내려가는 것으로써 더욱더 공경을 하는 것이다.[176]

관례는 아동기가 지나 성년이 되었음을 인정하는 의식인데, 화서는
그 가운데서 가장 중요한 의미를 가진 것이 자(字)를 부여받은 점에
대해 설명한다. 어른이 되어서 부르는 이름이 자(字)이지만 그 전의 명
(名)이 더 중요하다고 한다.

다음은 혼례에 관한 대목이다. 인간과 인간의 관계 가운데 가장 기
본이 되는 것은 남녀관계이고 부부관계이며, 이러한 남녀관계의 윤리를
필요로 하는 것이 혼인의 의례라고 할 수 있다. 화서(華西)는 당시 사
회에서 결혼대상자를 고를 때, 인간의 덕이 아닌 재산의 유무를 가지고
배우자를 선택하는 것에 대해 개탄했다.

> "사대부들이 구혼(求婚)하는 데에 있어 세덕(世德)의 유무(有無)는 묻지
> 아니하고 오직 재화의 많음과 적음만을 계산한다. 이리하여 예의가 땅을
> 쓸어도 남아 있는 데가 없는 것이다."177)

결혼대상자를 고를 때 마땅히 그의 인간됨됨이를 고려하는 것이 마
땅한 것인데, 세상의 인심이 재산의 유무를 가지고 결혼대상자를 고르
는 것에 대해 도덕적 혼돈임을 개탄했다. 이와 같은 가치관을 가졌기
때문에 그는 당시 서양문명에 대한 배척의 논리 가운데 하나가 물질
위주의 삶과 성 개방에 대해 우려했다.

> "만일 옛적 성인들이 혼인하는 예를 제정할 때에 남녀가 분별이 있게
> 하는 교육과 간음을 처벌하는 법령을 만들어 그 화를 방지하는 것으로써
> 뒷받침하지 아니하였다면 사람이 부자(父子)가 무엇인지를 알지 못함이
> 오래였을 것이요, 만일 옛적 성인들이 4가지 민생(사농공상)들이 살아가는

---

176) 『華西集』권20, 「雜著」. '家禮增解賓字冠者條記疑' '寒岡曰冠而字之 敬其名 成人
之道也……愚按名重而字輕故 父名之 賓字之而 名之於堂上 字之於階下 且字非行
於廟中者 故不得字之於堂上而降階 ……. 今賓與冠者 俱在階下則以降爲彌敬'
177) 『雅言』권11, 「閭閻」, 제31. '士大夫求婚 不問世德 惟財貨之豊約是計 於是禮義掃
地無餘也'

업(業)을 마련할 때에 염치를 알게 하는 교육과 도둑을 처벌하는 법으로 써 뒷받침하지 아니하였다면 인류가 파멸된 지 오래였을 것이다."178)

모든 사회적 윤리의 근간이 가정에서 출발한다면 남녀 간의 만남과 결합의 도리를 상징하는 혼례의 의의는 큰 것이다. 제대로 된 남녀의 예절을 통해 아버지와 자식의 예절이 파생하는 것이다. 그런데 물질 위주의 삶과 성에 대한 개방은 인간의 문명이 짐승이나 야만상태로 빠지는 것으로 유교문화가 지켜온 정신적 문명에 대해 중대한 도전으로 이를 막으려고 했던 것이다.

"재화융통(通貨)과 연애(通色)하는 화는 한번 반전(反轉)할 새도 없이 금수나 이적에 빠져 들어가는 것이다."179)

재물의 가치, 그리고 성적 욕망을 향유하는 가치는 결국 인간사회를 동물적 투쟁으로 몰락시킬 것이므로 서양문화에 있어서 가장 나쁜 재앙이라고 간주했다.

순결을 바탕으로 한 부부의 윤리야말로 가정의 화복의 근원이라고 본다. 화서는 소실을 둔 제자에게 집안 다스리기가 어려울 것이라면서 존비와 귀천의 혼돈을 경계하고 있다. 조강지처(糟糠之妻)에 대한 배려에 소홀함이 없도록 했다.

" '검은 먹을 가까이 하는 사람은 검어지고 만다'는 것이다. 집을 지을 때에 내외(內外)를 엄격하게 구별한 것은 옛사람들이 일을 알아서 한 것인데, 내가 보기에는 밖에서 자지 않는 것을 좋아하는 사람치고는 독차지

---

178) 『雅言』권12, 「洋禍」, 제35. '如古之聖人 不制婚姻之禮 而繼之以分別之教 淫宮之 辟 以防其禍者 人不知父子久矣 如古之聖人 不制四民生養之業 而繼之以廉恥之教 盜賊之律者 人之類減久矣'
179) 『雅言』권12, 「洋禍」 제35. '通貨通色之禍 不待一轉 而陷入於禽獸夷狄'

하여 본부인을 깔아뭉개 버리지 않는 사람이 없었으니, 너희들은 경계하
여야 할 것이다."180)

이런 점에서 보자면 화서(華西)의 혼례에 대한 관점은 가정의 윤리
를 위해서는 가정 안의 질서와 평화가 필요한데, 소실제도는 그러한 질
서를 깨는 것이고 결혼은 재산의 유무가 아닌 인간성을 보고 배우자를
선택해야 된다는 전통적인 가치관을 지녔음을 알 수 있다.

특히 서양의 풍습에 대해 우려했던 것은 통화(通貨)와 통색(通色)으
로 물질주의와 성 개방에 대해 매우 부정적 시각을 가지고 서양의 풍
습의 도래를 경계하면서 전통적 남녀유별의 혼례의 정신을 소중히 했
던 것이다.

② 상례(喪禮)의 정신

죽음의 의례인 상례에 대해서 이야기하기 전에 우선 화서(華西)의
죽음에 대한 개념을 파악해 볼 필요가 있다. 그는 우선 불의의 삶보다
는 의로운 죽음에 대해 높은 평가를 한다.

"죽음이라는 것은 이치가 반드시 있게 되어 있는 것이요, 악(惡)이라는
것은 이치가 반드시 없게 되어 있는 것이니, 반드시 있게 되어 있는 것은
비록 두려워하여도 면하지 못하는 것이요, 반드시 없게 되어 있는 것은
만일 범한다면 비록 살아 있어도 죽은 것과 같은 것이니, 사람으로서 악
(惡)을 무서워하기를 죽음 무서워하듯이 하지 않는 것으로 또한 의혹이
심한 자이다. 성현들도 또한 죽음을 면하지 못하였으니 죽음이 사람의 병
이 될 수는 없는 것이요, 천하 만고에 악(惡)을 저지르고도 사람 된 자가
있던가. 그러한 까닭으로 선을 하면 비록 죽더라도 산 것과 같고 악을 하

---

180) 『雅言』권12, 「洋禍」 제35. '且近墨者黑 爲宮室嚴內外 古人解事 吾見好不外寢者
無不乾沒? 糟 汝可戒也'

면 비록 살더라도 죽은 것과 같은 것이다. 이 이치가 너무도 분명한데 사
람들이 스스로 생각하지 않을 뿐이다."181)

이 같은 생각을 하고 있기 때문에 그는 도덕적 인간의 죽음은 '종(終)'
이라고 하고, 죽음을 무서워하고 삶에 집착하는 소인의 죽음을 '사(死)'
라고 하여 같은 죽음이지만 '종(終)'과 '사(死)'의 차별을 두고 있다.

> "군자가 죽으면 종(終)하였다고 하는 것은 그 사업을 끝맺었다는 뜻이
> 니, 시초도 이루고 끝도 이루었다는 것이요, 소인이 죽으면 죽었다(死)고
> 하는 것도 그 형기(形氣)가 소멸하여 다 되었다는 것이니, 형기가 소멸하
> 여 다 된 뒤에는 다시 다른 일이 없는 것이다."182)

이런 관점에서 상례(喪禮)의 '상(喪)'은 중간적 입장임을 알 수 있다.
상례에서는 죽음자의 몸이라도 이를 존중하는 것은 몸이라는 것이 개
인의 소유이기보다는 부모로부터 물려받은 일종의 유산으로 함부로 훼
손할 수 없다는 점에서 기인한다.
그런데 화서(華西)의 몸에 대한 생각은 이런 전통적인 생각에 대하
여 두 가지 입장으로 해석하고 있다. 먼저 몸을 아끼는 것이 왜 도리
인가에 대해 다음과 같이 말한다.

> "자신의 몸은 자기의 몸이 아니라, 즉 보모의 몸인 것이니, 자신의 몸
> 을 실수한 욕(辱)은 곧 그 부모의 몸을 욕되게 하는 것이며, 곧 그 부모를
> 잘 섬기지 못하는 것이 되는 것이다."183)

---

181) 『雅言』권6, 「忠信」, 제18. '死者 理之所必有也 惡者 理之所必無也 所必有者 雖畏
之不得免也 所必無者若犯之 雖生如死也 人之畏惡不如死 亦惑之甚者也 聖賢亦未
免死 死不足以爲人之病也 天下萬古 有爲惡而得爲人者乎 故爲善 則雖死如生 爲
惡 則雖生如死 此理甚明 人自不思耳'
182) 『雅言』권6, 「忠信」, 제18. '君子曰終 終其事也 成始成終也 小人曰死 形氣消盡也
形氣消盡後 更無餘事'
183) 『雅言』권8, 「桂山丈」, 제23. '身非自己之身 乃父母之身也 失身之辱 便是辱父母之

생명의 면면한 계승은 부모를 통해 나에게 계승되고 또한 자녀에게 면면히 계승되는 것으로 이 몸의 중요성을 이야기한다. 그러나 여기서는 사회적 의리를 위해 자신을 희생할 수 있는 근거가 없다. 따라서 화서(華西)는 몸을 희생하여서도 이룰 수 있는 가치가 있다는 점을 또한 언급하고 있다.

> "공자는 말하기를 '위태한 것을 보고는 생명을 바친다'(見危授命:『논어』「헌문」)고 하였고 맹자는 말하기를 '생명을 내던지고 의리를 취한다'(舍生取義)고 하였는데 성인들의 교훈은 대개 이러하였다."[184]

화서(華西)의 문하에서 생명을 걸고 구국의 의병을 일으킨 것은 다름 아닌 살신성인(殺身成仁)의 희생정신에서 나온 것이라면 그에게서 볼 수 있는 죽음의 개념은 의로운 죽음이 불의의 삶보다 값지다는 생명관에서 나온 것임을 알 수 있다.

그러면 상례의 절차에 대해서 화서(華西)의 입장은 무엇일까? 중요한 것은 예학(禮學) 전반에 걸쳐 그는 김장생과 송시열의 예학(禮學)을 정통으로 보고 답습하고 있다. 따라서 상례의 원칙을 준수하는 것을 소중히 여기며 상례(喪禮)의 절차와 복제에 대해서도 엄정한 입장을 고수한다.

> "박문경이 그의 아버지 행장(行狀) 지어 주기를 청하였는데, 선생이 답서하여 사절하고 인하여 이르기를, 선장(先丈)께서는 처복(妻服)을 입고 장사 전까지 행소(行素) 하셨는데, 대개 세상 사람들이 아내의 상중에 소홀히 하는 것은 소소한 잘못이 아니다. 일찍이 들은 일이지마는, 척제(惕

身 便是不善事其父母矣'
184) 『雅言』권9, 「洪濤」, 제26. '人於直理上 見不透 性不篤 則必好謨 所謂好謨 皆害仁傷義 欺天瞞鬼之事也 雖欲幸免 其可得乎 孔子曰 見危授命 孟子曰 舍生取義 聖人之訓 蓋如此'

齋)상공이 처상(妻喪) 중에 장사 전에는 친히 여섯 때 곡전(哭奠)을 행하
였고 발인하는 노상에서도 또한 폐하지 아니하였는데, 이것은 인륜에 독
실한 지극한 행실이다. 마음속에 항상 열복하고 있다. 선장께서 하신 일이
상의한 일도 없이 서로 같았는데 행장 기록에 이 한 토막이 빠진 것은 알
수 없거니와 무슨 까닭인가."185)

　매우 소략한 구절이지만 박문경의 부친의 행장 가운데 죽은 처에 대
한 엄격한 상례에 대해 훌륭히 엄정히 수행했다는 것을 화서는 매우
중요한 것으로 인정하고 있었다는 점을 잘 말해주는 일화라고 하겠다.
상례 가운데 매장에 있어서 화서(華西)는 풍수지리에 의한 화복설에
대해서는 부정적인 입장을 취한다. 그것은 예의의 정신이 아니라는 것
이다.

　　"어떤 사람이 지리(地理)에 인한 화복(禍福)의 응보를 말하였다. 선생이
　말하기를 지금 이름있는 묘의 자손으로 더는 길한 사람이 있으나 또한 더
　러는 흉한 사람이 있고, 더러는 충실하고 어진 사람이 있으나 또한 더러
　는 악하고 못된 사람이 있다. 이로써 미루어 볼 것 같으면 비단 吉한 묘
　의 자손이라도 또한 흉한 사람이 있을 뿐이 아니라, 비록 흉한 묘의 자손
　이라도 또한 더러는 길한 사람이 있는 것을 알 수 있다."186)
　　"……무릇 천하의 길흉과 화복은 모두 선악이 불러들이는 것이요, 지리
　가 바꾸어 놓을 수 있는 것이 아니다."187)

---

185) 『雅言』권8, 「桂山丈」, 제23, '朴文卿 謁其先狀 先生答書辭謝 仍曰 先丈於妻服 葬
　　前行素 蓋世人忽於伉儷之喪 非細失也 曾聞 瑒齋相公 妻喪 葬前親行六時哭奠 在
　　發靷路上亦不廢 此篤於人倫之至行也 心常悅服 先丈之事 不謀而同 行錄闕此一段
　　未知何故耶' p.247.

186) 『雅言』권7, 「理順」, 제20. '或言地理禍福之應 先生曰 今有名墓之子孫 或有吉者
　　亦或有凶者 或有忠賢 亦或有惡逆 說二憂堂門內事 以此推之 非徒吉墓之孫 亦有
　　凶焉 雖凶墓之孫 亦或有吉焉可知矣'

187) 『雅言』권7, 「理順」, 제20. '凡天下吉凶禍福 莫非善惡之所召 非地理所可易也'

앞서 살았던 조선 후기의 다산 정약용처럼 풍수지리를 미신으로 취급하지는 않지만, 그렇다고 해서 풍수지리에 의해 인간의 화복이 결정된다는 데는 찬동하지 않는다. 그 이유는 한 묘의 조상이라 하더라도 길흉화복이 동일하지 않는다는 점을 예로 들었고, 더욱 중요한 것은 묘가 아니라 인간의 선행과 악행이 길흉과 화복을 불러오는 근본원인이라는 것을 강조했다. 그런 점에서 화서는 소극적인 운명론자가 아니라 올바른 예의 기준을 삶의 지침으로 삼아 그를 실천하는 인물이었음을 알 수 있다. 이런 관점은 유교가례의 바탕이 되는 『주자가례』의 정신과 일치한다고 보겠다.

③ 제례(祭禮)의 정신

화서(華西)의 예학(禮學) 중에서 제례의 부분은 가장 중요한 부분이다. 제사를 모신다는 것은 인륜의 마땅함이고, 결코 잊어서는 안 될 의례인 것이다.

> "한 가지 먹음직한 것을 얻어 보게 되어서도 감히 먼저 그 손을 대지 아니하고 한 가지 새것을 만나보게 되어서도 차마 먼저 그 입을 대지 않는 것은 저 승냥이와 물개도 오히려 그러하거늘, 하물며 사람에 있어서며 매와 까마귀도 오히려 그러한데 하물며 사람에 있어서랴. 그러므로 죄는 제사를 궐향하는 것보다도 큰 것이 없고 화는 신을 굶기는 것보다도 중한 것이 없는 것이다."188)

제사를 하는 원리는 은혜에 대한 보답이요 의리다. 만약 제사를 지내지 않는다면 그것은 용서할 수 없는 일이다. 제사를 폐지하거나 소홀

---

188) 『雅言』권10, 「大壯」, 제29, '以得一腴 而不敢先染其指 遇一新 而不引先下其吻 豺獺尙然 而況於人乎 鷹鳥尙然 而況於人乎 故罪莫大於乏祀 禍莫重於?神' p.321.

히 하는 것은 인간의 도리에 어긋난 것이며 하나의 죄로 보는 것이다.

"천지의 마음은 즉 나의 마음이요, 조고(祖考)의 기혈은 나의 기혈인 것이다. 진실로 능히 나의 마음을 극진히 하여 천지의 마음을 감동시키고 나의 기운을 순화(順和)하게 하여 조고의 기운이 도달되어 오게 하면, 마음은 대소와 상하의 간격이 없는 것인지라 합하여 하나가 되고 기운은 고금과 선후의 구별이 없는 것인지라 모여서 하나가 되는 것이니, 성인들이 환(渙 : 이산되는 것)을 다스림과 천하를 다스리는 묘리가 여기에 다 되어 있다……만물들의 영양을 수급하는 길이 음식보다도 먼저 될 것이 없는 것이요, 민생들의 예를 지켜 겸양하는 마음도 또한 음식보다도 간절한 것이 없는 것이다. 신명(神明)에게 대접하고 사람에게 대접하는 것이 당초부터 다른 것이 없었다면 산 이를 섬기고 죽은 이를 섬기는 데 있어 어찌 다른 법이 있겠는가."189)

화서(華西)에게 있어서 제사는 동기감응(同氣感應)의 원리다. 나와 같은 생명의 기를 면면히 이은 조상은 나의 정성에 대해 감응을 하는 것이고, 그러한 정성의 표시로 음식을 올리는 것이다. 같은 기운이기 때문에 감응하는 것이라고 한다. 그러나 제사는 누구나 올릴 수 있는 것이 아니라, 그 종통을 이은 대표자의 이름으로 올리는 것이다. 여기에서 유가의 이상이 정통성을 중시하고 왕실이든 개인의 집안이든 큰 아들이 종통(宗統)을 잇는다는 것이며, 이러한 정통의식이야말로 위정척사(衛正斥邪)의 정신이기도 했던 것이다. 따라서 제례의 호칭은 함부로 다룰 수 없는 매우 예민한 사항이었다.

---

189) 『雅言』권10, 「大壯」, 제29. '然天地之心 卽吾心也 祖考之氣 卽吾氣也 苟能盡吾之心 而以感天地之心 順吾之氣 以格祖考之氣 則心無大小上下之隔 而合之爲一 氣無古今先後之別 而萃而爲一 聖人治渙治天下之妙 盡於此矣……萬物需養之道 莫先於飮食 民生禮讓之心 亦莫切於飮食 饗神饗人 初無異物 則事生事死 豈有異法乎'

"어떤 사람이 묻기를, 성인(공자)은 제사 드릴 귀신이 아닌데 제사 드리는
것을 조롱하였고, 신이 유(類)가 아닌 자의 제사를 흠향하지 않는 것은 어찌
하여 그러는 것입니까? 예는 계통이 없어서는 안 되는 것이니 계통이 없으면
혼란한 것이요, 제사는 종주(宗主)하는 데가 없어서는 안 되는 것이니 종주하
는 데가 없으면 참람한 것이다. 혼란하고 참람한 제사는 신이 흠향하지 않는
것이다."190)

제사의 중요성은 자격 있는 사람이 제사할 때 의의를 갖는다. 격식
과 절차상 문제가 있는 제사는 쓸모없는 것이므로, 제대로 된 절차와
제대로 된 종통에 의해서 제사는 의미를 갖는 것이다.

제사에서 돌아가신 아버지를 칭하는 경우 고(考)라는 칭호를 쓰는데,
양자로 종통을 이을 경우 생가의 아버지에게 고(考)를 쓰는 것은 정당
한가 부당한가의 문제는 우리나라의 예 논쟁 가운데 첨예한 것이었다.
화서(華西)는 이에 대해서 생가의 부모에게 양자 간 아들이 '조카'라고
해서는 안 되지만 그렇다고 해서 '고(考)'라고 하는 것에 대해서 잘못
이라고 말한다.

" '마땅히 조카라고 칭하지 아니하여야 한다'고 운운한 것, 이것은 의아
할 것이 없으나, '생가에도 고(考)라고 칭하여야 한다'는 한 가지 조목에
있어서는 더욱 의혹스럽기 짝이 없다. 이 의리가 이미 주공의 『예경』에
밝혀져 있으니 이것은 진실로 만고의 남의 후계자가 된 사람들의 중요한
법이다. 한(漢)나라의 선제(宣帝)가 생가에 대하여 '도고(悼考)', '도비(悼
妣)'라고 하였는데, 정자(程子)는 난륜(亂倫)이며 실례라고 단정하였고, 주
자는 그것을 가져다가 강목(綱目)이라는 글에다가 써 놓았으니 다시 그
중간에 무슨 의단이 있을 수 있겠는가……. 선군(先君)은 인군이며 아버지
인 것이요, 사군(嗣君)은 신하이며 아들인 것이다. 그 복(服)으로 말하면
참최인데, 참최라는 복은 인군과 아버지에게만 입는 것인지라. 여타는 해

---

190) 『雅言』권10, 「大壯」, 제29. '或曰 聖人譏祭非其鬼 而神不饗非類之祭 何也 曰 禮
不可以無統 無統則亂 祭不可以無宗 無宗則僭 亂與僭 神不可所不饗也'

당될 수 없는 것이며, 그 사당으로 말하면 이묘(禰廟)인데, 이묘라는 제사
는 인군과 아버지에게만 드리는 것인지라 여타는 이묘에 해당될 수 없는
것이다. 이에 그 생가의 복 참최를 끊어다가 입계(入繼)한 여기에 옮겨 놓
았고 이미 그 생가의 제사 이제(禰祭)를 옮겨다가 입계한 여기에서 제사
드리고 있으면서 돌이켜 다시 생가에 대하여 고(考)니 비니 칭한다면 어
떻게 되겠는가."191)

여기에서 엿볼 수 있는 것은 화서(華西)의 예학(禮學)은 왕실과 사가
의 예법을 분별하지 않고 함께 본다는 점이며, 이것은 17세기 우암 송
시열의 예학(禮學)과 괘를 함께 하고 있는 것으로 볼 수 있다.

왕실이건 사가(私家)이건 동일하며 그 정통성을 소중히 여기고, 명칭을
바로 하는 등 엄정한 태도를 취하였고, 그런 정통성을 가져야 하고 또한
경건해야 제사의 의미를 같게 된다고 하였다. 그래서 제사를 지내듯 일을
처리하라는 것은 제사를 모시는 정성의 지극함을 뜻하는 것이다.

"어찌하여 순후(厚)라고 하느냐 하면 일을 조심하기를 제사 모시듯이
하고(敬事如神) 하려면 예가 존귀한 사람으로부터 비천한 사람에게 미치
게 되니 빈객들에게도 강신(顙 : 제사모신 후 빈객에게도 술대접하는 것)하
게 되는 유가 이것이다."192)

화서(華西)가 보는 제례의 정신은 단지 음식과 절차에 머무는 것이
아니라, 거기에 깃든 의미를 깊이 이해해서 마음을 지극히 하는 것이야

191) 『雅言』권8, 「子常問」 제24. '先生答書曰 不當稱姪云云 此無可疑 至稱考於本生一
款 則不勝滋惑也 斯義也已 明於周公禮經 此實萬古爲人後者之大法也 漢宣帝稱悼
考悼姙於本生 程子斷以亂倫失禮 而朱子取以筆之於綱目之書 則更有何疑於其間
哉……先君君也父也 嗣君臣也子也 問其服則斬衰也 斬衰服於君父者也 他不可以
貳斬矣 問其廟則斬衰也 斬衰服於君父者也 他不可以貳斬矣 問其廟則禰廟也 禰
廟祭以君父者也 他不可以貳廟矣 旣斷其本性之斬 移之於此 旣移其本生之禰 祭之
於此 而乃反復稱考姙於本生 則烏乎其可哉'
192) 『雅言』권10, 「大壯」 제29. '何謂厚 敬事如祭 待賢如神 則禮由尊而逮卑 顙賓客之類是已'

말로 가장 소중한 것이었다. 특히 이런 정성스런 마음이야말로 사회생활의 예절의 원리가 되었던 것이다.

Ⅲ. 구국으로 이어진 예의 정신

진리란 무엇일까? 진리란 시대와 공간에 구애받지 않고 불변하는 것인가, 아니면 가변적인 것인가? 오늘 다양성의 시대에 자신의 교리만을 영원한 진리라고 갈파하고 배타적인 태도를 취하는 세력에 대해서는 많은 이들이 우려한다. 소위 테러와 '테러에 대한 전쟁'이나 거기의 정신적 배경에는 근본주의적 종교의 도그마가 도사리고 있는 것을 본다.

화서(華西)의 애국운동도 다양성을 인정하지 않은 유교 근본주의요 배타주의일까? 일견 우리는 대원군의 정책에서 우리 근대화가 지체되었다는 비난을 들을 수 있다. 화서의 정신이 위척척사요 유교 지상주의였다는 점에서 다양성을 인정하지 않았다는 것은 사실이다. 그런 다양성의 인정은 도덕적 혼란으로 받아들일 수 없었으며, 일정한 도의의 척도가 없는 서구의 사상을 받아들인다는 것은 더욱 혼란을 불러일으키는 것으로 보았다.

화서(華西) 예학의 맥은 스승인 우암 송시열로 거슬러 올라간다. 우암 역시 그의 시대에서 항상 그런 논쟁의 소용돌이에서 벗어나지 못하고 있었다는 점에서 엄정한 성리학적 자세와 다양성을 수용하려는 가치 사이에 갈등이 있었음을 알 수 있다.

화서(華西)의 입장 특히 그의 예학(禮學)에 대한 견해를 보면 그 근본정신에 있어서 철저한 공자-맹자-주자-우암으로 이어지는 예의 정신에 깊은 확신과 인간의 도덕적 원리에 대한 투철한 자세가 있었음을 확인할 수 있었다.

예란 도덕적 내면세계인 이(理)와는 달리 밖으로 나타나는 의례의 의미를 가진다. 그러나 이러한 의례는 강제적인 것은 아니다. 거기에는 내면의 정성과 경건성이 확보되어야 한다. 그런 점에서 화서(華西)는 예(禮)를 이(理)와 율(律)의 중간자로 보았다는 데 특색이 있다.

공동체의 유지를 위해서는 정통적인 의례의 수행이 필요했으며, 조선왕조에 맥맥히 이어온 천지신명과 자연 등을 경외시하는 의례는 제대로 된 절차를 통해 시행하는 것은 재론의 여지없는 당연한 것이라고 생각했다. 이것은 제사를 폐지하려고 했던 천주교의 입장과는 정반대이며 제사를 간소화하고 개선하려는 시도를 인정하지 않는 엄격한 것이었다.

공동체의 의례뿐만 아니라 가례에 있어서도 전통을 고수하려는 화서의 의지는 초지일관된 것이었다. 혼례의 정신에서 재산보다는 인품을 높이 평가하는 것, 당시의 일부다처제에 대한 우려 그리고 서양문명이 확대되면서 물질주의와 성의 개방이 가져올 것이 인간의 아름다움이 아닌 금수(禽獸)의 상태로의 퇴보라는 것은 음란한 문화를 얼마나 경계했는가를 잘 보여주고 있다.

상례의 정신에 있어서 그는 군자의 죽음과 소인의 죽음을 구별하고, 의로운 죽음의 가치를 높이 평가했다. 전통적인 주자학의 가치관이 신체발부(身體髮膚)에 대한 보신(保身)을 효행으로 보는 데 대해 화서(華西)는 그를 편협하게 보았다. 오히려 살신성인(殺身成仁)의 사생취의(捨生取義)의 인의(仁義)의 실현을 오히려 강조하고 있다. 여기서 정의를 위해서는 자신을 희생할 수 있다는 위정척사의 정신이 나올 수 있었다. 이러한 생사관이 후일 의병투쟁의 정신적 바탕이 되었음을 가늠할 수 있다.

화서(華西)는 주자학적 정통의 예학(禮學)을 발전시킨 사계 김장생과

우암 송시열의 상례에 대한 견해를 수정 없이 받아들였으며, 그러한 예
법과 절차는 당연한 것임을 천명한다. 그 근거는 국가 사회나 개인 가
정이나 함께 선명한 정통성 혹은 도덕적 정당성을 중시함으로써 대의
명분을 실현하려고 하였기 때문이다. 제례의 정신은 동기감응(同氣感
應)의 이치로, 정당한 위치에 있는 사람이 정당한 제사를 지내야 하며
제사대상에 대한 올바른 호칭이 있어야 한다고 했다.

　이처럼 왕실이나 사가나 동일한 원리를 적용할 수 있다고 점에서 화
서의 예학은 우암의 예학(禮學)을 그대로 계승하고 있음을 확인할 수
있다.

유교의례와 생명윤리

I. 지구화시대의 유교와 생명존중 정신

세계는 점점 지구촌으로 좁혀지고 있고, 특정한 한 문화권에 국한되거나 특정 종교의 가치가 아닌 지구적 보편적 윤리를 모색하고 있다. 이런 시점에서 유교적 의례를 가지고 접근한다는 것은 다소 부적절한 발상이 되지 않을까 염려되지만, 이 글은 유교의 호교적 변론에 있지 않다. 오늘날 인류에게 제기된 여러 가지 생명윤리의 문제들에 있어서 유교의 근본정신이 인간의 생명을 중시한다는 대전제하에 그러한 근거를 경전 속에서 찾고 그 생명의 규정이 비단 인간만이 아니라 생태계의 생명체에도 적용되는지를 파악하고자 한다. 이렇게 함으로써 한국의 유교의례에서 나타난 생명에 대한 관점이 무엇인가를 살펴보고, 거기에서 지구 윤리적 보편가치를 재조명해 보고자 하는 것이다.

생명윤리(Bioethics)는 1970년 미국의 생물학자이자 암 연구가인 포터(Van Rensselaer Potter)가 최초로 사용하였는데, 그는 인류의 생존을 포함한 지구환경의 위기에 어떻게 대처하느냐 하는 문제를 포함한 생명 일반에 관계되는 윤리학적인 문제 설정에서 출발했다.[193] 현재는 최초의 의도와는 달리 의료에 있어서의 윤리문제로 한정된 느낌을 주지만, 애초에는 '지구환경윤리'의 일종으로서의 생명윤리를 다루었던 것이다. 포터가 사용했던 생명윤리는 지구 환경의 위기를 극복하여 인류가 살아남기 위한 과학의 의미였음을 상기할 필요가 있다.

---

193) 강손근, 「생명윤리학의 성립과 그 역사적 배경」, 『대동철학』15집, 2001, 135쪽. 참조.

II. 유교와 유교의례

유교는 인(仁)을 근본정신으로 하는 공자의 가르침에서 출발하지만, 점차 국가통치의 이데올로기적 기능을 하게 된다. 다시 말해서 천인합일(天人合一)의 원리는 인간사회에서 봉건적 종법(宗法)질서의 원리로 응용되는데 이때 천(天)을 대변하는 자가 중국의 황제가 되고, 황제는 그의 권력의 근원으로서의 천(天)에 의례를 거행한다. 제후국은 종묘(宗廟)와 사직(社稷)에 의례를 거행하고, 서민들은 그들의 조상에 의례를 거행하는 일대 예치(禮治)의 시스템을 확립하게 된다. 그리고 공자도 또한 인간 공자가 아닌 예법질서의 중심에 있는 '대성지성문선왕(大成至聖文宣王)'으로 문묘(文廟)에서 숭앙 받는 제사의 대상으로 격상하였다. 공자는 황제도 경배해야 하는 존재로 신격화된 것이다. 이것은 공자의 본뜻과는 무관하게 유교는 여러 가지 의례를 통해서 사회질서를 유지하는 이데올로기로 그 영향력을 가졌던 것이다.

유교에 있어서 의례는 사실 유교를 구성하는 핵심적 요소다. 의례의 근원이 되는 '마땅함(宜)'이란 바로 유교의 근본원리인 천리(天理)에 근거하는 것이며, 의례의 형식이 되는 절(節)은 이 천리를 인간 몸의 형식으로 구현한 것으로 중요한 의미를 갖는다.[194] 또한 의례는 개인이 혼자서 행하는 것만이 아니라, 사회구성원들이 공통적으로 행하는 것이기 때문에, 의례를 통해서 사람들은 다시 공동체의 정신을 유지하고 회복하기도 하였다.[195] 의례의 형식과 절차는 공동체의 공유인 만큼 공동체의 변화에 따라 변할 수 있는 것으로 볼 수 있다. 오랜 세월 우리 한국의 전통사회에서 수행된 유교의례 속에는 바로 공동체의 성원들이

---

194) 금장태, 『유교의 사상과 의례』, 서울: 예문서원, 205쪽. 참조.
195) 이은선, 「유교적 몸의 修行과 페미니즘」, 『유교와 페미니즘』, 한국유교학회, 서울: 철학과 현실, 127쪽.

추구했던 삶의 원리가 배어있는 것은 당연하다고 할 것이다.

1) 국가의례

유교의례의 전통적인 분류체제로 제사대상을 크게 천(天)·지(地)·인(人)으로 분류할 수 있다. 최고의 존재는 천(天)으로 중국의 황제만이 천단(天壇)에서 하늘에 제사를 올릴 수 있었다. 물론 일반인도 하늘과 별을 비롯하여 하늘에서 일어난다고 생각한 바람, 구름, 비 등을 천신(天神)으로 하여 숭앙할 수 있지만, 종법적 질서하에서는 황제만이 천(天)에 대한 공식적 의례를 거행할 수 있었다. 제후국의 국왕은 땅과 산천 등을 지지(地祇)로 하여 의례를 거행하고 일반인은 자신의 조상들인 인귀(人鬼)를 의례의 대상으로 했다.

조선왕조 때의 우리나라의 유교적 국가의례는 토지신과 곡식신을 모시는 제사직의(祭社稷儀), 선왕의 신위를 모시는 향종묘의(享宗廟儀)가 중심에 있었고, 그 밖에 풍운뇌우와 산천 및 성황을 모시는 사풍운뇌우(祀風雲雷雨), 성황의(城隍儀), 사영성의(祀靈星儀), 제악해독의(祭岳海瀆儀), 향선농의(享先農儀), 향선잠의(享先蠶儀) 등이 있었다.

가장 중요한 유교의례로는 문선왕(文宣王) 공자를 모시는 석전의(釋奠儀)를 들 수 있다. 서울에는 성균관이라고 하고 지방은 향교에서 이루어지는 이 의례는 공자 이하 십철(十哲) 72현(賢)을 모신 대성전(大成殿)에서 이루어진다. 이런 향사(享祀)기능과 유생에 대한 교육기능을 가진 향교는 지방관학의 중심기관으로 인재를 육성했다. 향교는 조선 성종 17년(1488)까지는 전국에 일읍일교(一邑一校)의 체제를 갖추게 되었다.

'문묘(文廟)'라고 하는 제사영역을 갖추고 있는 이 공간에는 왕이라

할지라도 향교 앞을 행차할 경우에는 말에서 내려야 하며, 감사가 군, 현을 순방할 때, 혹은 수령이 새로운 근무지에 도착했을 때 반드시 문묘참배를 했다. 뿐만 아니라 지방관은 석전제 때에 초헌관으로 참례했다. 향교에서는 춘추의 석전과 삭망분향의 향사(享祀)를 통한 교화의 기능을 수행했으며, 유가적 규범을 보급했던 중요한 의례였으며, 지금도 석전은 수행되고 있으나 국가적 의례라고는 볼 수 없다.

문묘에 향사되는 공자 이하의 위차(位次)는 고려조의 국자감과 향학에서 시행되는 것을 이었다. 대성전의 정위(正位)에는 '대성지성문선왕(大成至聖文宣王)'을 봉안하고 안자, 증자, 자사자, 맹자 등 사성(四聖)을 배향하였으며 10철과 주돈이, 정호, 정이, 소옹, 장재, 주희 등 제현을 종향하였고, 동·서무에는 70자를 비롯한 역대 유현(儒賢) 110위를 종사했다. 그중 동국의 18현 중 정몽주 이하 15현은 조선조에 들어와서 유림들의 상소에 의해 동·서무에 종향되었다.

서울의 백악산 아래 경복궁을 중심으로 좌우에 종묘와 사직이 있으며, 성균관에 문묘가 있다. 조선시대에는 국가를 상징하는 사직과 왕조의 정통성을 나타내는 종묘는 그리고 유교의례인 문묘가 최고의 지위를 차지하고 있었던 유교의 국가의례라고 할 수 있다.

2) 가례(家禮)

국가의례는 천(天)과 종묘사직(宗廟社稷) 등이 대상이 되지만, 가정에서의 유교적 의례는 관혼상제(冠婚喪祭)라고 할 수 있다. 이것은 통과의례로 관례는 성인의례이고 혼례는 결혼의례이며 상례는 죽음의 의례이고 제례는 추도의례이다. 동서고금을 막론하고 인간사회의 어느 곳에서나 있는 의례이며, 그 의례 속에는 인간과 그 사회의 가치관이 내포되어 있다. 그래서 역사가 바뀌면 의례도 변모하는 것이며, 지금도 계속변화의 과정 속에 있다.

유교의례는 국가의례이건 가례이건 유교만의 가치관이 담긴 것은 아니다. 유교의례는 『주자가례』 등에 의해 정착화하려고 노력했지만 조선 중기 때까지도 미흡했고, 그전에 형성되었던 민간신앙과 불교적 의례와 혼용되어왔다.

그러나 조선 후기에는 점차 예학(禮學)이 발달하면서 제례와 상례 등이 단순한 개인의 선택이 아닌 사회규범으로 공동체 통합의 의례로 강조되었다. 중종 때까지 정착화되지 못한 가례(家禮)들이 점차 사대부를 중심으로 수행되었고, 서민들은 그런 의례를 거부할 수 없었다. 그럼에도 여전히 의례는 순수한 유교의례만은 아니었다. 그 이유는 유교는 종교적인 초월신이나 저승의 개념이 불분명하기 때문에 부지불식간에 기존의 의례를 차용하지 않으면 안 되었던 것이기는 하지만, 기본 바탕의 가치관은 유교에 바탕을 두어온 것이므로 유교의례라고 지칭하는 것이다.

그동안 우리나라에서는 조선시대 예송 등으로 점철된 의례논쟁으로 인해 유교의례를 낡은 가치체계나 봉건적 이데올로기가 함의된 것으로 간주하고 이에 대한 연구도 소홀했다. 유교적 의례와 절차 속에 무엇이 있는가를 해석하려는 노력이 부족했으며, 그 의의가 간과되고 무시되어 왔다.

III. 유교의례에서 본 생명관

1) 인간중심의 생명관

동서고금을 막론하고 무고한 인명을 살해하는 것은 전쟁일 것이다. 유교는 원칙적으로 전쟁을 인명에 대한 막대한 재앙으로 경고하고, 생명을 죽이는 것은 우주적 원리에 배반하는 것이라고 하는 입장이다.

> "군대를 일으킨다면 반드시 하늘의 재앙이 있을 것이다. 전쟁이 일어난다면 할 수 없이 이것을 막겠지만 전쟁이 일어나지 않는 이상 스스로 시작해서는 안 된다. 천지인(天地人)의 도는 생육(生育)을 위주로 한다. 전쟁은 만물의 생육을 방지하고 이것을 죽인다. 이것은 천지인의 대도에 어긋나는 것이다. 하늘의 재앙을 받는 것도 마땅하다. 그렇기 때문에 군사를 일으켜서 하늘의 도리를 변하는 일이 없어야 하고 땅의 도리를 끊는 일이 없어야 하며 사람의 기강을 어지럽히는 일이 없어야 한다."[196]

원시 유교의 핵심은 인(仁)이고 이 인은 인간성이자 인간애이며, 인간에게만 국한된 가치가 아니라 동물을 비롯한 여타의 생태환경에 대해서도 적용할 수 있는 생명존중의 가르침이다. 이러한 인(仁)의 실현은 가족으로부터 시작되어 인류에 이르는 것이기 때문에 유교에서는 가족의 가치를 그 어떤 가치보다 우선적으로 본다. 나라고 하는 개인보다는 가족공동체 속의 구성원으로서의 '우리'가 고려되어야 할 대상이다. 물론 여기에서 仁이 가족에만 머무는 것이 아니라 결국 '수신제가(修身齊家)'를 바탕으로 '치국평천하(治國平天下)'로 나아가는 지구 윤

---

196) 『예기』, 「月令」, '稱兵必天殃 兵戎不起 不可從我始 毋變天之道 毋絶地之理 毋亂人之紀 故母儀 先於父訓 慈教 嚴於義方'

리적 차원임은 물론이다.

그러나 최고의 이상이 평천하 곧 인류라고 하는 차원이라고 할지라도 가정을 바탕으로 하지 않으면 안 되기 때문에 한 가정의 출발이 되는 결혼의 의례를 중시했다. 여기에서 결혼적령기가 될 때 관례와 혼례의 의례가 있다. 관례와 혼례는 성인으로서 가정을 가지게 하려는 통과의례인데, 결혼의 목적 가운데 가장 큰 목적은 출산이다. 출산은 생명의 탄생을 말하고, 적법한 절차를 통한 인명의 탄생은 가족공동체에 있어서는 생명의 영속을 의미했다.

이혼을 고려 않은 것을 원칙으로 했지만, 아이를 출산하지 못하는 아내는 결혼의 목적을 달성하지 못했기 때문에 이혼의 대상이 될 수 있었다. 여기에서 가문을 잇는 사람은 남자이기 때문에 여성차별이 있었던 것을 부인할 수 없고, 오늘날까지도 한국인의 낙태의 원인 가운데 태아가 딸일 경우 임신 중절을 시도하는 경우가 있다. 그러나 유교의 입장은 출산을 제한하기 위한 낙태를 살인과 같은 것으로 간주하고, 그 원인을 아들선호사상 혹은 유교의 탓으로 돌리는 것은 무리다.[197]

혼례의 가장 중요한 목적을 출산에 두고 있다는 것은 한 개인의 생명이 단지 자신의 것이 아니라 조상대대로 면면히 이어온 공동체의 생명체로서 의의를 가진다. 자신의 조상은 바로 자신의 생명의 원천으로 귀중한 의례의 대상이 된다. 자신의 생명을 이어주었고 자신은 후손으

---

197) 김영진의 「유전공학과 도덕적 문제」, 『생명의료윤리』(구영모 편), 서울: 동녘, 1999, 166-167쪽 참조할 것.
그러나 유교의 입장은 태아를 인명으로 간주하고 있고, 이미 태아도 교육의 대상으로 삼기 때문에 태교로부터 인간교육은 시작된다. "아버지는 하늘이고, 어머니는 땅이다. 하늘 곧 아버지는 정기를 베풀고 땅 곧 어머니는 몸을 낳는데, 자녀의 골기 곧 뼈대는 아버지를 닮고, 성기(性氣) 곧 성품은 어머니를 닮는다. 옛날에 현명한 여자는 임신하였을 때 태교하는 방도를 반드시 삼갔다. 그러므로 어머니의 용의는 아버지의 훈계보다 먼저이고, 어머니의 인자한 가르침은 아버지의 올바른 교훈보다 엄격하였다(『女四書』, 「女範」, '父天母地 天施地生 骨氣像父 性氣像母 上古賢明之女 有娠 胎敎之方 必愼')." 이처럼 남자의 정기와 여자의 몸으로 인명이 탄생하고, 그 탄생은 아직은 세상에 나오지 않은 태아도 해당되는 것이다.

로 번성해가는 생명의 연속선상에 있는 것이다. 조상은 생명의 뿌리로
서 소중하게 받들어지는 것이 마땅하다. 그러므로 제례에 있어서 조상
의 존중은 바로 자기 생명에 대한 경외이며 존중인 것이다.

유교에 있어서 인간이 생명을 가치 있고 긍정할 만한 것으로 여긴다
는 증거는 그 생명을 자신에게 부여해준 부모와 조상에게 감사하는 것
에서 쉽게 찾을 수 있다.[198] 바로 그런 감사의 의례가 제사인 것이다.
생명의 근원인 조상에 대한 제례는 유교의례에서 핵심적인 것이다.

2) 음식과 희생으로서의 동물

유교의인은 모든 생명존재에 미치기보다는 인간을 중심으로 하는 경
향이 뚜렷하다. 우선은 제사의례의 희생이 그 점을 잘 보여준다.

　"자공이 새 달을 고하는데 희생으로 바치는 양을 없애려 하자, 공자 말
　씀하시기를, 자야 너는 그 양을 아끼는가. 나는 그 예를 아낀다."[199]

유교의례에서는 음식을 공양하는 것을 중시하는데, 제례에서 올리는
고기는 하늘을 상징하는 날개 달린 고기, 땅에서 사는 고기 그리고 물에
서 사는 고기를 올려야 비로소 좋은 공양물이 된다. 석전제나 사직제에
서는 혈제라고 하여 익히지 않은 날고기를 공양한다. 이런 점에서 볼 때
유교의 생명관은 우선 인간의 생명을 가장 가치 있는 것으로 보고 동식
물은 그 자체보다 인간을 위해 존재하는 것으로 보는 경향이 있다.

---

198) 배종호, 「유교의 死生觀」, 『공자사상과 현대』 思社硏, 1990. 여기서 성선설이 성립
　　되며, 복을 비는 기도와는 차원이 다르다고 함.
199) 『논어』, 「팔일」. '子貢欲去告朔之餼羊 子曰 賜也 爾愛其羊 我愛其禮'

　　"마구간이 불탔거늘 공자께서 조정에서 물러 나오셔서 물으시기를, '사
람이 상했느냐' 하시고 말에 대해서는 묻지 않으셨다."[200]

　이런 인용문은 공자의 생명존중의 관심이 동물에까지 미치지 않는
것을 말한다. 속으로 말의 안위에 대해 걱정을 했는지의 여부는 알 수
없지만 말의 생명에 대해서는 표현하지 않고 있다. 마구간에 불이 났으
면 응당 말의 생명도 물어야 할 터인데 말에 대해서 묻지 않았다는 것
은 동물을 결코 인간과 동렬에 두지 않는 것을 암시하고 있다. 그러나
유교의례에서 보자면 유교의 생명은 주로 우선은 인명에 해당하는 것
이지 동물에게까지는 해당되는 것은 아니다.
　유교의례에서는 음식을 공양하는 것을 중시하는데, 제례에서 올리는
고기는 하늘을 상징하는 날개 달린 고기(羽), 땅에서 사는 고기(毛), 그
리고 물에서 사는 고기(鱗)를 올려야 비로소 제사의 격식에 맞는다. 제
수로 반드시 있어야 할 음식은 다음과 같다. 제주가 바라보는 첫째 줄
에는 과일, 다음 줄에는 좌포우혜(左脯右醢)로 왼쪽에 말린 고기인 포
가 있어야 하고, 오른쪽에는 육장이 있어야 한다. 셋째 줄에는 탕인데,
역시 깃 달린 고기, 털 달린 고기, 비늘 달린 고기의 탕이 있어야 한
다. 넷째 줄의 음식은 적과 전으로 역시 세 가지 우모린(羽毛鱗)이 재
료가 되어야 한다. 여기에서 주로 쓰이는 동물은 깃 달린 동물로는 닭,
털 달린 동물로는 소나 돼지, 비늘 달린 생선이 쓰인다. 가례에서는 모
두 익힌 고기를 사용하지만, 국가의례라고 볼 수 있는 석전제(釋奠祭)
에서는 제사 하루 전에 제사에 쓰일 살아있는 동물을 살펴본다. 그 동
물을 세 번을 돌고 아홉 번을 돌아본 뒤 희생으로 사용한다.
　석전의 제수로 쓰이는 동물로 생고기로 쓰이는 것은 시성(豕腥)으로
돼지이며, 양성(羊腥)으로 염소로 익히지 않으며 이것은 도마(俎)에 담
는다. 대나무 제기(籩)에 담는 것은 녹포(鹿脯)로 사슴고기를 말린 것

---

200) 『논어』, 「향당」. '개焚 子退朝曰 傷人乎 不問馬'

이지만, 지금은 소고기 말린 것을 사용한다. 나무 제기(豆)에 올리는 익힌 고기는 돼지(담해)와 사슴(녹해, 지금은 쇠고기로 만듦), 토끼(토해) 그리고 조기(어해)로 만든 국물이다.[201]

이처럼 석전제나 사직제에서는 혈제라고 하여 익히지 않은 날고기를 사용한다. 이런 점에서 볼 때 유교의 생명을 중시하기는 하지만 동물의 경우는 인간을 위한 것으로 보는 경향을 알 수 있다. 동물은 인간의 존엄과 감히 함께 비교할 수 없는 존재이고 도덕적 존재가 아닌 열등한 생명으로 취급하고 있다.

> "오직 욕심을 따른다면 인도(人道)가 폐하여 금수(禽獸)에 들어갈 것이요, 도(道)로써 욕심을 제재하면 천명(天命)을 따를 수 있다."[202]

유교의례에서는 이처럼 인간생명의 존엄함에 중점을 두고 인간과 동물의 생명에 있어서 확연한 차이를 둔다.

① 생명에 대한 경외 – 동물을 배려하는 경우

유교에서는 금수(禽獸)에 대해 부정적인 말을 많이 하지만, 측은지심(惻隱之心)은 인간에만 적용하는 것이 아니라 금수(禽獸)에게도 적용하는 것이다. 짐승에 대해서도 측은한 마음으로 대하는 것이 도덕적 인간의 자세이다.

비록 동물들이 일상생활의 음식으로 먹고, 또한 의례에서 희생과 공양물로 쓰이기도 하지만, 이에 대한 살생이나 남획을 무한정 허용하는 것은 아니다. 봄 제사의 희생에 임신한 동물이나 암컷을 쓰지 않는 것은 이런 배려이다.

---

201) 『광주향교지』건, 광주: 광주향교, 89-110쪽. 진설도와 홀기를 참조할 것.
 202) 『詩經集傳』권3, 「鄘風相風」. '則人道廢 而入於禽獸矣 以道制則能順命'

"시(時)는 새끼를 배는 때를 이르니, 맹춘(孟春)에 희생은 암컷을 쓰지 말라."[203)

맹자는 도덕정치를 설명하면서, 불쌍히 여기는 마음 혹은 차마 하지 못하는 마음이야말로 인간의 양심으로 바로 그러한 仁에 바탕을 둔 정치를 요청하면서 희생에 끌려가는 동물을 불쌍히 여기는 마음에 대해 칭찬한다.

"왕께서 이를 보시고 '소가 어디로 가는가?' 하고 물으시자, 대답하기를 '장차 종(鍾)의 틈을 바르는 데 쓰려고 해서입니다.' 하였습니다. 왕께서 '놓아주어라. 내가 그 두려워 벌벌 떨며 죄 없이 사지(死地)로 나아감을 차마 볼 수 없다.' 하시니 대답하기를 '그렇다면 흔종(釁鍾)을 폐지하오리까?' '어찌 폐지할 수 있겠는가? 양(羊)으로 바꾸어 쓰라.' 하셨다."[204)

희생으로 쓰이는 동물을 보고 측은한 마음을 일으키는 것이 인간의 떳떳한 인정이다. 소를 양으로 바꾼다고 해서 희생을 폐지하는 것은 아니지만, 그러한 측은지심 혹은 '불인인지심(不忍人之心)[205)으로 정치를 하는 것이 도덕정치의 근본이라고 설명하는 맹자의 가르침에서는 동물에 대한 배려를 엿볼 수 있다.

그 밖에도 동물에 대한 배려는 수없이 많은 사례를 들 수 있다. 물고기를 먹고 새들을 먹고 동물을 음식으로 사용하지만, 그렇다고 해서 남획을 하는 것은 생명에 대한 경외의 마음에서 볼 때 께름칙한 것으로 여겼다.

"옛날에 그물을 반드시 네 치의 눈을 써서 고기가 한 자에 차지 못하

---

203) 『맹자집주』, 「양혜왕장구상」. '謂孕字之時 如孟春犧牲毋容牝之類也'
204) 위의 책, '王見之 曰 牛何之 對曰 將以釁鍾. 王曰 舍之 吾不忍其觳觫若無罪而就死地 對曰然則廢釁鍾與 曰 何可廢也 以羊易之 不識 有諸'
205) 『맹자집주』, 「공손추상」, '人皆有不忍人之心, 先王有不忍人之心 斯有不忍人之政矣'

면 팔 수 없고, 사람들이 먹을 수 없었다. 그리하여 산림(山林)과 천택(川澤)을 백성과 함께 이용하되 금지함이 있어서 초목(草木)이 잎이 떨어진 뒤에야 자귀와 도끼를 가지고 산림(山林)에 들어가게 하였다. 이것은 모두 정치하는 초기에 법제가 아직 미비하였으므로 우선 천지자연의 이(利)를 위하여 절제(撙節)하고 애양(愛養)한다."206)

동물들도 살고자 하는 마음은 사람과 같다. 그러나 사람은 생존하기 위해 동물을 부리고 혹은 음식으로 사용하지만, 그것은 어쩔 수 없는 것이지 생명을 경시하는 것은 결코 아니다.

"군자는 금수(禽獸)에 대해서 산 것을 보고 차마 그 죽는 것을 보지 못하며, 죽으면서 애처롭게 울부짖는 소리를 듣고는 차마 그 고기를 먹지 못합니다. 이 때문에 군자는 푸줏간을 멀리하는 것입니다."207) "군자는 도살장(屠殺場)이나 요리장(料理場)을 멀리하여 모든 살아있는 동물을 몸소 죽이지 않는다."208)

고기를 어쩔 수 없이 음식으로 먹기는 하지만, 동물을 죽이는 행위는 어진 인간에게는 괴로운 일이 되는 것이고 피해야 할 일로 인식하고 있다.

"무사(無事)하면서도 사냥하지 않는 것을 불경(不敬)하다고 말하고 사냥하는 데 예를 지키지 않는 것은 하늘이 낸 생물을 학대한다고 한다. 사냥할 때 천자는 사면(四面)을 둘러싸지 않으며, 제후는 짐승의 떼를 덮치지 않는다."209)

---

206) 『맹자집주』, 「양혜왕장구」, '古者 網罟 必用四寸之目 魚不滿尺 市不得食 山林川澤 與民共之 而有厲禁 草木零落然後 斧斤入焉 此皆爲治之初 法制未備 且因天地自然之利而撙節愛養之事也'

207) 위의 책, '君子之於禽獸也 見其生 不忍見其死 聞其聲 不忍食其肉 是以 君子遠庖廚也'

208) 『小學』, 「敬身」. '君子 遠庖廚 凡有血氣之類 弗身踐也'

"곤충이 아직도 칩거(蟄居)하지 않을 때는 풀을 태워서 사냥하지 않고 새끼를 밴 것을 죽이지 않으며 갓난 것을 죽이지 않고 소굴을 뒤집어엎어 전멸시키지 않는다."210)

"오곡(五穀)의 제철이 아닌 것과 과실의 익지 않은 것, 벌채하기에 적당하지 않은 때에 잡은 금수어별(禽獸魚鼈)을 시장에서 팔아선 안 된다."211)

이런 내용들은 비록 동물이나 여타의 생명체들을 인간이 일상생활이나 의례에서 조차도 활용하지만, 이러한 활용이 다른 생명에 대한 살생을 찬미하는 것은 아니다. 풀과 나무는 동물의 먹이가 되지 않을 수 없다. 풀과 나무를 먹지 않는다면 동물은 생존할 수 없다. 사람은 풀과 동물을 먹이로 삼지 않을 수 없다. 풀과 동물이 음식이 되지 않는다면 사람이 생존할 수 없기 때문이다. 가족은 내가 부양해야 하는 식구이기 때문에 이웃보다도 먼저 배려하지 않을 수 없다. 이러한 차별은 어쩔 수 없는 것이다.

"공자께서 낚시질로는 물고기를 잡으셨지마는 그물로는 잡지 않으셨으며 줄 단 화살로 나는 새를 잡으셨지마는 잠자고 있는 새를 쏘지는 않으셨다."212)

인간과 동물의 차별성이 유교를 인간중심으로 자연파괴적 논리가 될 수는 없는 것이다. 유교는 나의 가족을 사랑하는 그 마음으로 바로 이웃을 사랑하는 것이기 때문이다. 현실은 차별이 있지만 유교의 이상은 차별을 넘어서 인류에 미치는 것이다. 만약에 차별에만 머물고 만다면 그것은 인(仁)이 아닌 것이다. 인간과 동물의 차별은 있지만 그것이 곧

---

209) 『예기』, 「王制」. '無事而不田 曰不敬 田不以禮 曰暴天物 天子不合圍 諸侯不掩群'
210) 위의 책, '昆蟲未蟄 不以火田 不( ) 不卵 不殺胎 不殀夭 不覆巢'
211) 위의 책, '五穀不時 果實未熟 不粥於市 木不中伐 不粥於市 禽獸魚鼈 不中殺 不粥於市'
212) 『논어』, 「술이」. '子釣而不網 弋(익)不射宿'

동물을 학대하는 것이 아니라는 이야기이다. 나의 가족과 이웃이 차별은 있지만 그것이 곧 이웃을 학대하는 것은 아니다. 인간을 위해서 동물을 음식으로 삼는 것을 인간중심의 논리로 삼을 수 없다. 동물을 음식으로 어쩔 수 없이 사용하는 것이지만, 생명에 대하여 신중할 것을 요청하고 있어서 인간의 생명과는 같지 않더라도 모든 생명은 인(仁)의 대상이 되는 것이다.

② 몸의 존중 – 상례를 중심으로

인간이 태어나서 죽음을 맞이할 때 나타나는 생명관은 상례의 경우에 찾아 볼 수 있는데, 가장 중요한 것은 조상으로부터 이어받은 생명으로서 먼저 육신의 귀중함을 잘 보여준다.

> "증자가 병이 들어 제자를 불러 말하기를 이불을 들추어 내 손발을 보아라. 시경에 몹시 두려워하고 삼감이 깊은 못에 임한 것 같으며 엷은 얼음을 디딘 것 같다 하니 이제야 내가 불효를 면했음을 알았도다."[213]

죽음의 순간에 자기가 유지해온 몸이 온전히 유지된 것에 대해 안심하는 증자의 마음이야말로 유교의 생명관을 잘 들어내고 있다.

육신은 부모의 몸에서 생긴 것으로 마치 나무에 가지가 있는 것과 같은 것으로 본다. 감히 조심해야 될 대상인 것이다. 자기 몸을 조심하지 못하여 훼손하는 것은 자기의 부모를 상해하는 것이 되고, 자기의 부모를 상해하면 이것은 자기의 근본을 상해하는 것이 되는 것으로 생각한다.[214] 비록 시신이라 할지라도 살아있는 생명과 마찬가지로 죄를

---

213) 위의 책, 「泰伯」, '曾子有疾 召門弟子曰 啓予足 啓予手 詩云 戰戰兢兢 如臨深淵 如履薄氷 而今而後 吾知免夫 小子'
214) 『小學』, 「敬身」, '孔子曰 君子 無不敬也 敬身 爲大 身也者 親之枝也 敢不敬與. 不能敬其身 是傷其親 傷其親 是傷其本 傷其本 枝從而亡'

물은 경우 관속의 시신을 꺼내 다시 베는 '부관참시(剖棺斬屍)'의 형벌의 경우를 들 수 있을 것이다.[215]

생명과 죽음에 대한 차이를 유교의례 속에서 찾아보자면, 우선은 죽었다고 해서 인간의 유대관계가 단절되어 버린 것은 아니다. 인간의 생명은 물리적으로는 사라지지만 그 혼백은 물리적 죽음과 달리 살아남은 자와 교류할 수 있다는 믿음이 제례로 표현되는 것이다.

제사란 돌아가신 조상과 자손과의 교감이라고 할 수 있는데, 이미 죽은 자가 육신을 회복할 수 없지만 그 혼백(魂魄)이 돌아와 제사에 흠향한다는 것이 전통적인 생각이다. 여기서 혼백(魂魄)이란 인간의 정신인데, 사람이 죽으면 혼(魂)은 하늘로 올라가고 백(魄)은 땅으로 내려간다고 보고 있다.

> "혼기(魂氣)가 하늘로 돌아가고, 형백(形魄)이 땅으로 돌아가는 것이 죽음이다. 사람이 죽으면 열기는 위로 올라가니 혼(魂)이 올라간다고 하고, 하체가 점점 차가워지니 백(魄)이 내려간다고 하는 것이다."[216]

사람의 죽음은 이 기(氣)가 흩어져 돌아가 버리지만 그러나 흩어져 없어져 버리는 것은 아니다. 그러므로 제사는 감응(感應)의 이치가 있다. 조상들이 오랜 세월이 되어 멀어져서 기(氣)의 유무(有無)를 알 수 없지만, 제사를 받드는 것은 그들의 氣를 이은 자손들이다. 말하자면 하나의 기(氣)의 흐름이 있다. 이것이 생명의 근원으로서의 조상과 후손 사이의 감통(感通)의 이치가 있는 까닭이다.

이처럼 인간의 생명이 죽음에 이르러도 혼백이 남으며, 특히 조상으로부터 받은 신체와 뼈에 백(魄)이 남기 때문에 그 백이 곧 뼈가 남은 산소에 대한 성묘는 중요한 의례인 것이다. 죽은 자의 유체도 소중한데,

---

215) 금장태, 위의 책, 무오사화 때의 김종직의 경우를 예로 들고 있다. 47쪽. 참조할 것.
216) 『朱子語類』, 卷三, 「鬼神」.

살아있는 사람의 몸의 소중함이란 재언을 필요로 하지 않는 것이다.

Ⅳ. 유교의례에서 본 생명윤리

1) 임신중절, 자살, 안락사의 해석

오늘날 생명윤리에서 논란이 되고 있는 배아가 인간인가 하는 문제는 과거에는 없었던 논쟁으로 배아도 태아의 범주로 간주했으리라는 것을 추정할 수 있을 뿐이다. 그렇다면 태아는 인간인가? 이에 대한 유교의 응답은 '그렇다. 태아도 인간이다'라는 점이다. 임신중절을 반대하는 유교의 입장은 우선 태교(胎敎)의 사상일 것이다. 유교에서는 태아를 인간으로 보고 있다. 그러므로 태아를 죽이는 것은 살인이 되는 것이다. 근래에 임신중절의 원인이 유교의 남아선호현상 때문이라고 하여 가부장적 남성 위주의 문화를 비난하는 이들이 있다. 그러나 이러한 해석은 유교의 본질과는 무관한 것이다. 유교의 근본정신은 인(仁)이며, 인(仁)이란 인간과 인간의 자애로운 유대관계다.

만약 임신중절을 허용한다면 그것은 상도(常道)가 아닌 권도(權道)로 '물에 빠진 형수를 구하기 위해 형수의 손을 어쩔 수 없이 잡는'것을 허용하는 비상시의 행위에 한정될 것이다. 이런 점에서 유교적 입장에서 볼 때, 우리사회의 임신중절 등의 생명경시는 윤리적 문제로 반성을 요한다.

태아는 죽여도 상관없는 존재가 아니라 인간의 생명으로 존중되어야한다. 한국인의 높은 낙태율은 1960년대 이후 싹튼 경제중심 논리에서

기인한 것이다. 이것은 한국의 전통일 수 없으며, 유교 본래의 인간존
중사상에 반하는 것이다.

　　다음으로는 유교적 세계관은 천명론이라는 것이다. 생명과 죽음의 문
제도 인간의 의지가 아닌 천명(天命)의 영역인 것으로 여기에 억지로
개입하는 것은 자신의 운명에 순응하지 못한 태도로 부정적이다. 안락
사와 자살의 경우도 운명에 대한 저항으로 해석될 것이다.

　　　"죽고 사는 것은 운명에 달려 있고, 부귀는 하늘에 달려 있다."217)
　　　시어머니는 아이를 안고 개울가에 나와 앉아서 아이를 씻기고 있다가
　　시어머니가 그만 실수를 하여 아이를 물에 떨어뜨려서 죽였다……. 효부는
　　말하기를
　　　"사람은 타고난 수명이 있습니다. 아이의 생명은 곧 오늘에서 다한 것
　　이오니 어머니가 죽게 한 것이 아닙니다."218)

　　아이의 죽음에 대해 그것을 운명으로 받아들이는 대목에서 유교적
생명관을 잘 읽을 수 있다. 인간의 태어남과 결혼, 그리고 죽음을 운명
으로 받아들이는 세계관은 모든 유교의례에서 볼 수 있는 것이다.

　　유교의 입장이 숙명론이라고는 볼 수 없지만, 인간이 할일을 다하지
만 천명을 기다린다는 것은 오직 인간의 의지로 모든 것을 좌지우지한
다는 것도 또한 아니다.219) 유교의 윤리관은 '천인합일(天人合一)'이며,
'존천리알인욕(存天理遏人欲)'의 철학이다. 이것은 천명론이며 달관(達
觀)의 철학으로 하늘의 법칙에 순응하는 자세이다. 임신중절, 안락사
혹은 자살은 이러한 천명(天命)과 천리(天理)를 거슬리는 인욕(人欲)의
행위에 속한다고 하겠다.

217) 『논어』, 「안연」, '死生有命 富貴在天'
218) 『賢婦列傳』, '高松孝婦 姑抱其兒 出坐川邊 洗兒 姑失手 兒落水死……孝婦曰"人生
　　有命 兒之命 是盡於今日 非姑死之也'
219) 이런 점에 대해 馮寓는 바로 운명과 인간의 사이의 조화를 유교의 중용으로 해석
　　한다. 馮寓저, 김갑수 역 『천인관계론』, 서울: 신지서원, 1993. 138쪽 참조할 것.

2) 뇌사, 장기이식에 관한 문제

우선 뇌사란 유교적 가치관으로는 성립될 수 없다. 죽은 시신도 혼백이 깃든 소중한 생명의 연장선에서 보는데, 뇌사 상태에서 호흡을 하고 장기가 운동한다면 이는 결코 죽은 존재일 수 없다. 유체는 자손들의 귀의의 대상이 되고 성묘의 대상으로 중시된다. 죽은 뼈도 존중의 대상이 되는데, 하물며 살아있는 생명의 훼손이란 불효이며 받아들일 수 없는 비윤리적 행위로 보는 것이다.

죽음에 대한 의례를 보면 뇌사란 성립되지 않는다. 인간의 마지막은 숨이 끊어지는 그 순간까지도 존엄하며, 심지어 숨이 끊어진 유체도 존중과 귀의의 대상으로 그대로 남는 것이다.

이런 차원에서 보자면 장기이식은 막대한 불효로 간주할 수 있을 것이다. 그러나 이 점에서는 유교의 인(仁)의 사상이 장기이식을 허용할 수 있다고 주장하기도 한다. '신체와 털과 피부는 부모에게 받은 것이어서 감히 손상하지 않는 것이 효도의 시작(身體髮膚 受之父母 不敢毀傷 孝之始也)'라는 구절로만 장기이식의 행위를 보는 것은 문제가 있다는 것이다.

> "공자는 '지사(志士)와 인인(仁人)은 삶을 구하는 것으로 인(仁)을 헤치지 아니하며, 몸을 죽여서 인(仁)을 성취시킨다."[220]

인(仁)은 바로 '애인(愛人)'과 '살신성인(殺身成仁)'에 있다고 볼 수 있으므로, 오히려 자신의 장기를 타인에게 증여해서 타인의 생명을 온전하게 유지토록 해주는 것이 인(仁)을 몸으로써 실천하는 도리라고 이해하고 싶다는 주장이다.[221] 이 이론은 자살의 경우도 때에 따라서는

---

220) 『논어』, 「위령공」, '志士仁人 無求生而害仁 有殺身而成仁'
221) 金世仁, 「의료기술의 발달과 유학의 역할」, 『21세기 미래사회와 유학의 역할』, 충

살신성인(殺身成仁)으로 수용될 여지가 있다.

그럼에도 유교의례 속에 들어난 생명관은 몸을 자기 자신의 몸으로 보지 않고 면면히 이어져 내려온 공동체의 공유로 보고, 유체일지라도 그 신체를 신성시한다는 점에서 뇌사나 장기 이식을 수용하기 어렵다. 원칙적으로 신체(장기)를 기증한다는 발상자체는 권리의 남용인 것이다. 하물며 이를 매매의 대상으로 삼을 수 없는 것으로 해석된다.

3) 생명복제의 문제

1997년 영국의 로슬린 연구소에서 복제 양 돌리가 탄생한 이래로, 생명복제기술은 질병을 치료할 수 있는 새로운 기술이면서, 동시에 무정자 등의 이유로 자녀를 갖지 못한 사람들에게 생명을 줄 수 있는 첨단기술로, 혹은 인류의 재난을 줄 수 있는 기술로 논란이 되고 있다. 면면한 자손의 번성을 희망하는 유교적 관점에서 정상적인 부부 사이의 생명복제기술의 적용은 유교적 가치관과 일치한다는 주장도 있다.222) 불임부부에게 새 생명을 주는 의료기술에 대한 긍정적인 응답이라고 할 수 있다.

그러나 지금의 난치병 치료를 위한 배아복제 등을 활용한 줄기세포 연구, 혹은 과학자들은 불가능한 것으로 여기지만 복제인간의 탄생은 그야말로 언젠가는 실현될 기술로 현실속의 쟁점으로 부각되었다. 여기서 쟁점이 되는 부분은 배아(수정 후 14일 이전)의 지위에 관한 문제

남대학교 유학연구소.
222) 최재목, 위의 논문, 344쪽. 심지어 정상적인 부부라도 우수한 유전자를 갖춘 2세를 '주문생산' 하는 상황도 긍정할 것이라고 전망함. 김병환, 「유가는 인간 복제를 반대 하는가」, 283-294쪽. 참조. 인간복제의 필요성과 정당성을 주장함. 김병환, 「생명공학 과 인간복제: 유학의 응답」에서도 생명의 탄생을 돕는 복제기술은 긍정적으로 묘사함.

등 세간의 뜨거운 관심사항이다.[223)

　우선은 이러한 생명공학이 윤리적으로 큰 문제가 되지 않을 수 있다는 차원에서 실마리를 풀자면 수정란과 배아와 태아 등이 인간으로 형성되는 과정이라고 할지라도, 역시 생명의 중요성에 있어서는 차별이 있다는 점일 것이다. 풀의 생명이 중요하지만 어쩔 수 없이 동물의 먹이가 되고 동물의 생명이 중요하지만 어쩔 수 없이 인간의 음식이 되는 것과 마찬가지로 배아의 인간으로의 가능성이 경시되어서는 안 되지만, 그러나 살아있는 인간과는 분명 차별이 있다는 점을 들지 않을 수 없을 것이다.

　문제는 이러한 복제기술이 생명복제로 이어질 것이라는 점을 논의할 때는 보다 복잡한 윤리적 문제에 봉착하게 된다.[224) 만약 주문생산에 의한 복제인간의 탄생을 가정해서 평가하자면 복제인간의 탄생은 하나의 재난이라고 해야 할 것이다.

　유교의례의 혼례의 정신으로 볼 때, 정상적인 남성과 여성의 합법적인 결혼이 아닌 방식으로 태어난 생명에 대해서는 정통이 아닌 차별이 있었다. 역사적으로 보자면 유교의례에서는 정통을 중시하고 존중하며, 격식과 절차에 의하지 않는 가계나 왕실의 계승에 대해 준엄한 논쟁이 있었다. 조선 후기 예송에서 보여주는 장자와 서자 사이의 복제논쟁은 국가윤리와 기강확립차원에서 당파 간의 치열한 정통논쟁이 있었던 것도 바로 이런 정통성의 차원이었던 것이다.

　전통사회에서는 적법한 혼례를 통하지 않는 결합에 의해 태어난 자

---

223) 문제가 되는 것은 배아복제는 난자 공급처로서 여성의 몸을 상품으로 만든다는 점, 생명을 도구화한다는 점 등이다. 또한 배아도 인간의 생명인가 아닌가라는 점이 심각한 논란을 불러일으킨다.

224) 진교훈,「생명조작과 인간복제에 대한 철학적 고찰」,『과학사상』, 22호, 1997, 85-86쪽. ① 수정란에서 시작되는 인간생명체 파괴와 생명경시 ② 성교에 의해 이루어지는 인간의 상호의존성 파괴 ③ 인간개체의 유일회성과 대처불가능성의 파괴 ④ 인간사회의 근간인 결혼제도와 가정 제도 와해 등.

녀에 대해서는 신분적 불이익을 주었다. 왜냐하면 모든 사회질서와 공공의 안녕은 건전한 가족관계로부터 출발하기 때문이다.

적법한 의례를 치르지 않는 인간은 언제나 미성숙한 인간으로 취급받도록 구조화된 것이 유교의례이다. 혼례의 절차 없이 이루어지는 남녀의 결합은 신분적으로 승인되지 못했다. 하물며 남녀의 자연적인 결합이 아닌 인위적인 생명복제는 모든 인(仁)의 바탕이 되는 가족관계를 저해함으로써 사회를 어지럽힐 수 있는 재난으로 규정할 수 있을 것이다.

한국의 전통사회에서는 결혼을 하여야 비로소 성인(成人)으로 인정을 받았다. 만약 그렇지 않다면 성인이 되는 통과의례를 치르지 않음으로써 영원히 미성숙한 인간으로 취급을 받았던 것이다.

물론 오늘날 한국사회는 유교적 남녀유별이 영향력을 가지고 있지 않으며, 심지어는 자유롭게 성에 대해 논의하며, 심지어는 동성애자들도 당당히 자신의 주장을 펼치는 사회가 된 사회를 고려하지 않을 수 없는 다원주의 사회가 되었다.

전통적 유교의 혼례는 사회의 근간이 되는 가정을 가장 중요한 인륜의 근거로 삼으며, 그러한 가정제도를 유지하기 위해 혼례를 중시했다. 적법한 결혼절차가 없거나 남녀의 결합에 의하지 않은 경우, 동물의 경우는 허용될 수 있지만, 이것이 인간의 생명복제로 이어질 경우는 가족체계의 붕괴로 이어질 것이며 동물과 인간의 생명이 구별이 없는 곧 인간존엄의 중대한 도전으로 받아들여질 수 있다.

생명복제는 난치병 치료로 제한적으로 활용할 수 있지만, 인간복제로서는 곤란하다는 것이 유교의례 속에서 찾을 수 있는 정신이라고 하겠다.

V. 인의 적용이 생명윤리

생명윤리는 인간의 존엄성에 바탕을 둔 지구윤리의 하나이며, 오늘날 과학의 눈부신 발전에 따라 첨예한 논의의 과정 중에 있는 분야라고 할 것이다. 유교는 선진시대 이래로 동아시아인의 가치관을 형성해 왔으며, 비록 오늘날 그 외형적 형식은 많은 변화가 있을지언정 동아시아인의 사유방식의 기층 속에 자리 잡고 있다. 더구나 유교의 입장은 지구윤리의 기조인 황금률(Golden rule)에 충실한 인(仁)을 근본사상으로 하고 있으며, 동시에 고정된 가치관이 아닌 무엇이 항상 마땅한가를 성찰하는 중용 또는 시중(時中)의 정신을 바탕으로 하기 때문에 다양한 해석의 가능성을 담지하고 있다.

역사적으로 유교는 예치주의를 정치이념과 사회질서의 근본으로 하였으며 특히 가족을 교화의 단위로 여겨왔다. 각각의 가족이 안정될 때 사회는 안정된다고 생각하였다. 사회의 기본단위이며 경제 집단인 가족은 조상숭배를 행하는 종교집단이기도 하였다. 조상숭배를 통하여 가족은 정신적 단결을 도모하고 심리적 안정을 추구하였던 것이다. 이러한 가족적 요구와 가족을 교화의 단위로 하는 사회적 요구가 가례(家禮)를 중시하게 하였다. 관혼상제를 포함하는 가례는 유교의 실천논리였다.

이러한 유교적 가치관으로 볼 때 오늘날 제기된 지구적 환경위기의 하나로 볼 수 있는 생명윤리의 논쟁에 대한 유교의 입장은 어느 정도 정리될 수 있다. 오랜 세월 동안 생활 속에서 의례로 내재되어 있던 유교의 입장은 다음과 같은 것이다.

임신중절이나 안락사 혹은 자살은 천명을 거스르는 행위로 인간의 존엄에 대한 침해이다. 사는 인정되지 않는다. 유교의 상례에 의하면 인간은 죽은 후에도 살아있는 생명과 마찬가지로 존경의 대상이 된다.

장기이식은 살신성인의 인의 실천으로 해석될 가능성도 있지만, 신체를 소중히 하는 차원에서는 천명에 대한 위배이며 개인의 신체를 조상과는 무관한 실존적 개인주의의 산물로 본다.

생명복제의 경우는 수정란, 배아, 태아를 과정을 통해서 인간의 생명으로 발전한다고 하더라도 배아와 인간을 동격으로 볼 수는 없을 것이다. 그러나 인간복제로 이어질 경우 적법한 절차를 걸치지 않은 것으로 또한 혼인과 가정의 존엄을 붕괴시킬 가능성이 있고, 인간과 동물의 차별을 없애버림으로써 인간의 존엄을 저하시키는 부정적인 면으로 해석할 수 있다.

과학의 발전은 새로운 인간의 질병을 극복하는 놀라운 혜택을 제공할 것으로 기대하고 있다. 그러나 개개인의 장수와 생명에 대해 유익할지라도, 유교의 사상이나 의례에 나타난 바로는 낙태, 안락사, 뇌사, 자살, 혹은 생명복제의 쟁점들은 천리에 부응하기보다는 인욕의 차원에 쏠림으로써 개별적 생명을 연장하게 할지는 모르지만, 보편적 생명의 신성함을 침해할 가능성이 있기 때문에 난치병 치료 등으로 제한적으로 허용되지 않으면 인간의 존엄에 해를 줄 수 있다고 평가된다.

유교의례에서 본

환경윤리

Ⅰ. 유교의례와 환경의 관계

21세기를 맞이하면서 인류는 지구의 역사상 일찍이 없었던 환경위기에 직면하고 있다. 공룡시대 이후로 엄청난 대량멸종시대를 지구의 생명체들은 다시 맞고 있다. 데자르뎅[225]에 의하면 매일 백 종 이상이 멸종되고 있으며 이러한 추세는 앞으로 수십 년 안에 두세 배 증가할 것이라고 예측한다. 대기와 물, 그리고 땅 등 지구생명체의 토대가 위험할 정도로 오염되고 파괴되고 있는데도 개발의 논리는 우리 삶의 언저리에 기승을 부리고 수많은 환경재난에 대한 경고를 간과하고 있는 것이 오늘의 실정이다.

현재의 인류가 누리는 개발과 그 혜택에 집착한 나머지, 보이지 않는 미래 세대들을 해롭게 할 유독 물질은 한 나라의 국경을 넘어 전 세계에 걸쳐서 거듭 축적되고 있으며, 삼림과 습지, 산과 초지 등이 지금도 개발이라는 미명으로 파괴되거나 혹은 아스팔트로 덮여지고, 갯벌은 간척되는 등 자연과 생태계는 쉼 없이 위협받고 있다. 그리고 이러한 결과는 미래세대가 아닌 바로 오늘의 우리들에게 이미 기후와 대기는 물론 오존층의 파괴와 온실효과 등으로 인해 환경이상을 일으키고 있는 것이 또한 사실이다.

환경윤리는 자연보호, 자연보존, 토양-해양-대기의 오염, 인구문제, 생물과 그 서식지 보존 등 인간을 둘러싸고 있는, 글자 그대로 '환경'을 문제 삼는 윤리다. 이는 '생명계 윤리'가 아니라, 환경 파괴에 직면

---

225) 데자르뎅, 김명식 역, 『환경윤리』, 자작나무, 216쪽.

한 인류가 보다 쾌적한 삶을 유지하기 위하여, '환경친화적인 규범을 설정하고, 그 가능성과 타당성을 탐구하는 윤리학의 한 분야'라고 할 수 있다. 이를 위해 '기왕의 규범윤리학의 이론과 원칙을 확대하여 동물보호, 자연보호, 환경보호의 원칙을 세우고, 나아가서 올바른 환경윤리적 의사결정을 위한 환경윤리 교육의 이론적 토대를 만들어가는 윤리학의 새로운 연구 영역'으로 정의할 수 있을 것이다.[226]

환경윤리는 20세기 중반 이후 인류가 직면한 환경문제에 대한 윤리적 반성이 싹트면서 출현하였다. 환경문제를 윤리적 시각으로 바라보는 일은 종래의 윤리학이 그 관심의 초점을 인간에게만 둔 것과는 달리, 인간을 둘러싸고 있는 환경에 중심을 두고 있는 특징이 있다. 이러한 환경문제는 한 개인에 의해 발생했다기보다는 인간 중심주의적 자연관과 세계관에 기초한 오늘날의 과학기술문명, 자본주의에 바탕을 둔 대량 생산과 대량 소비체계, 불평등한 국제관계 등 여러 요인이 하나로 얽혀 생겨난 문제이기 때문에 종래의 개인윤리와는 다르다.

환경윤리는 오늘날 개발과 파괴를 주도한 서구적 자연관과 세계관의 비판, 그리고 환경파괴를 유도하는 대량 생산 등의 시스템에 대한 반성이 모색되는 것이며 인간과 자연이 조화롭게 공존하는 새로운 대안을 요구한다. 그리고 이러한 대안의 하나로 서구사상과는 다른 입장에 서 있는 동양사상이 주목받고 있으며, 당연히 유교에서 본 환경윤리가 무엇인지는 연구의 대상이 될 수 있는 것이다.

유교는 다른 종교와는 달리 대체적으로 신이나 자연을 중심문제로 삼지 않고 인간을 중심문제로 삼는다. 오늘날 생태학적 입장에서 보자면 인간중심의 가르침으로 환경·생태윤리의 입장과는 일정한 거리가 있음도 사실일 것이다.

그럼에도 유교는 서구에서처럼 인간과 자연을 철저히 이원화시키는

---

226) 구승회, 『생태철학과 환경윤리』, 동국대학교 출판부. 243쪽 참조.

방식이 아니고 천인합일(天人合一)의 입장을 견지하는 것이 시종일관
한 입장이므로, 이 점에서 비교적 환경윤리의 근거를 찾을 수 있는 실
마리가 있는 셈이다.

상식적으로 말하자면, 중국을 위시한 유교문화권이 사계절이 분명한
전통적인 농업사회였기 때문에 언제나 자연의 질서에 순응하지 않을
수 없었고, 하늘과 자연의 질서는 엄정하기 때문에 거기에서 불변의 도
덕성을 유추해 낼 수 있었다. 유교문화권에서의 자연의 질서는 인간보
다도 오히려 신뢰할 수 있는 어떤 천명(天命)과 같은 영원성을 가진
것으로 취급되었다. 그러므로 유교의 입장은 인간중심이기는 하지만,
그 인간의 삶에 대한 원리는 하늘이나 자연의 원리로부터 도출해 내는
친환경적 관계였다고 말할 수 있다.

유교의 仁이란 문자적 의미로는 사람 사이의 유대관계이지만, 실상
인간과의 관계만이 아닌 자연과 환경 혹은 물질세계에 대해서까지 확
대 적용되었다는 점은 유교가 환경윤리와 무관하지 않는 것임을 단적
으로 말해주는 것이다.

임어당(林語堂)227)은 인(仁)을 'human', 'humane', 'humanitarian'에
해당한다고 하고, 'humanity'로 해서 사람과 관련된 인(仁)으로 해석한
데 비해, 토마스 베리228)는 인(仁)을 'love', 'benevolence', 'affection'
등으로 번역하고, '인(仁)'은 감정적－도덕적인 용어일 뿐만 아니라 우
주와 지구 그 자체의 구조 안에서 지배적인 친밀성과 동정의 특성을
발견할 수 있다고 보았다.229)

'불인(不仁)'이라는 용어는 한의학에서 마비증세를 말한다. 신체와
마음의 조화를 잃은 상태가 '불인(不仁)'이라고 하는 말이야말로, 유교
의 인(仁)이 사람과 사람의 유대관계에 머무는 것이 아니라 사람과 자

---

227) 林語堂 저, 閔丙山 역, 『孔子의 思想』, 현암사, 33쪽.
228) *The Dream of the Earth,* (San Francisco: Sierra Club Books, 1988) p.20.
229) 김세정, 『양명학 인간과 자연의 한몸짜기』, 문경출판사, p.243.

연의 유대관계에 확대될 수 있는 논거가 될 수 있을 것이다. 환경의 위기란 다름 아닌 자연과 인간의 관계가 조화를 잃은 것에서 출발했기 때문이다.

II. 유교와 유교의례

유교는 인(仁)을 근본정신으로 하는 공자의 가르침에서 출발하지만, 점차 국가통치의 이데올로기적 기능을 하게 된다. 다시 말해서 천인합일(天人合一)의 원리는 인간사회에서 봉건적 宗法질서의 원리로 응용되는데, 이때 천(天)을 대변하는 자가 중국의 황제가 되고, 황제는 그의 권력의 근원으로서의 천(天)에 의례를 거행하며, 제후국은 종묘(宗廟)와 사직(社稷)에 의례를 거행하고 그리고 서민들은 그들의 조상에 의례를 거행하는 일대 예치(禮治)의 시스템을 확립하게 된다. 그리고 공자도 또한 인간 공자가 아닌 예법질서의 중심에 있는 '대성지성문선왕(大成至聖文宣王)'으로 문묘(文廟)에서 숭앙받는 제사의 대상으로 격상하였다. 공자는 황제도 경배해야 하는 존재로 신격화된 것이다. 이것은 공자의 본뜻과는 무관하게 유교는 여러 가지 의례를 통해서 사회질서를 유지하는 이데올로기로 그 영향력을 가졌던 것이다.

유교에 있어서 의례는 사실 유교를 구성하는 핵심적 요소다. 의례의 근원이 되는 '마땅함(宜)'이란 바로 유교의 근본원리인 천리(天理)에 근거하는 것이며, 의례의 형식이 되는 절(節)은 이 천리를 인간 몸의 형식으로 구현한 것으로 중요한 의미를 갖는다.[230] 또한 의례는 개인이

---

230) 금장태, 『유교의 사상과 의례』, 예문서원, 205쪽 참조.

혼자서 행하는 것만이 아니라, 사회구성원들이 공통적으로 행하는 것이기 때문에, 의례를 통해서 사람들은 다시 공동체의 정신을 유지하고 회복하기도 하였다.[231] 공동체의 공유인 만큼, 의례의 형식과 절차는 공동체의 변화에 따라 변할 수 있는 것으로 볼 수 있다. 오랜 세월 우리 한국의 전통사회에서 수행된 유교의례 속에는 바로 공동체의 성원들이 추구했던 삶의 원리가 배어있는 것은 당연하다고 할 것이다.

Ⅲ. 초례(醮禮)에서의 천인합일의 원리

혼례에 있어서 초례는 전통혼례의 결혼식이 신부 집에서 행했던 친영(親迎)을 초례 혹은 대례(大禮)라고 했다. 초례청이나 초례상이라고 하는 용어를 보면 결혼식 자체가 하나의 초례행사임을 알 수 있게 한다. 술을 주고받는 의미도 알고 보면 천지신명에게 그들의 행복을 비는 종교적 성격을 함축하고 있는 것이다.

관례와 마찬가지로 혼례도 초례가 중요한 의례임을 확인할 수 있다. 인생의 새 출발을 경건한 의례인 초례상 앞에서 술을 사용하는 것은 서로가 술을 교환하는 의미보다는 천지신명에게 인생의 첫출발을 축원하는 종교적 의례인 것이다.

초례는 기본적으로 원시사회의 이러한 하늘과 천체에 대한 경외심(敬畏心)에서 출발했는데, 이러한 천체에 대한 숭배 가운데 가장 두드러진 것이 별들의 오성(五星)과 열수(列宿)인데, 별하늘의 현상으로 가

---

231) 이은선, 「유교적 몸의 修行과 페미니즘」, 『유교와 페미니즘』, 한국유교학회, 철학과 현실 127쪽.

시적인 존재이기 때문에 초례의 대상이 되었으리라 본다. 형이상학적인 존재보다는 눈에 보이는 경이로운 존재야말로 숭배와 경외의 감정을 불러일으키는 일차적인 대상이 될 수 있기 때문이다.

초례의 대상은 오성열수와 천지신명이지만 그 가운데서도 천(天)이 중요하다. 이 경우 천(天)은 상제의 개념이며 그의 거주공간은 바로 오성(五星)과 열수(列宿)의 의미 속에 있다. 왜냐하면 하늘에 거주하는 존재는 당연히 하늘의 별에서 산다는 상상력을 발휘할 수 있기 때문이다. 그 상제의 거처는 다름 아닌 하늘의 별 안에 존재하는 것인데 이러한 장소를 자미궁(紫微宮)이라고 했다. 오늘날 북경의 고궁 이름이 자금성(紫禁城)이라는 명칭은 지상에 있어서의 상제인 임금의 거처를 뜻하는 것도 이와 관련된 것이다.[232]북두칠성 등 북신(北辰)에 대한 상징성은 공자에 의해서도 표현되고 있다.[233] 특히 도교나 불교에서는 북두칠성은 신화(神化)하여, 북두진군(北斗眞君) 혹은 북두성군(北斗星君)이라고 불리게 되고 혹은 칠성님으로 신격화되기도 했다. 북두칠성은 산사람과 죽은 사람의 공(功)과 과(過) 그리고 선과 악을 조사하는 존재라고 생각했다. 북두는 중앙에 거주하여 사방을 순유(巡游)하고 세상의 생사와 축복을 관장한다. 그래서 사람들은 백 가지 사악한 것을 없애고 흉한 기운을 없애는 염원으로 북두에 기원하고 예배했다. 그리고 그로부터 팔난(八難)을 극복하고 장생불노하기 위해 초례했던 것이다.

민간의 관례나 혼례 때의 초례의 기원은 수(壽), 복(福)의 기원이 대종을 이룬다. 그래서 그러한 기원문을 검토할 필요도 없이 개인적 기복이 그 의례 가운데 깔려있음을 볼 수 있다. 현존하는 자료를 통해 초례에서 무엇을 기원하였는가를 살펴보면 크게 국가적 기원과 개인적

---

232) 馬書田『中國道敎諸神』, 團結出版社. 1995……. 據『後漢書』卷48, 記載: "天有紫微宮, 是上帝之所居也". 後人多以紫微垣比喩帝居, 故称禁中爲 "紫禁", 至今人們還称明淸北京皇宮爲 "紫禁城".

233) 『論語』,「爲政」. '子曰, 爲政以德 譬如北辰 居其所 而衆星共之'

기원으로 분리할 수 있다. 때로 초례는 무당이 주재하기도 했다.[234] 초례를 통해서 무엇을 기원했는가에 대한 자료는 민간의 경우에는 특별한 자료가 없고, 국가적 행사의 축원문인 초례청사(醮禮靑詞)를 통해 파악할 수 있다.

　　"엎드려 바라건대, 음양이 순조로워 겨울에 잘못되어 하복(夏伏)의 재앙이 없게 하고,"[235]
　　"우러러 성근별을 바라보오니 모두 붙들어 도와주시는 은혜를 드리우소서. 음양이 화하고 풍우가 제때에 오도록 하시고 우악하게 하시여 인민이 양육되고 전쟁이 쉬게 하여 앞으로 즐겁고 앞으로 편안하게 되어, 모든 복이 모두 이르러서 사방에 뉘우침이 없게 하여 주시기 바라나이다."[236]

이러한 기원을 통해서 살필 수 있는 것은 사계절이 조화하고, 전쟁의 근심이 없고 농사는 풍년이 들게 하고 질병 없기를 기원하는 것인데, 그 가운데서도 음양이 순조로워 사계절이 모두 그 계절답기를 기원하는 것이야말로 농업사회에서 하늘에 비는 중요한 기원내용임을 알 수 있다.

기상이변은 그 자체가 재난이었다. 여름에 춥다거나 겨울에 덥다거나 하는 것은 하나의 재난이며 이변이었다는 것을 볼 때 오늘날의 이상기온 등은 천인합일(天人合一)의 질서를 경시하는 인간의 오만을 상징하는 것이다.

유교의 모든 도덕적 원리는 천인합일(天人合一)에서 근원한다. 물론 순자와 같은 유학자는 천인분리(天人分離)의 관점을 가졌지만 그것은

---

234) 초례는 유교의례라기보다는 샤머니즘적 의례로 國巫도 있었고, 星宿廳도 존재했다.
　　최종성, *The Polarization Between the Confucian and Shamanic Culture in the latter half of Chosun Dynasty*, 『종교연구』34집, 2004. 참조.
235) 『東文選』卷115, 靑詞, 冬至太一靑詞, 李奎報 伏望陰陽常順 無冬愆夏伏之災.

236) 『東文選』卷115, 「昭格殿 行祈雨兼星變祈禳 醮禮三獻靑」"瞻仰烈宿 咸垂扶佑之私 致令陰陽和而風雨時 旣渥 人民育而弓矢즙 將樂將安 諸福畢來 四方無侮.

유교의 정통이 아니었다. 문제는 이러한 천(天)이 초례의 대상에서처럼 인격적 초월적으로 묘사되지 않고 다분히 이법(理法)의 상징으로서의 천(天)이라는 점이 유교의 천(天)이다.

'나는 말이 없고자 한다. 하늘이 무엇을 말하는가? 그러면서도 사시(四時)는 순행(順行)하고 백물(百物)은 생겨난다.'237)라고 한 것이 공자의 태도이다. 그리고 천명(天命)을 대인(大人)과 성인(聖人)을 경외하는 것은 당연했다.238) 따라서 순수한 유교의례에서는 천(天)을 인격화하여 종교적인 섬김의 대상으로 삼지는 않지만, 관례나 혼례에서는 천지신명 혹은 천(天)을 향해 초례를 했으며, 상례에서는 칠성판 등의 의례를 통해 하늘에 명복을 기원했던 것은 자연스런 것이다.

이처럼, 관례나 혼례 혹은 왕실에서 거행된 초례를 공식적으로 행하고 가례에서 행했던 것은, 그것은 인간이 자연의 질서를 관장하는 천(天)에 대한 경외의 표현한 의례임을 알 수 있다.

IV. 제례에서의 정화의 원리

선조에 대한 제사는 혼백과 귀신을 청하는 일이기 때문에 평소와 다른 재계(齋戒)가 필요했다.

이 재계를 정화(淨化)라고 달리 표현해도 좋다. 재계에서 재(齋)란 마음을 깨끗이 한다는 뜻이고 계(戒)란 우환을 방지함이라고 간단히 정리한다면 자기와 인연 있는 혼백과의 만남을 위한 하나의 준비단계라

---

237) 『論語』, 「陽貨」. '子曰 天何言哉 四時行焉 百物生焉 天何言哉'
238) 『論語』, 「季氏」. '孔子曰 君子有三畏 畏天命 畏大人 畏聖人 畏聖人之言'

고 할 것이다.

귀신은 보려고 해도 보이지 않고 그 소리를 들으려 해도 들리지 않
는다. 그러나 재계하고 밝고 깨끗이 하고 단정히 옷 입고 공경과 정성
으로 생각한다면 좌우에 존재하는 듯한 경지가 되니 비로소 경건한 제
사를 할 수 있다는 의미다.

1) 환경의 정화

율곡 이이는 정화를 말하는 재계에 대해서 산재(散齋)와 치재(致齋)
로 나누고 다음과 같이 설명하고 있다.

> "시제(時祭)면 산재(散齋)를 4일간 하고 치재(致齋)를 3일간 하며, 기제
> (忌祭)면 산재(散齋) 2일간 하고 치재(致齋)를 하루 하고 참례(參禮)면 곧
> 재숙(齊宿)을 하루 밤 한다. 산재(散齋)라는 것은 초상에 조문하지 않고 문
> 병하지 않으며 냄새나는 채소를 먹지 않고 술을 취하도록 마시지 않는다.
> 흉하고 더러운 일에는 모두 가지 않는다(만약 길에서 돌연히 흉하고 더러
> 운 것을 보게 될 경우도 피하여 보지 말아야 한다.) 또 치재(致齋)란 것은
> 음악을 듣지 않고, 출입하지 않으며, 오로지 마음으로 제사 지낼 분을 생각
> 하고, 그가 즐기며 좋아하던 것을 생각하는 것이다. 이렇게 한 후에 제사를
> 지내야 그 얼굴이 보이는 듯하고, 그 음성이 들리는 듯하다. 정성이 지극해
> 야만 신이 흠향하는 것이다."[239]

① 음식물을 깨끗하게 함

청결은 재계의 중요한 내용 중의 하나다. 적극적으로는 청결이고 소

---

239) 이율곡, 『擊蒙要訣』, 「祭禮」.

극적으로는 부정을 타지 않아야 한다. 재계의 방법 가운데 하나가 음식을 삼가는 것이다. 특히 술과 고기, 그리고 냄새나는 음식을 삼갔다. 이것은 재계에서뿐만 아니라 동양의 종교나 민속에서는 탁한 음식으로 장생에 도움이 되지 않는 음식이기도 하다. 특히 이러한 음식은 정신을 혼탁하게 한다고 보았다. 제사를 앞두고는 평소의 음식이 비록 술과 고기, 훈채라 하더라도 이를 삼갔다. 그래서 이를 '변식(變食)'이라고 한다.

또한 음식을 삼가는 것은 기운을 혼탁하게 하지 않게 할 뿐만 아니라 비린 음식 등을 금하여 내장을 비워 정신을 맑게 하는 뜻도 있다. 제례에 참여하는 사람이 술과 고기 훈채 등을 삼가는 동시에 제사에 올릴 음식은 지극히 청결해야 했다. 제사를 지내기 전에 그 음식을 먼저 먹거나, 개나 고양이나 쥐 등에 의해 더럽히는 일이 없도록 조심했다. 만약에 제사음식에 머리카락과 같은 것이 있다면 이는 귀신이 흠향할 수 없다고 생각했던 것이다

② 몸을 깨끗이 함

목욕이야말로 중요한 재계로 지금도 '목욕재계'하는 것이 무언가 경건성을 상징하는 뜻으로 남아 있음을 알 수 있다. 가정의 제례뿐만 아니라 전통적인 부락제에서는 특히 제사를 주관하는 사람의 청결을 요구했다. 청결하지 못한 것은 다시 말해서 '부정을 탄' 사람으로 주관자가 될 수 없었다. 그래서 "당산제에 임해서는 항상 몸을 정결히 하기 위해 목욕을 해야 한다. 또 제물을 살 때와 만들 때도 값을 깎거나 맛을 보는 일은 용납되지 않는다. 또 정월 14일 밤에 모시는 당산제 전에 각 가정에서 자기 조상께 올리는 제상을 차려서는 안 된다. 또 가장 어려운 일로서는 제물을 만들 때나 그전에라도 화주가 목욕을 할 때는 반드시 찬물로 목욕을 해야 한다는 것이다. 또 하나는 제물은 반드시 일정한 깨끗한 물만을 사용해야 한다."240) 현재까지도 존속하는

별신굿이나 부락제에서도 제사를 주관하는 사람의 청결의 정도는 매우 중요시된다.

③ 청결한 환경

몸과 옷 음식을 깨끗이 함은 물론 주변을 청소하는 일도 중요하다. 제삿날은 혼령이 와서 집의 구석구석까지를 두루 둘러보고 간다고 한다. 그 때문에 며칠 전부터 온 집안 대청소를 하고 심지어 우물까지도 품어내 청결히 하는 집이 있으니 그 바람에 집안이 깨끗해져서 좋은 이로움이 있었다.

민속에서도 부락제 같은 경우 마을 입구, 당산, 우물, 화주 집 등에 금줄을 치고 금토를 깔아버리면 누구나 마음대로 그것이 설정해 놓은 내부를 출입할 수 없도록 했다. 집안이나 마을이 청결하지 않으면 곧 부정하면 재계가 잘 이루어지지 않았다고 할 수 있다. 이처럼 재계란 평소와는 달리 음식을 삼가고, 옷을 단정히 입고, 청소를 하는 등 淸潔 을 유지하는 데 큰 의미를 두었다.

2) 심성의 정화

① 근신(勤愼)

재계를 할 때에는 남을 조상(弔喪)하지 않고 불요불급한 출입을 삼가며, 혹 외출을 하였다 하더라도 더러운 일에 참여하지 않는다. 남과 싸우거나 다투지 말고 무엇이든 먼저 양보하여 트집을 피하며 만약 행

---

240) 『광주민속지』, 광주직할시.

패를 만나더라도 재계중임을 들어 무조건 용서를 빌어야 했다. 그래서 옛적에 그런 근신하는 효자를 행패하고 때리는 자가 있으면 마을에서 몰매를 맞는 수가 있었다.

요약하자면 이런 근신이란 추모의 정을 갖기 위한 것이다. 평소의 오락이나 유희, 사업 등 세속적 이해에 몰두해 있다면 결코 제사 지낼 마음의 준비가 되어있지 않은 것이라고 할 것이다. 이는 마음의 정화를 필요로 했다는 것이리라.

② 정성의 마음

"제사 지내는 데는 그 정성을 다하고 조심하며, 그 믿음을 다하여 믿으며, 그 공경을 다하여 공경하며, 그 예를 다하고 잘못하지 않는다. 나가고 물러가는 데 반드시 공경하여, 친히 명령을 듣고 혹 그것을 행하는 것처럼 한다. 섰을 때는 공경하여 몸을 굽히고 그 나갈 때는 공경하여 화락(和樂)하게 하고, 그 음식을 올릴 때에는 공경하여 화락(和樂)하게 하고, 그 음식을 올릴 때에는 공경하여 흠향하기를 바란다. 물러가서 섰을 때에는 장차 명령을 받으려고 하는 것과 같고, 이미 제물을 물리고 나면 공경하고 정숙한 빛을 얼굴에서 없애지 않는다. 이것이 효자의 제사이다. 섰을 때 몸을 굽히지 않으면 고루한 것이요, 앞으로 나갈 때 얼굴을 화락(和樂)하게 하지 않으면 소원한 것이요, 음식을 올리면서 흠향하기를 바라지 않으면 사랑하지 않는 것이요, 물러가 서서 명령을 받는 것처럼 하지 않으면 거만한 것이요, 이미 제물을 물리고 물러나서 공경하고 정숙한 빛이 없으면 근본을 잃는 것이다. 이렇게 제사를 지내면 잘못인 것이다. 깊이 사랑하는 자는 반드시 화기(和氣)가 있고, 화기가 있는 자는 반드시 부드러운 빛이 있고, 부드러운 빛이 있는 자는 반드시 온순한 용모가 있다. 효자는 마치 옥을 잡은 것과 같고, 가득 찬 그릇을 받든 것과 같이, 통통촉촉(洞洞屬屬 : 마음을 온전히 함) 정성을 다하여 마치 이기지 못하는 것처럼 하고, 장차 잃는 것처럼 한다. 엄하고 위엄이 있고, 엄연히 엄숙한 것은 부모를 섬기는 도리일 뿐만 아니라 성인의 도리인 것이다."241)

제례에 있어서 이러한 근신의 태도는 제사를 진행할 때의 공경스런 태도로 이어진다. 형식에 있어서만이 아니라 마음가짐이 공경과 정성이 깃들어야 한다는 의미다.

재계의 목적은 어떤 형식을 그럴듯하게 꾸미는 것이라기보다는 그 내면을 순일하게 하기 위해 먼저 외면의 행동을 삼갔던 것이라고 생각할 수 있다. 그 외면을 한결같이 간추리지 않으면 내면을 수양할 수 없을 것이다. 평소의 행동을 재계 때만큼은 조용하게 하되 마음에 두지 않으면 그 자세가 되지 않을 것이다. 행동하되 반성하지 않으면 다른 일들에 얽매어 근신하지 못할 것이다.

결국은 제례의 원리는 환경과 마음을 깨끗이 하는 일이며, 이러한 태도가 조상에 대한 추모에 적의한 자세였을 뿐만 아니라 도덕적 삶의 자세였던 점으로 미루어 짐작할 수 있다. 오늘날 환경의 위기란 결국은 인간심성의 과욕으로 인해 발생하는 것이라고 전제하자면 유교의례 속에는 인간이 자연의 질서를 존중하고 그것을 정화시켜야 할 뿐만 아니라 무엇보다도 제례를 준비하는 목욕재계와 같은 심성의 정결과 단정함이 필요한 것이다.

오늘날 깨끗이 한다는 것은 반드시 환경에 유익한 것만은 아니다. 예컨대 자동차를 세차하면 그로 인해 수질이 오염되고, 세탁과 청소도 역시 생활하수의 원천이 될 수 있으므로, 한편에서의 정화가 다른 쪽의 오염으로 연결될 수 있다.

제례에서의 정화의 본질은 모두 마음의 정결함을 도모하기 위한 방법이다. 아무리 몸과 옷과 집안이 깨끗해졌다고 하더라도 마음의 경건성과 정결함이 결여되어 있다면, 진정으로 정화된 것은 아니라고 할 것이다. 마찬가지로 현대의 주변 환경이 정화되고 미화되었다고 하더라도 이기심과 과욕으로 불신과 부패가 만연한다면 결코 그 사회를 아름답

---

241) 『禮記』, 「祭統」.

다고 말하기 어려울 것이다.

3) 유교의례에서의 유별(有別)과 조화의 원리

유교는 인간과 자연의 조화, 그리고 인간과 인간의 조화를 강조하지만, 인간과 자연이 평등하다거나 인간끼리 평등하다고는 보지 않는다. 오히려 인간과 금수(禽獸)는 차별성이 있으며 인간이 존엄한 존재임에 비해 금수는 열등한 존재로 보고 있다. 인간과 인간의 관계도 임금과 남편 혹은 어른이 우위에 있고, 신하와 아내 그리고 어린이는 하위에 있는 것을 자연스런 질서로 보고 있다고 봄이 옳을 것이다.

문제는 이러한 '별(別)'이 대립과 갈등관계가 아니라 상호 조화를 이루고 자신의 신분이나 직분에 대해 잘 이해할 때 서로 조화할 수 있으며 좋은 삶을 이룰 수 있다고 보는 것이다. 그래서 '別'은 상대를 폄하하고 무시하는 차별로 오해될 수 있기 때문에 '유별(有別)'이라고 이름하는 것이 적절한 것이다. 이러한 원리가 바로 음양이라는 패러다임이 함축한 조화의 원리이라고 할 수 있다.

① 유별(有別)의 원리

결혼식은 전안례를 통해서 백년가약을 맹세하고 나서 신랑과 신부가 맞절을 하는데 전통혼례의 교배례는 식은 부부관계가 평등한 것이 아니라 부창부수(夫唱婦隨)의 체계로 남성의 권위를 강조하는 데 특징이 있다.

결혼식의 자리도 신랑의 위치는 동쪽이고 신부의 위치는 서쪽이 되도록 했던 것은 음양의 원리에 의한 것이고, 신부 집에서 치르는 혼례

의 대례는 양이 가고 음이 오는(양왕음래-陽往陰來) 것, 우주의 질서
에 합당하다는 의미를 함축하고 있다.

　의례에서 신부가 먼저 절을 하고 나서 신랑이 답례하는 형식을 취한
다는 구체적인 형식은 남녀의 유별(有別)을 잘 나타낸다. 이는 부부가
무차별적으로 평등한 관계라기보다는 '남녀유별(男女有別)'의 틀에 입
각하고 있음을 알 수 있다. 남녀유별의 질서가 부부유의(夫婦有義)하
고, 이를 바탕으로 부자유친(父子有親)하며, 부자유친을 바탕으로 군신
유정(君臣有正)을 할 수 있다. 그러므로 교배례에 나타난 혼례의식은
가장의 권위에서 출발하지만 그것이 국가적 가장(왕)에까지 미치는 유
별(有別)을 드러내는 예의 체계임을 알 수 있다.

　문제는 이른바 '남존여비(男尊女卑)'에 대한 존비(尊卑)의 문제일 것
이다. 많은 사람들이 유교를 비판할 때 신하와 부모와 남성이 존(尊)이
되고, 신하와 자식과 여성들이 비(卑)가 됨으로써 언제나 존(尊)을 위해
비(卑)의 희생을 강요하였다고 말하곤 한다. 이것이 곧 봉건윤리이므로
가부장적 권위주의가 청산되지 않고는 인권과 민주화가 이루어지지 않
을 것처럼 말하고, 여성해방론의 입장에서는 이런 남존여비를 바탕으로
한 부부유별은 전근대적인 불평등의 가정으로 비판의 대상이 되어왔다.

　혼례에서는 음양의 이론을 남녀관계에 적용하자면 남자는 양이고 여
자는 음이기 때문에 서로 천지가 조화되듯 남녀관계는 서로의 직분을
다해야 조화를 이루는 것을 표현하고 있다. 음양은 서로의 직분이 뒤바
뀌면 상처를 줄 수 있다고 본다.[242) 그리고 여성의 직분이란 임금에 대

---

242) 『周易傳義』, 「坤」[傳]'陰從陽者也 然盛極則抗而爭…… 旣敵矣 必皆傷'
　　　『周易 王弼註』王弼, 임채우 역, 도서출판 길, 1999, p.103.
　　　「小畜」, '上九 旣雨旣處 尙德載 婦貞厲, 月幾望 君子征凶'註
　　　"지어미가 지아비를 억제하고 신하가 임금을 제어함은, 비록 바른 일이더라도 위
　　　태함에 가까우므로 '婦貞厲'라고 하였다. ……음이 양에 비기면 반드시 정벌을 당
　　　하게 되나니 비록 군자라 하더라도 이렇게 행동하면 반드시 흉하게 되므로 '君子
　　　征凶'이라 하였다."(婦制其夫, 臣制其君, 雖貞近危, 故曰'婦貞厲'也……陰疑於陽 必
　　　見戰伐 雖復君子 以征必凶 故曰'君子征凶'.)고 해석하는 것도 소위 '男尊女卑'적

한 신하의 위치처럼 혹은 하늘에 대한 땅의 위치처럼 남편에 대한 아
내의 위치는 집안의 일과 내조(內助)에 충실하는 것이라고 한다.[243]

오늘날 남녀평등의 실현을 이상으로 하는 점에서 음양과 존비 개념
은 여전히 논쟁의 영역으로 남아 있다. 지금의 현실은 양성평등(兩性平
等)의 가치는 결혼과 가정 그리고 출산의 가치보다 더욱 소중한 것으
로 평가되는 듯하며, 이런 바탕 위에서 이혼율은 계속 증가하며 자유로
운 혼외정사 등으로 인해 수많은 가정의 위기를 맞이하고 있다. 남녀유
별의 윤리는 자유로운 혼외정사와는 대립각을 이루는 유교적 가치라고
할 것이다. 그리고 유별(有別)은 어느 한쪽의 희생을 강요하는 것이 아
니라, 서로 다른 직분과 역할 그리고 분수를 인정하는 상호적인 것이지
일방의 희생을 강요하는 원리로 해석되어서는 안 될 것이다.

상례의 경우, 상복은 유교적 별애(別愛)를 잘 표현하고 있다. 부모
가운데서도 아버지를 중시하고, 상의 경중도 부계 중심이라고 할 수 있
다. 부계가족 위주로 5단계의 복식을 나누고 있다. 여기에서 외조부모
는 방계재종의 상복, 그리고 처부모는 방계삼종의 복식에 준한다.

우리는 유교의례에서 나타난 이러한 유별(有別)을 통해 인간관계가
무차별적 평등관계가 아님을 안다. 인간과 자연, 인간과 인간이 서로
유별(有別)이 있다는 데는 이의가 없는 것이다. 다만 이런 차이, 곧 유
별(有別)이 차별로 고착되는 것이 아니라는 점을 인식해야 한다. 나의
가족과 다른 가족을 구별하기 때문에 나의 부모에게 우선 효도하지만,
그것이 거기서 머무르고 만다면 다른 아버지에 대한 존중으로 승화되
지 못한다. 나의 부모와 나의 자녀를 사랑하는 그 마음으로 이웃집 부
모와 이웃집 자녀를 사랑할 수 있다는 점이야말로 인(仁)이 가족에 머
물지 않고 국가와 천하로 확대되는 기본인 것이다. 곧 그 차이와 구별

사고의 일단으로 볼 수 있다.
243) 『周易傳義』,「坤」. '陰雖有美 含之 以從王事 弗敢成也 地道也 妻道也 臣道也 地
道 无成而代有終也'

때문에 분리되고 대립되는 것이 아니라 그 사실을 바탕으로 조화를 추구해야 한다는 것이 중요한 것이다.

② 조화의 원리

혼례에 있어서 교배례 후에 합근례는 하나의 박을 둘로 갈라 만든 표주박으로 신랑 신부가 술을 교환하여 마심으로써 음양의 합일을 다지는 의례로서 대개 첫 잔과 둘째 잔은 마시고 셋째 잔은 교환한다.

상례의 경우에도 죽음은 영원한 단절이 아니라 죽어서도 음인 조상과 양인 후손이 화합하는 통과의례의 한 절차이다. 또한 묘지를 쓸 때 풍수지리적 원리에 의거하여 바람과 물, 곧 음과 양이 상생하는 곳을 명당으로 삼았다.

제례의 경우 제사상에는 양(陽)인 밥 음(陰)인 국 그리고 중성인 술을 놓고 제수를 오행의 법도에 따라 차린다. 제주가 바라보는 제사상의 첫줄에는 과일류를 놓되 음양오행의 법도에 따라 홍동백서(紅東白西) 또는 조율시이(棗栗柿梨)라 하여 서편부터 대추, 밤, 감, 배 등의 순으로 진설하며 양수인 홀수로 놓는다. 둘째 줄에는 짝수로 놓되 좌포우혜(左脯右醯)라 하여 왼쪽에 포, 오른쪽에 식혜를 올리며 짝수로 놓는다. 셋째 줄은 홀수인 탕 줄이며, 넷째 줄은 짝수의 적과 전 줄로 어동육서(魚東肉西), 혹은 동두서미(東頭西尾)라 해서 어류는 동쪽에 육류는 서쪽에도 놓고, 생선의 머리는 동쪽, 꼬리는 서쪽을 향하도록 놓아 음양의 조화를 모색한다.

제사상에서 가장 중요한 음식은 아마도 제주(祭酒)라고 할 수 있을 것이다. 술이야말로 음계의 조상과 양계의 후손이 하나로 만날 수 있는 화합의 상징적인 음식이요, 음과 양이 조화를 이룰 수 있는 중성의 음식이다.[244]

여기에서 생각해 봐야 할 것이, 음양이란 서양의 이원론적 논리와는 달리 '둘이면서 하나이고 하나면서 둘'인 상보적 관계라는 것이다. 그 음양의 차별은 절대적으로 고착화된 차별이 아닌 것이다. 음양의 개념 자체가 고착되고 결정적인 차이가 아니라 언제나 상대적이라는 점을 잊어서는 안 된다. 다시 말해서 어머니는 아버지에 대해서 음이지만, 아들에 대해서는 양인 것이며, 나는 부모나 선배에 대해서는 음이지만 자식이나 후배들에게는 양으로 변화하는 가변적인 개념인 것이다.

오늘날 환경과 생태의 위기는 환경과 인간을 분리시키는 데서 출발하고 있다. 그것은 마치 유교의례에서의 유별(有別)의 원리처럼 보인다. 그러나 유교의례에서 보이는 유별이란 음양의 차별이기는 하지만 이 음양의 원리는 둘로 분리하고 존비를 겨루는 차별이 아니라, 조화의 전제조건으로서의 유별(有別)에 더 큰 의미가 있는 것이다.

왜냐하면 남녀는 결코 적대적인 관계일 수 없으며, 다른 인간관계도 마찬가지다. 죽은 자와 산 자가 분리되어 있지 않으며, 생리적으로 죽었어도 그 혼백은 영원히 교류하며 생명의 영속을 기린다. 이처럼 유교의례 속에 나타난 음양조화의 원리는 모든 유교사상의 중심점이다. 이것은 仁이란 두 사람 간의 조화로운 인간관계에 바탕을 두면서, 동시에 우리를 둘러싼 자연과 환경에도 적용되는 시종일관된 조화의 원리인 것이다.

이런 조화는 당연히 자연과 인간의 조화를 파괴하는 욕망의 입장을 반대하는 것이다. 맹자의 말을 인용하자면 다음과 같다.

"옛날에 그물을 반드시 네 치의 눈을 써서 고기가 한 자에 차지 못하면 팔 수 없고, 사람들이 먹을 수 없었다. 그리하여 산림과 바다와 호수를 백성과 함께 이용하되 금지함이 있었다. 초목이 잎이 떨어진 뒤에야 자귀와 도끼를 가지고 산림에 들어가게 하였다. 이것은 모두 정치하는 초기에 법제가 아직 미비하였던 때였지만, 우선 천지자연의 이익으로 인해서 절제(撙節)하고 애양(愛養)하는 일이다."[245]

---

244) 김의숙, 『한국민속제의와 음양오행』, 집문당, 82-83쪽 참조.

V. 상생 공존의 정신이 유교의례에서 나타난 환경윤리

오늘날 미증유의 환경위기를 맞이하면서 많은 사람들은 자연과 인간을 이분법으로 나누고 자연을 단지 개발의 대상으로 보는 그동안의 사유방법에 대해 자성이 필요함을 인식하고 있다.

유교의 사상은 인(仁)을 본질로 하는데, 이 인(仁)은 단순히 인간과 인간의 조화만을 모색하는 것이 아니라 자연과 환경으로까지 그 인(仁)을 확대할 수 있다. 말하자면 인간과 환경의 조화를 달리 천인합일(天人合一)의 정신으로 말할 수 있으며, 이러한 천인합일을 잘 표현하고 있는 것이 전통관례와 혼례 속의 초례라는 의례이다. 이는 단순히 가례일 뿐만 아니라 왕실과 국가에서 거행하는 오랜 국가적 의례이기도 했다.

초례는 본시 천지신명에게 술을 올리는 의례다. 하늘과 땅 그리고 숲과 강이 모두 천지신명이 깃든 신령스런 공간이 될 수 있지만, 가장 중요한 초례의 대상은 오성(五星)과 열수(列宿)의 별하늘이었다. 유교 의례에서는 이러한 민간신앙적인 요소가 있는 초례를 그대로 수용하여 의례의 격식과 절차 속에 편입시킴으로써 자연에 대한 경외를 표현하였다. 이런 자연에 대한 경외감은 미신이라기보다는 하늘과 자연의 질서대로 인간의 삶도 일치시켜야 한다는 유교적 천인합일(天人合一)과 일치하는 것이다. 그리고 이것은 인간중심이 아닌 자연과 인간의 조화를 모색하는 원리인 것이다.[246]

---

245) 『孟子集註』, 「梁惠王章句」. '古者 網罟 必用四寸之目 魚不滿尺 市不得食 山林川澤 與民共之 而有厲禁 草木零落然後 斧斤入焉 此皆爲治之初 法制未備 且因天地自然之利而撙節愛養之事也'

246) 유교는 천인합일이 아닌 '天人分離'를 주장한 순자를 이단시했으며, 순자의 후학들은 유가가 아닌 法家가 되어, 仁政을 상실했다. 인간의 도덕성을 함양함이 없이 오직 법에 의지한

유교의례 가운데 특히 제례에서 보이는 재계는 주변 환경을 정화하고 인간의 심성을 정화함으로써 신령스런 존재와의 교류를 모색하는 방식이다. 인간존재는 비록 생물학적으로는 죽음이 있지만, 정신적으로는 영원히 유대관계를 가질 수 있다고 보는 제례가 가능하기 위해서는 목욕재계, 의관정제(衣冠整齊)는 물론이려니와 제사의 음식이나 주변을 정화하는 재계를 필요로 했고, 가장 중요한 제사준비는 마음을 근신하고 정성을 다하는 것이었다. 사실, 오늘의 심각한 환경문제 가운데 하나는 환경의 오염이다. 하늘에서의 대기오염, 땅에서의 토질오염, 강과 바다에서의 수질오염 등이야말로 인간의 생명을 위협하는 환경재난인 것이다. 이런 재난은 인간사회의 과도한 욕망과 소비에서 근원한 것이라고 볼 수 있다. 제례에 나타난 정화의 원리는 깨끗한 물과 깨끗한 음식물을 제사의 대상에게 올리고 깨끗한 주변 환경과 마음의 청정까지를 요구한다. 이런 정화의 원리란 과잉생산과 과잉소비의 시대에 인간의 절제를 강조하는 환경윤리적 원리를 제공할 수 있는 것이다.

유교의례 가운데 유별(有別)의 원리는 자연과 환경을 배제하고 오로지 인간만을 높은 가치로 여긴다거나 남성 중심, 관료 중심 혹은 연장자 중심의 봉건적 논리로 오해되고 있다. 그러나 역으로 인간과 금수(禽獸)가 평등하다고 한다면 이 또한 인간의 존엄의 근거를 제거해 버리는 것이다. 인간이 인간일 수 있는 것은 금수와 다른 이성적 사고를 할 수 있다는 점을 간과할 수 없는 것이다. 혼례의 경우, 남존여비적 불평등한 신분으로 해석할 수 있는 소지가 있다. 그러나 존비(尊卑)라는 자체가 상대적인 것이지 절대적인 것은 아니다. 예컨대 나는 부모님에게는 비(卑)지만 자식들에게는 존(尊)이기 때문에 절대적으로 존(尊)이거나 비(卑)일 수 없다. 음양의 원리나 남녀의 관계 혹은 인간과 인

통치방식은 그 생명력이 짧았다. 자연의 전체를 표현하는 것은 天(천), 天地(천지), 만물 등이 있다. 이 가운데 天은 자연이라는 개념을 대표하는 용어라고 할 수 있다. 더욱이 자연과 인간의 관계를 설정할 경우, 天의 개념은 자연을 포섭할 수 있다고 볼 수 있다.

간의 관계에 있어서 유별(有別)을 상정한다. 그러나 그 유별(有別)은 반드시 나쁜 것이 아니라 아름다울 수 있는 것이다.

유별(有別)을 아름답게 하는 원리가 바로 조화의 원리다. 혼례의 합근례는 하나의 조롱박을 둘로 나누어 청실홍실로 이어 술을 나누어 마신다. 둘이지만 하나가 되고자 하는 의례인 것이다. 제례에서는 남좌여우(男左女右)라 하거나 홍동백서(紅東白西)라고 하는 등 일종의 음양의 조화를 말하는 용어들이 등장한다. 그것은 서로 다른 음양과 동서가 조화를 이루는 음식과 위치의 선정이다. 음식도 '우모린(羽毛鱗)'이라고 하여 하늘과 땅 그리고 바다에서 나오는 것을 고루 배치한다. 그것은 서로 다른 것이 어울리는 조화의 원리인 것이다.

환경윤리 혹은 생태윤리라고 하는 일련의 새로운 윤리학은 자연과 환경을 소외시키고 오직 인간만을 생각하는 가치관에서 나온 것이다. 그것은 인간과 인간의 관계에서 타인을 소외시키고 오직 자신만의 이익을 위하는 이기주의와 같은 맥락에서 문제가 있다. 유교의례에 나타난 음양과 남녀의 차별은 그러한 자기중심을 벗어나, 둘이면서 하나 되는 곧 '이이일(二而一)' 혹은 '불이(不二)'의 조화의 원리라고 할 수 있다. 이런 관점이야말로 끝없는 인간의 욕망과 소비로 피폐해가는 착취의 대상으로서의 자연과 환경을 지킬 수 있는 상생(相生)과 조화의 환경윤리의 논거가 될 수 있다는 것이다.

유교의례에서 표현된 천인합일, 정화, 유별과 조화의 원칙을 확대한다면, 천(天)을 경외하고 공경하는 천인합일의 원리로 자연을 경외하고 파괴하지 않는 원칙을 확립할 수 있을 것이며, 심성을 정화함으로써 물질적 욕망을 제어하고 지족(知足)하는 도덕적 원칙을 수립할 수 있을 것이며, 환경과 인간이 유별(有別)이기는 하지만 서로 유기적으로 상생·공존하는 조화의 원리를 찾을 수 있을 것이다.

이희재

철학박사(한국철학 전공)
현재 광주대학교 외국어학부 교수
호남전통문화연구소 소장

한국의 전통의례

• 초판 인쇄	2007년 2월 15일
• 초판 발행	2007년 2월 15일
• 지 은 이	이희재
• 펴 낸 이	채종준
• 펴 낸 곳	한국학술정보㈜
	경기도 파주시 교하읍 문발리 526-2
	파주출판문화정보산업단지
	전화 031) 908-3181(대표) · 팩스 031) 908-3189
	홈페이지 http://www.kstudy.com
	e-mail(출판사업팀사업부) publish@kstudy.com
• 등 록	제일산-115호(2000. 6. 19)
• 가 격	25,000원

ISBN   978-89-534-6444-5 93150 (Paper Book)
         978-89-534-6445-2 98150 (e-Book)